Sachbuch

EMILIO ESBARDO

Judith Hermann und Berlin: Eine Schriftstellerin, ihre Generation, ihre Stadt

Sachbuch

FSC
www.fsc.org
MIX
Papier aus verantwortungsvollen Quellen
Paper from responsible sources
FSC® C105338

Trelleborger Straße 17, 13189 Berlin
Druck: BoD – Norderstedt (Deutschland)

www.emilioesbardo.com
www.ilnuovoberlinese.com
www.pensierieconfronti.com

ISBN: 978-3-948473-78-5

Erste Auflage der deutschen Ausgabe: 2023 Pensieri&Confronti Verlag

Coverfotos: © Emilio Esbardo
Foto auf der vierten Umschlagseite: © Emilio Esbardo

Anmerkung

Wenn nicht anders angegeben, stammen alle Fotos von Emilio Esbardo.

Inhalt

Das Zeitalter der Gleichgültigkeit. Berlin und Judith Hermann

Noch ahnte man nicht, daß man einer Generation angehörte, für die sich leider das ganze Leben, selbst an einem Montag, anfühlte wie die träge Bewegungslosigkeit eines gutgepolsterten Sonntagsnachmittags. Ja, noch ahnte man nicht einmal, daß man überhaupt einer Generation angehörte. Die Sorgen waren andere: Nie, so sagte man sich, will ich solche Akne haben wie der Sänger von Alphaville.[1]

Unser Stilbewußtsein macht sich also vor allem in jenen Sphären bemerkbar, in denen es eigentlich überflüssig ist (...) Dann lernten wir, beim Italiener nicht einfach Wasser zum Wein zu bestellen, sondern ganz dezidiert San Pellegrino. Und so kommt es, daß unsere Generation zwar weiterhin keine Meinung zu Gerhard Schröder hat, wohl aber zum Wasser.[2]

Solchermaßen gut genährt, ansonsten aber völlig orientierungslos, tapste eine ganze Generation der zwischen 1965 und 1975 Geborenen hinein in die achtziger Jahre. Aber irgendwie machte uns das auch nicht viel aus. Wir waren zwar orientierungslos, aber dennoch schlafwandlerisch sicher, daß sich alles, auch die großen Fragen der Menschheit, am Ende lösen lassen. »Woher komme ich? Wohin gehe ich? Und warum weiß mein Golf die Antwort?«[3]

Es ist interessant zu bemerken, wie ein besonderes Reiseziel unter jungen Menschen zu einer Generationsmode wird, dank Büchern und Filmen, aber auch dank Musik, Fotos, Malerei und Architektur: So ist die Rolle der Maler für die Küste der Normandie sehr bekannt sowie die der nach London verbannten spanischen Schriftsteller, die für den späteren Reiseboom gesorgt haben. Man kann diese Überzeugungskraft nicht übersehen, die einige wichtige Filme haben: Dies ist der Fall bei Woody Allens Filmen über New York, bei Louis Malle über Paris und die Wirkung von Fellinis *La dolce Vita* für Rom, *Notting Hill* und *About a boy* für London. Das Wien der Jahrhundertwende, Kafkas Prag, das Paris der Existenzialisten und der »verlorenen Generation«, das Berlin der Expressionisten, das London der sechziger Jahre, das New York der Beat-Generation von Jack Kerouac, von Allen Ginsberg und der Jazz von Charlie Parker, das Kuba von Buena Vista Social Club sind einige Beispiele, die ich unbedingt erwähnen möchte. In Rom, Madrid, New York, Hamburg, in jeder Stadt gibt es immer etwas, das uns anzieht und zum Reisen anregt, zum Beispiel das musikalische Phänomen des Umbria Jazz des zeitgenössischen Perugia und in diesem Buch das Berlin nach dem Mauerfall, anders ausgedrückt, das Berlin des

1 Florian Illies, *Generation Golf, eine Inspektion*, Fischer Verlag, Frankfurt am Main, 2003; S. 16

2 Ebenda; S. 152f.

3 Ebenda; S. 18f.

neuen Millennium. Durch Geschichte, Literatur, Kino, Architektur, Malerei, Theater, Musik können wir die Eigenschaften, die Inhalte und die herausragenden Merkmale einer Gesellschaft kennenlernen:

> *Die homerischen Gedichte, deren sinnliche, sprachliche und vor allem syntaktische Kultur so viel höher ausgebildet erscheint, sind doch in ihrem Bild von Menschen vergleichsweise einfach (...). Zwischen Kämpfen unter Leidenschaften, Abenteuern und Gefahren zeigen sie uns Jagden und Gastmähler, Paläste und Hirtenwohnungen, Wettspiele und Waschtage - damit wir die Helden auch recht eigentlich in ihrem Lebensgehaben betrachten und betrachtend uns freuen können, wie sie ihre würzige, in Sitte, Landschaft und tägliches Bedürfnis schön eingebettete Gegenwart genießen. Und so bezaubern sie uns und schmeicheln sich bei uns ein, so daß wir in der Wirklichkeit ihres Lebens mitleben...*[4]

Und da Judith Hermann die »Literatur nicht in das Niemandsland stellt, das die ästhetische Isolation ist«[5] und eine Sprache verwendet, »die so kahl wie die alltägliche Realität ist und dem Maß der nackten Kommunikation entspricht«[6], können wir uns einbilden, Berlin zu riechen und die Leute zu beobachten; lange durch das Industrieviertel zwischen einer Autoschrottpresse und einer Fabrik direkt an der Spree zu irren; die Treppen mit bedenklich knackenden Stufen eines grauen, alten Mietshauses empor im zweiten Stock zu steigen; in einem Hinterhof mit den Türkenjungs Fußball zu spielen, während die türkischen Frauen Gänse rupfen; sommers in die schäbigen, windschiefen Landhäuschen rauszufahren, auf deren morschen Zäunen »Berliner raus!« geschmiert war; ein Atelier mit einer fast sakralen Andacht zu betreten; Kabel auf Konzerten zu legen, Lesungen im Roten Salon zu hören, im Theater zu applaudieren; durch die Stadt mit seinem Taxi zu fahren und für jede Strecke eine andere Musik zu haben, Ween für die Landstraßen, David Bowie für die Innenstadt, Bach für die Alleen, Trans-AM für die Autobahn; und wenn man alles satt ist, Berlin zu verlassen und das Neujahr in Prag zu verbringen.

Kurz, eine Schriftstellerin, die mit ihren knappen, einfachen und »konkreten« Sätzen ihrer Generation - unpolitisch, gleichgültig gegenüber der sie umgebenden Realität - eine Stimme gab, wie eine Frau, die so rumsitzt und die Zeitung liest und die darauf wartet, von zufälligen Ereignissen mitgerissen zu werden, wie der Anruf eines alten Liebhabers, der sie mit nach Canitz nimmt, um ihr »eine Möglichkeit, eine von vielen, zu zeigen. Du kannst sie wahrnehmen, oder du kannst es bleiben lassen. Ich kann sie wahrnehmen

4 Erich Auerbach, Mimesis: *Dargestellte Wirklichkeit in der abendländischen Literatur*, Narr Francke Attempto Verlag, Tübingen, 2015; S. 15

5 Satz von Žmegač in: Žmegač Škreb Sekulić, *Breve storia della letteratura tedesca*, Biblioteca Studio Einaudi, Turin, 1995; S. 402

6 Ebenda; S. 402

oder abbrechen und woanders hingehen. Wir können sie zusammen wahrnehmen oder so tun, als hätten wir uns nie gekannt. Spielt keine Rolle. Ich wollt's dir nur zeigen, das ist alles«[7]. Oder wie ein aufstrebender Künstler: »Es war sehr heiß, und ich verbrachte Stunden damit, in meinem Zimmer nackt auf dem Holzboden zu liegen und an die Decke zu starren. Ich war nicht unruhig, nicht gereizt, ich war müde und in einem seltsamen Zustand der Emotionslosigkeit.«[8]

> *Mit den Kriegen in Bosnien und im Kosovo wurde uns dann endgültig klar, daß die Welt zu kompliziert war, als daß man noch für oder gegen irgendwas sein konnte*[9] *(...) Die Generation Golf hat früh gelernt, daß das zu anstrengend ist. Sie sagt sich: Ich will so bleiben, wie ich bin.*[10]

7 Judith Hermann, *Sommerhaus, später*, Fischer Verlag, Frankfurt am Main, 2000; S. 152

8 Ebenda; S. 63

9 Florian Illies, *Generation Golf, eine Inspektion*, Fischer Verlag, Frankfurt am Main, 2003; S. 164f.

10 Ebenda; S. 188

Kurze Geschichte Berlins

Die Jahre unmittelbar nach dem Krieg sind die Jahre des Wiederaufbaus, der Rückkehr zur Normalität, der Hoffnung auf eine sichere Zukunft – aber es gibt einen Preis zu bezahlen. Berlin wird zum Sündenbock zweier gegensätzlicher Ideologien: der Ort der Konfrontation zwischen Kommunismus und Kapitalismus, das Symbol der Teilung der Welt in zwei Blöcke. Berlin ist Zentrum und Herz des Kalten Krieges, die Stadt, die die kapitalistischen Länder von den Kommunisten trennte: Jeder Konflikt zwischen den beiden Supermächten, jede Krise wird von den Berliner Bürgern unmittelbar gespürt, wahrgenommen, zum Greifen nah.

Daher ist es notwendig, in diesem Buch eine kurze Geschichte Berlins zu erzählen, um die heutige Stadt – so vielfältig und facettenreich – zu verstehen: In Berlin zeigt sich der Konflikt dieser zwei Ideologien – Kapitalismus und Kommunismus – in Architektur, Film, Musik und Literatur schärfer als in anderen Städten. Zum Beispiel wird die Stalinallee entworfen, um die sozialistische Funktionalität zu betonen; sie sollte eine sehr breite Straße sein, damit sie große Massen für große Demonstrationen aufnehmen kann:

> *Die »Straße der Zukunft« – das war der Weg der jungen Generation in eine neue Zeit, gleichzeitig aber auch schon die Zukunft selbst: neue, schöne, moderne und lichtdurchflutete Bauwerke. In den Städten der Zukunft sollte es breite Straßen geben, auf denen Massen von Demonstranten Platz hatten, die den Blick auf den Himmel frei ließen und die vom Sturmwind durchweht waren, der die Fahnen flattern ließ. Vor allem aber ging die »Straße der Zukunft« ohne Kurven und Krümmungen geradeaus der aufgehenden Sonne entgegen.*[1]

Die Literatur dieser Zeit spiegelt neben Theater, Musik und Malerei auch die beiden unterschiedlichen Visionen des Lebens wider und ist ein konkretes Instrument mit der Aufgabe, Menschen zur kommunistischen oder kapitalistischen Ideologie zu erziehen: zwei der bekanntesten Persönlichkeiten, die eine herausragende Rolle einnehmen, sind Andrej Ždanov und McCarthy. Ždanov ist der Befürworter einer strengen und unterdrückenden Politik gegenüber Ausdrucksformen, die anders sind als der politische und kulturelle Realismus der Sowjetunion.

McCarthy ist der Initiator einer antikommunistischen Politik, die auf die Spitze getrieben wird. Er organisiert eine Massenhexenjagd gegen Andersdenkende, auch gegen Prominente, etwa gegen Schauspieler, denen vorgeworfen wird, den Kommunismus zu unterstützen. Die zwei folgenden Zeugenaussagen aus der Deutschen Demokratischen

1 Hans-Hermann Hertle; Stefan Wolle, *Damals in der DDR – Der Alltag im Arbeiter- und Bauernstaat*, Goldmann, München, 2006; S. 51

Republik lassen die instrumentelle Rolle der Unterwerfung der Literatur für die Propaganda verstehen, die dem kapitalistischen bzw. kommunistischen System zu dienen habe:

> *Dabei muß die wahrheitsgetreue und historisch konkrete künstlerische Darstellung mit der Aufgabe verbunden werden, die werktätigen Menschen im Geiste des Sozialismus ideologisch umzuformen und zu erziehen.*[2]

> *Damals, sage ich bitter, gingen wir wieder zu Höhlenzeichnungen zurück. – Wir brauchen Kartoffeln, also Kartoffelkantate! – Wir brauchen eine Produktionssteigerung – So, Komponisten und Dichter, schreibt Gedichte, Lieder, singt, um unsere Produktion zu steigern!...*[3]

Das heutige Berlin ist aber auch das Berlin der leeren Räume, wo einst die Mauer war; die neuen Viertel, die aus dem Nichts und in sehr kurzer Zeit nach der Wiedervereinigung entstanden sind; die winzigen Spuren, die uns an die Nazis erinnern, oder die winzigen Spuren der fast vollständigen Zerstörung der Stadt während des Zweiten Weltkriegs (z.B. die Einschusslöcher in den Wänden einiger Gebäude); der orientalische Charakter von Kreuzberg und der Einfluss der Türken auf die Berliner Kultur; die multiethnischen Viertel, die durch den Zustrom junger Schriftsteller, Modehäuser, Musik- und Filmverlage, Ateliers aus aller Welt entstanden sind, die ein dynamisches, junges und optimistisches Umfeld geschafft haben – sofort nach dem Mauerfall.

Daher ist Berlin eine Stadt der Zufälligkeit, mit verschiedenen Facetten, die von Geschichte und Gegenwart geprägt wurden.

Nur indem man die Vergangenheit kennt, kann man die Gegenwart verstehen; dieser kurze Abriss der Geschichte stellt sich die Aufgabe, die wichtigsten historischen Ereignisse zu erwähnen, die die Stadt zu ihrem gegenwärtigen Erscheinungsbild geführt haben.

Es folgt eine allgemein gehaltene, kurze Einleitung der Geschichte Berlins von seiner Entstehung bis 1933, danach eine detaillierte Chronologie über eine Epoche, die den Konflikt dreier Ideologien sieht, beginnend mit der Machtergreifung der Nazis und endend 1999, als die Stadt zur vollwertigen Hauptstadt des wiedervereinigten Deutschland wird.

2 Andrej Ždanov in: Fritz J. Raddatz (Hrsg.): *Marxismus und Literatur. Eine Dokumentation in drei Bänden*, Bd. 1. Rowohlt, Reinbeck, 1969, S. 351

3 Hans BUNGE: *Fragen Sie mehr über Brecht. Hanns EISLER im Gespräch*, Rogner und Bernhard, München 1970, S. 316f. Zitiert in dem Kapitel *Schreiben unter Zensur. Die Literatur der DDR*, hrsg. von Wolfgang Emmerich, in: *Literarische Moderne – Europäische Literatur im 19. und 20. Jahrhundert*; Studienbrief 8, DIFF, Tübingen, 1994; S. 24/7

ALLGEMEINE KURZE GESCHICHTE BERLINS: EINLEITUNG

Im Gegensatz zu den anderen Metropolen und Hauptstädten Europas ist Berlin sehr jung. Es ist als Doppelstadt Berlin-Cölln entstanden. Von den Gründungsurkunden gibt es keine Spur. Die erste schriftliche Erwähnung von Cölln findet sich in einem Vertrag vom **28. Oktober 1237**, in dem der Name eines Pfarrers Symeon von Cölln als Zeuge auftaucht. Die erste schriftliche Erwähnung von Berlin erfolgt am **27. April 1244** in einer Urkunde, in der wieder der Name dieses Pfarrers auftaucht, diesmal aber als Probst von Berlin. Am **26. Februar 1251** wird Berlin zum ersten Mal als Stadt erwähnt.

Nach dem Aufruhr (**1441-48**) für seine Selbstständigkeit, der in der Geschichte als »Berliner Unwille« eingegangen ist, wird Berlin **von 1448 bis 1701** Kurfürstliche Residenzstadt. König Sigismund ernennt **1415** den Nürnberger Burggrafen Friedrich VI. aus dem Hause Hohenzollern, Kurfürst und Markgraf von Brandenburg, als Friedrich I.

1451 zieht Friedrich II., genannt Eisenzahn, in das fertiggestellte Stadtschloss, das der Wohnsitz der Hohenzollern wird, die mehr als 500 Jahre, nämlich **bis 1918**, Berlin regieren. Als Residenzstadt fängt Berlin an, Bedeutung zu gewinnen. **Um 1500** haben Berlin und Cölln ungefähr 12.000 Einwohner. **Bis 1701** dehnt sich die Stadt aus, es werden neue Institutionen und Bauten errichtet, die einer kürfürstlichen Residenzstadt würdig sein sollen. Zum Beispiel wird **1594** die Zitadelle Spandau fertiggestellt; **1647** die Allee »Unter den Linden« angelegt; **1655** die erste regelmäßig erscheinende Tageszeitung gedruckt; 1696 die Akademie der Künste und **1700** die Akademie der Wissenschaften gegründet.

1539, 22 Jahre nach der Veröffentlichung von Luthers Thesen (**1517**), wird Berlin protestantisch, und allmählich entwickelt sich in den folgenden Jahrhunderten eine Toleranz gegenüber anderen Religionen; dies verursacht die ersten internationalen Migrationen, die für Berlin und seine Geschichte typisch sind: Als Gastarbeiter oder Soldaten sind Muslime aus der Türkei, Juden aus Osteuropa und die aus Frankreich vertriebenen Hugenotten sehr willkommen. Das führte **1732** zur Gründung der ersten Moschee, **1671** zur Gründung der ersten Jüdischen Gemeinde und **1685** zur Ansiedlung von rund 6.000 Hugenotten vor allem in den Bezirken Friedrichswerder und Dorotheenstadt. Der Französische Dom auf dem Gendarmenmarkt wird **1785** im Auftrag Friedrichs II. für sie auf dem schönsten Platz Berlins gebaut. Der Ausspruch Friedrichs II., jeder möge »nach seiner Fasson« selig werden, bezeichnet noch heute die »nicht religiöse Seele« Berlins. Diese Ausländer bereichern die Stadt kulturell, bringen neue Denkweisen und geben Berlin ein multikulturelles, facettenreiches Gesicht.

Im **Januar 1701** wird Kurfürst Friedrich III. in Königsberg zum König Friedrich I. in Preußen. Als Residenzstadt eines Königreichs gewinnt Berlin noch mehr an Bedeutung und baut Strukturen und Reformen auf, die auch einer Hauptstadt würdig sind. Das Wachstum wird vom König persönlich eingefordert, der in einer prächtigen, repräsentativen Stadt leben möchte. Die wichtigste Reform ist die Vereinigung der fünf Städte Friedrichswerder, Friedrichstadt, Dorotheenstadt, Cölln und Berlin im Jahr **1709**. Die »Groß-Residenz Berlin« zählt jetzt 55.000 Einwohner. Viele neue Bürger werden dank einer attraktiven Steuerpolitik angezogen. **1727**: Gründung der Charité.

Am **31. Mai 1740** wird Friedrich II. als preußischer König gekrönt. Von seinem Vater, dem »Soldatenkönig«, erbt Friedrich II. einen sehr gut verwalteten und reichen Staat mit starker Armee. Und obwohl Friedrich der Große Berlin nicht mag, prägt er seine weitere Gestaltung stark. Die meisten der Prachtbauten Unter den Linden entstehen unter seiner Regierung. Die neuen Gebäude sind zur Förderung von Wissenschaft, Kultur und Kunst gedacht. So entstehen vor dem Stadtschloss das Zeughaus (**1707**), das Kronprinzenpalais (**1732**), das Opernpalais (**1737**), die Staatsoper (**1742**), das Prinz-Heinrich-Palais (**1756**, heute Humboldt-Universität), die Sankt-Hedwigs-Kathedrale (**1773**) und die Alte Bibliothek (**1780**) – sie gehören zu dem sogenannten Forum Fridericianum.

Das heutige Neukölln wird **1737** als Böhmisch-Rixdorf von rund 1.200 böhmischen Glaubensflüchtlingen gegründet. **1750** wird der Berliner Dom eingeweiht, **1764** das erste deutschsprachige Theater eröffnet. **1786** stirbt Friedrich der Große.

Unter den drei anderen Königen Friedrich Wilhelm II., »der dicke Wilhelm« (**von 1786 bis 1797**), Friedrich Wilhelm III. (**von 1797 bis 1840**) und Friedrich Wilhelm IV. (**von 1840 bis 1858**) entwickelt sich Berlin weiter und wächst rasch. Je stärker Preußen in Europa wird, desto mehr nimmt Berlin an Bedeutung zu. Immerhin soll es als Hauptstadt einer großen Macht dienen. **1788** wird das Brandenburger Tor von dem Architekten Carl Gotthard Langhans gebaut, die Quadriga darauf **1793** von Johann Gottfried Schadow entworfen. **1800** hat Berlin rund 170.000 Einwohner. **1844** öffnet der Zoologische Garten. 1861 vergrößert sich Berlin infolge der Kommunalisierung der Vorstädte Moabit, Wedding und Gesundbrunnen und Teilen von Tempelhof, Schöneberg, Rixdorf und Charlottenburg auf 59 Quadratkilometer. Aus den rund 170.000 Einwohnern des Jahres 1800 werden rund 550.000. **1865** fährt die erste Pferdestraßenbahn. **1869** wird das Rote Rathaus fertig gestellt.

1871 wird Berlin erneut Hauptstadt, diesmal des Deutschen Reiches, und nach knapp zehn Jahren zählt es 826.815 Einwohner innerhalb der Stadtgrenzen und 105.169 in seinen Vororten. Diese kurze Zusammenfassung zeigt, wie all die repräsentativen Bauten von Berlin im Vergleich zu denen anderer Hauptstädte wie Paris, Rom oder Wien sehr jung sind. Zum Beispiel lebt 1800 in London fast eine Million Menschen. Die meisten repräsentativen Bauten und Touristenmagneten entstehen vor der Vereinigung Deutschlands infolge des entscheidenden Sieges von Preußen über Frankreich. Als Hauptstadt des Reiches macht Berlin abermals viele Abrisse und Wiederaufbauten durch (Details siehe das Kapitel: »Das steinerne Berlin«).

Am **9. November 1918** dankt Wilhelms II. ab. Um 14 Uhr am Reichstagsgebäude ruft der Sozialdemokrat Philippe Scheidemann die deutsche Republik aus und um 16 Uhr am Stadtschloss Karl Liebknecht von der USPD, der Unabhängigen Sozialdemokratischen Partei Deutschlands, die sozialistische Republik.

Berlin wird zum dritten Mal Hauptstadt, diesmal der sogenannten Weimarer Republik. Das Leben, im Gegensatz zur Reichszeit, besteht nicht mehr überwiegend aus Militarismus und Pracht, sondern aus Leichtigkeit und Freude am Leben. Trotz oder dank der Verschlechterung der Lebensbedingungen und der wirtschaftlichen Schwierigkeiten leben die Berliner, als gäbe es kein Morgen (**1923** während der Inflation kostet ein Kilo Roggenbrot 3 Millionen Mark). Berlin entwickelt sich in den Zwanziger Jahren zum wichtigsten Industriestandort Europas und zur Kulturmetropole.

1919 weiht Max Reinhardt das Große Schauspielhaus ein. Am **1. Oktober 1920** entsteht »Groß-Berlin« durch die Einschließung von sieben anderen Städten (Wilmersdorf, Lichtenberg, Schöneberg, Charlottenburg, Neukölln, Spandau, Köpenick), 27 Gutsbezirken und 59 Landgemeinden. Die Einwohnerzahl steigt auf 3,804.048 Einwohner; das Stadtgebiet von 6.500 Hektar auf 878 Quadratkilometer: Es wird die drittgrößte Stadt der Welt hinter London und New York.

Die jüngste Metropole Europas wird ein Magnet für Persönlichkeiten aus Wirtschaft und Kultur. Hier leben – um nur ein paar Namen zu erwähnen – Albert Einstein, Fritz Haber, Bertolt Brecht, Otto Dix. Der letzte Pferdeomnibus, Erbe einer fernen Vergangenheit, wird eingestellt. **1921** wird die erste Autobahn Europas – AVUS, »Automobil-Verkehrs- und Übungsstraße« – eröffnet. **1923** wird der Flughafen Tempelhof in Betrieb genommen.

1925 in der jetzt 4,024.165 Einwohner zählenden Metropole beginnen die Arbeiten für die Hufeisensiedlung in Britz des Architekten Bruno Taut – ein Kompromiss aus sozialem Wohnungsbau und Eigenheim, der ein gutes Vorbild für das »Neue Wohnen« in Berlin darstellt. **1926** wird der 138 Meter hohe Funkturm mit Restaurant und Aussichtsplattform eröffnet, die Lufthansa gegründet und die erste »Grüne Woche« veranstaltet. Am **31. August 1928** hat im Theater am Schiffbauerdamm die *Dreigroschenoper* Premiere, ein Markstein in der Geschichte der deutschen Kultur. In der lebendigen Kultur- und Wirtschaftsmetropole wird im selben Jahr das Fernsehen auf der fünften großen deutschen Funkausstellung gezeigt. Zwischen 1928 und 1929 werden die BVG (Verkehrs-Aktien-Gesellschaft) gegründet, U-Bahn-, Straßenbahn- und Omnibusunternehmen vereint. Am Schwarzen Donnerstag, dem **29. Oktober 1929**, erschüttert der Börsenkrach der Wall Street die Welt. Die bisher schlimmste internationale Wirtschaftskrise bricht aus. Allein in Berlin gehen 664 Geschäfte in Konkurs. Die Arbeitslosigkeit steigt rasant – genauso rasant wie die Unterstützung der Bevölkerung für Hitler. Bei den Reichstagswahlen **1932** wird die NSDAP mit 33,1 Prozent die stärkste Fraktion.

Aus architektonischer Sicht entsprechen die neuen Strukturen, Bauten und Siedlungen des sogenannten »Neuen Bauens« den Charakteristika einer der modernsten und jüngsten Metropolen der Welt.

Von 1924 bis 1932 werden in Berlin rund 145.000 Wohnungen angefertigt. Sie sind komfortabler, gesünder, farbig und werden durch die neu gegründeten Wohnungsbaugesellschaften wie Degewo, Gehag, Heimag (heute Gewobag) staatlich gefördert. Sie sind das Gegenteil von den grauen, ungesunden Mietskasernen der Kaiserzeit, die den funktionalen Bedürfnissen des 19. Jahrhunderts entsprechen. Die neuen Wohnungen, alle mit eigenem Bad gestattet, sollen, nach Bruno Taut, in einer grünen Umgebung gebaut werden, damit die Bewohner viel Sonne, Licht und Durchlüftung darin haben können. Daher entstehen in dieser Zeit neue Siedlungen, die nicht mehr – wie Taut **1927** postuliert – »jenes entsetzliche Gewirr von engen Höfen und Hinter- und Seitenhäusern, jene furchtbaren Schluchten, jene grauenhaften Rattenlöcher« sein dürfen. Andere international bekannte Architekten der »Moderne« der Weimarer Republik sind Hans Scharoun, Ludwig Mies van der Rohe und Walter Gropius. Eine andere wichtige architektonische Strömung der Epoche ist der Expressionismus, der eher der lebhaften Kunst- und Kulturszene der Metropole entspricht und widerspiegelt.

Mit der Machtergreifung der Nazis wird Berlin zum vierten Mal Hauptstadt, diesmal die des »Dritten Reiches«. Und wie bei den anderen drei Malen wird viel abgerissen und wieder aufgebaut, damit die Architektur die Ideologie der Zeit widerspiegeln kann. Zum Beispiel werden ab **1938** in Tiergarten und Schöneberg viele Wohnungen abgerissen, um Raum für den Bau der Nord-Süd-Achse zu schaffen, damit Berlin zur würdigen klassizistischen monumentalen heroischen Welthauptstadt Germania (Das Tausendjährige Reich) werden kann. Diesem Zweck kommen die Bombardierungen zugute, die im Zweiten Weltkrieg Häuser zerstört haben. Albert Speer bezeichnet sie als »wertvolle Vorarbeit zum Zwecke der Neugestaltung«. Noch heute gibt es Spuren der monumentalen Nazi-Architektur wie zum Beispiel das Auswärtige Amt, das Olympiastadion, den Flughafen Tempelhof, die Waldbühne, die Italienische und Japanische Botschaft, das Bundesfinanzministerium.

Im Wohnungsbau wird die Strömung des »Neuen Bauens«, die als »Kulturbolschewismus« abgestempelt wird, von der konservativen »Heimatschutzbewegung« abgelöst. Sie sind billige, mehrgeschossige Gebäude, die einfach nur die Wohnungsnot abmildern sollen. Die meisten (ungefähr 100.000) werden **ab 1936** über das ganze Stadtgebiet errichtet. Es entstehen Siedlungen, die noch heute erhalten sind; wie zum Beispiel an der Togo- und Müllerstraße im Wedding.

Diese kurze Einleitung lässt erahnen, wie Berlin durch seine Bestimmung als jeweilige Hauptstadt für verschiedene Regierungsformen seiner jüngeren Geschichte mehrmals neu gestaltet wird. Jede Epoche hinterlässt Spuren und gibt der Metropole das heutige facettenreiche Gesicht. Es folgt eine kurze Geschichte in Zahlen mit der Chronik von 1933 bis zum Berlin der 90er Jahre – das Thema dieses Sachbuches.

30. Januar 1933
Präsident Hindenburg ernennt Hitler zum Kanzler. Fackelzug der SA durch das Brandenburger Tor.

Italiens Regierungschef in Berlin. Des Führers und des Duce triumphale Fahrt durch Berlins Feststrasse. Fot. Wag. 1937; Fotograf: Unbekannt - Bundesarchiv, Bild 183-C13771 / CC-BY-SA 3.0

1936
Olympische Spiele.

1937
Albert Speer ist verantwortlich für den Wiederaufbau Berlins als Hauptstadt des zukünftigen deutschen Reiches »Germania«. Monumentale architektonische Arbeiten sind

geplant. Die Stadt, die ihrer Tradition treu bleibt, wird wieder zu einer offenen Baustelle: »Und nicht Fels auf Fels baut sich die Stadt für die Ewigkeit auf, sondern die Geschichte ihrer Bauten bleibt immer auch die Geschichte ihrer Zerstörung. Berliner Baugeschichte als Abschreibungs- und Erneuerungsgeschichte ist ohne Abrißgeschichte nicht zu verstehen. Längst vor dem Zweiten Weltkrieg, den Deutschlands umjubelter Führer angezettelt hatte und der schließlich unter den Bomben und Granaten der Alliierten eben hier per Kapitulation beendet wurde, war Berlin als Stadt, als steinernes Gebilde aus Gebäuden und Straßenräumen, schon hundertfach zerstört worden, im Abriß für den Neubau, den größeren, schöneren, moderneren.«[4] Albert Speer will 52.000 Häuser abreißen lassen, um Platz für das Neue zu schaffen.

9./10. November 1938
Die sogenannte »Reichskristallnacht«, in der Synagogen und jüdische Geschäfte zerstört und verbrannt werden.

Januar 1939
Bauende der *Neuen Reichskanzlei* nach einer Rekordzeit von nur neun Monaten Bauzeit (einige Ausbauarbeiten dauern bis Anfang der 1940er Jahre). Das Gebäude soll die Größe und Macht des deutschen Volkes darstellen.

1940
Erster Luftangriff auf Berlin.

18. Februar 1943
Propagandaminister Joseph Goebbels fragt die Bevölkerung in einer berühmten Rede: »Wollt ihr den totalen Krieg?«. Männer zwischen 16 und 65 Jahren und Frauen zwischen 17 und 45 Jahren müssen sich zur »Verteidigung des Reiches« melden.

25. April 1945
Sowjetische Truppen umzingeln Berlin. Die Nazis wollen einen Krieg bis zum Tod und exekutieren alle, die sich ergeben wollen.

2. Mai 1945
Der deutsche General Helmuth Weidling unterzeichnet die Kapitulation Berlins.

4 Artikel von Janos Frecot, *Die Schönheit der großen Stadt - Zur Physiognomie Berlins vor dem Ersten Weltkrieg*, S. 37ff. in: *Berlin - Moskau 1900 - 1950*, herausgegeben von Irina Antonowa und Jörn Merkert, Prestel, München / New York.

Joseph Goebbels schreit im Sportpalast: »Wollt ihr den totalen Krieg?« (18.2.1943); Fotograf: Schwahn - Bundesarchiv, Bild 183-J05235 / Schwahn / CC-BY-SA 3.0

Mai 1945

Berlin, nun ein Trümmerhaufen, wird zum Symbol des nationalsozialistischen Grauens. Von den 4,3 Millionen Einwohnern leben nur noch etwa 2,6 Millionen. Aber man kehrt schnell zum Leben zurück: Radiosendungen werden wieder aufgenommen, Zeitungen wieder gedruckt. Viele lebenswichtige Waren können auf dem Schwarzmarkt gekauft werden.

5. Juni 1945

Berlin steht unter der Kontrolle der alliierten Truppen, die es zunächst in drei und dann in vier Sektoren – den sowjetischen, amerikanischen, englischen und französischen – aufteilen.

1946

Der Wiederaufbau der Stadt beginnt. Berlin wird von den sogenannten »Trümmerfrauen«

von den Trümmern geräumt. Sie sind durch ein vom Alliierten Kontrollrat erlassenes Gesetz dazu verpflichtet. Berlin ist eine riesige Baustelle. Die Berliner Universität wird wiedereröffnet, und zwei weitere Universitäten werden gegründet: die Technische Universität und die Freie Universität. Die Theater ziehen wieder internationales Publikum und Kritiker an. Bertolt Brechts *Mutter Courage* ist weltweit erfolgreich.

7. März 1946

Die *Freie Deutsche Jugend*, kurz FDJ, wird als »antifaschistische demokratische Jugendorganisation« konzipiert. Präsident ist der damals junge Erich Honecker.

Berlin, Zerstörung nach Luftangriff (Aufnahme entstand vor dem 23.3.1945); Fotograf: unbekannt - Bundesarchiv, Bild 183-J31345 / CC-BY-SA

21. - 22. April 1946

Im Berliner Admiralspalast entsteht die SED (»Sozialistische Einheitspartei Deutschlands«) aus der Zwangsvereinigung von SPD und KPD. Präsidenten: Wilhelm Pieck (KPD) und Otto Grotewohl (SPD). Die SED ist die einzige Partei, die im sowjetischen Sektor und in der künftigen Deutschen Demokratischen Republik zugelassen ist.

23. April 1946
Erstausgabe der Zeitung *Neues Deutschland* als Sprachrohr der SED.

5. September 1946
Erste Ausstrahlung des *Rundfunk im amerikanischen Sektor*, bekannt als RIAS.

15. Oktober 1946
Premiere von *Die Mörder sind unter uns*; der erste Nachkriegsfilm in Deutschland und die erste DEFA-Produktion (»Deutsche Film-AG«) im Ost-Sektor Potsdam-Babelsberg. Der Film spielt in den Trümmern Berlins, die jahrelang Kulisse zahlreicher Filmproduktionen der Nachkriegszeit sind.

28. November 1946
Die als VoPo bekannte Volkspolizei wird im sowjetischen Sektor Berlins gegründet.

Winter 1947
Uraufführung von Konstantin Simonows Stück *Die russische Frage*, das wegen seiner antiamerikanischen Tonart viele Proteste hervorruft. Von Oktober 1946 bis Winter 1947 werden bereits 54 Aufführungen ausländischer Regisseure aufgeführt, darunter Jean Giraudoux, Thornton Wilder und Jean Anouilh sowie Werke russischer Klassiker und Moderner.

24. Juni 1947
Ernst Reuter wird zum Bürgermeister von Berlin gewählt. Er wird jedoch von den sowjetischen Behörden nicht anerkannt. Reuter reagiert, indem er Visitenkarten mit den Worten »Der gewählte, aber nicht bestätigte Oberbürgermeister von Berlin« drucken lässt.

März 1948
Die Sowjetunion verlässt den *Alliierten Kontrollrat*. Berlin wird zum Brennpunkt der Konfrontation zweier gegensätzlicher Ideologien, die die Welt für mehrere Jahre in zwei Blöcke teilen werden: den Kapitalisten und den Kommunisten.

April 1948
Die Russen blockieren mehrmals den Verkehr von und nach Berlin.

Mai 1948
Die SED organisiert im östlichen Teil der Stadt eine Demonstration für ein »geeintes und demokratisches Berlin«.

23. Juni 1948
Die sowjetische Militäradministration ordnet an, die in ihrer Besatzungszone verwendete Währung auf alle anderen Gebiete Deutschlands auszudehnen, was von den anderen siegreichen Mächten erwartungsgemäß abgelehnt wird. Die Sowjets reagieren mit der sogenannten »Berliner Blockade«. Alle Kommunikationswege zu Land und zu Wasser, die den drei westlichen Siegermächten den Zugang zur Stadt ermöglichen, sind gesperrt. Drei Luftkorridore bleiben jedoch offen. Die Amerikaner schaffen es, die Westberliner über die Luftbrücke zu versorgen. Der Berliner Volksmund nennt die Flugzeuge »Rosinenbomber« und die Nahrungsmittelabwürfe »CARE-Pakete«.

9. September 1948
Bürgermeister Ernst Reuter hält eine Rede, die berühmt geworden ist:
»Ihr Völker der Welt, ihr Völker in Amerika, in England, in Frankreich, in Italien! Schaut auf diese Stadt und erkennt, daß ihr diese Stadt und dieses Volk nicht preisgeben dürft und nicht preisgeben könnt! Es gibt nur eine Möglichkeit für uns alle: gemeinsam so lange zusammenzustehen, bis dieser Kampf gewonnen, bis dieser Kampf endlich durch den Sieg über die Feinde, durch den Sieg über die Macht der Finsternis besiegelt ist.«

12. Mai 1949
Ende der »Berliner Blockade«. Die ersten grenzüberschreitenden »Interzonenbusse« zwischen den vier verschiedenen Besatzungszonen fuhren mit der Aufschrift: »Hurra, wir leben noch«. Verwaltung, Finanzen und Verkehr der Stadt bleiben jedoch aufgeteilt.

23. Mai 1949
Geburtsstunde der Bundesrepublik Deutschland (BRD). Konrad Adenauer verkündet das Grundgesetz. Hauptstadt wird Bonn.

7. Oktober 1949
Die Deutsche Demokratische Republik (DDR) wird gegründet. Ost-Berlin wird zur Hauptstadt.

11. Oktober 1949
Kundgebung anlässlich der Gründung der DDR. Massen bewegen sich mit Fackeln entlang der Unter der Linden zur Ehrentribüne. Dieselbe Straße war am 30. Januar 1933 Schauplatz einer jubelnden Menge zu Ehren Hitlers gewesen, der gerade Kanzler geworden war. Die Ehrentribüne befand sich am August-Bebel-Platz, wo die Nazis am 30. Mai 1933 die Bücher verbrannt hatten.

Berlin, DDR-Gründung, 9. Volksratsitzung (7. Oktober 1949); Fotograf: Unbekannt - Bundesarchiv, Bild 183-G1122-0600-130 / CC-BY-SA 3.0

1. Dezember 1949
Bürgermeister Ernst Reuter weiht das Kraftwerk in Ruhleben ein, das West-Berlin von der bisher von den Russen gelieferten Stromlieferung unabhängig macht.

21. Dezember 1949
Anlässlich des 70. Geburtstages von Stalin werden die Große Frankfurter Straße und die Frankfurter Allee zu einer einzigen Straße mit dem Namen Stalinallee.

1950er Jahre
Riesige wirtschaftliche Unterschiede zwischen den beiden Stadtteilen: West-Berlin erreicht das Wirtschaftswunder der Bundesrepublik. Diese Fülle in den Schaufenstern kollidiert mit den langen Schlangen vor den Läden auf der östlichen Seite, wo selbst Grundgüter Mangelware sind. Es gibt sogar lange Schlangen für Brot. Eine Stadt, die auch in ihrem äußeren Erscheinungsbild zwei unterschiedliche Ideologien kommuniziert.

Januar - Dezember 1950
Das als Stasi bekannte Ministerium für Staatssicherheit wird gegründet, dessen Hauptsitz sich im Berliner Stadtteil Lichtenberg befindet. Die Funktionäre lassen sich von der russischen Geheimpolizei »Tscheka« inspirieren und geben sich sogar den Spitznamen »Tschekisti«. Die unbestritten wichtigste Persönlichkeit des Ministeriums ist Erich Mielke, der auch Präsident des Berliner Fußballclubs SV Dynamo ist. Die Stasi ist nicht nur für die Staatssicherheit zuständig, sondern auch für die Spionage im In- und Ausland, für den Schutz von Gegenständen und Personen sowie für die Grenzkontrolle.
Mielkes Hauptziel ist es, jegliche Form von kritischem Denken oder Handeln zu verhindern, die gegen die sozialistische Diktatur der SED verstoßen könnte. Er schafft eine perfekte Maschinerie mit dem Ziel, die gesamte Bevölkerung der DDR zu kontrollieren:

1. Er lässt »Geruchskonserven« von verdächtigen Bürgern anlegen, damit sie im Notfall von Spürhunden verfolgt werden können.
2. Er lässt mit speziellen Geräten täglich 90.000 Briefe verdächtiger Personen öffnen, kopieren und anschließend wieder verschließen.
3. Er lässt Kameras und Mikrofone in Privatwohnungen verstecken und Telefone überwachen.

Mielke muss alles über jeden wissen. Die offiziellen Mitarbeiter der Stasi auf dem Gebiet der DDR sind 90.000, die Zahl der Inoffiziellen (IM) wird auf 180.000 geschätzt. Auf 100 Bürger kommen zwei Stasi-Mitarbeiter. Bezogen auf die Bevölkerungszahl ist es der größte Geheimdienst der Geschichte: Selbst in Westdeutschland stehen 2.000 Menschen unter Mielkes Befehl. Mielkes Satz im August 1992: »Hätte die Partei mir den Auftrag gegeben, dann gäbe es die DDR vielleicht noch heute.«

23. Juni 1950
Im Berliner Kino Babylon erfolgt die Premiere des ersten Teils des russischen Films *Padeniye Berlina* (»Der Fall Berlins«) von Michail Tschiaureli.

24. Oktober 1950
Einweihung der Freiheitsglocke im Turm des Schöneberger Rathauses. Ernst Reuter: »Der Klang der Glocke wird nicht nur über den Ozean zum freien amerikanischen Volk dringen, er wird auch nach Osten deutlich vernehmbar sein.«

6. November 1950
In Ost-Berlin wird das Stadtschloss gesprengt, obwohl es hätte restauriert werden können. Diese Aktion folgt der politischen Linie der DDR, die alle Verbindungen sowohl zur

preußischen als auch zur nationalsozialistischen Vergangenheit abbrechen will.

10. Juli 1951
Das Luftbrückendenkmal (Eduard Ludwig) wird vor dem Flughafen Tempelhof enthüllt. Die drei »Krallen« des als Bogenansatz nach Westen ausgerichteten Denkmals symbolisieren die drei Luftkorridore und wird im Berliner Volksmund als »Hungerharke« oder »Hungerkralle« bezeichnet.

22. Dezember 1951
Konstituierung des Nationalen Aufbaukomitees zum Neuaufbau Ost-Berlins. Das im Jahre 1951 erschienene FDJ-Lied *Jugend erwach, erhebe dich jetzt* von Reinhold Limberg wird zum Symbol:
»(...) Bau auf! Bau auf! Bau auf! Bau auf!
Freie deutsche Jugend, bau auf!
Für eine bessere Zukunft richten wir die Heimat auf!
deutsche Jugend, steh deinen Mann! (...)«

1952
Die DDR droht auszubluten. Alle Grenzen zur Bundesrepublik (mit Ausnahme der Berliner Grenzen dank des »Viermächtestatus«) werden wegen der zunehmenden Auswanderung der DDR-Bewohner in den Westen gesperrt. Berlin bleibt daher die einzige »Tür zur Freiheit«. In West-Berlin werden Aufnahmelager für Flüchtlinge aus der DDR gebaut.

3. Februar 1952
Mehrere Architekten gestalten den Alexanderplatz als »Schaufenster des Ostens« neu.

März 1952
Der Vorschlag der Sowjetunion zur Wiedervereinigung Deutschlands wird von den westlichen Verbündeten nicht akzeptiert, weil er als Falle der Kommunisten gilt. Die Töne des Kalten Krieges werden immer schärfer. Am 11. Juni organisiert die SED-Partei eine Demonstration am Marx-Engels-Platz. Die Botschaft ist klar: Ulbricht erklärt, er wolle ein sozialistisches Deutschland bilden, und wenn es in Zukunft zu einer Wiedervereinigung komme, werde dies nur unter der Führung und Ideologie der SED geschehen.

27. Mai 1952
Auf Befehl der SED-Führer werden die gesamten Telefonleitungen zwischen West- und Ost-Berlin unterbrochen.

Ab dem 1. Juni 1952
West-Berliner benötigen eine Reisegenehmigung für die DDR.

Juli 1952
Die Bewohner West-Berlins werden ihrer Häuser und Grundstücke enteignet, die sich auf dem Gebiet der DDR befinden.

5. März 1953
Stalin stirbt. Der Kult seiner Person erreicht seinen Höhepunkt.

12. - 17. Juni 1953
Die Arbeiter in Ostberlin protestieren gegen die Zunahme der Einbehaltungen und die mangelnde Sicherheit am Arbeitsplatz. Der Höhepunkt des Streiks ist der 17. Juni. Die Ereignisse dieses Tages haben Konsequenzen für die gesamte Dauer der DDR und geben den Ausschlag bei der Entscheidung, die Mauer zu errichten. Das Wort »Streik« kursiert am Samstag, dem 12. Juni, erstmals auf der Baustelle des Krankenhauses im Friedrichshain. Am Montag kocht die Stimmung hoch. Am 16. Juni bildet sich entlang der Stalinallee eine Menge von etwa 2000 Demonstranten, die sich bis zum Alexanderplatz, Unter den Linden, der Staatsoper fortsetzt, bis die Zahl der Demonstranten auf 10.000 steigt. Die Forderungen ändern sich: Man fordert den Sturz der Regierung und freie Wahlen. Am nächsten Tag trifft sich die Menge am Strausberger Platz. Die Ereignisse werden vom RIAS (Rundfunk im amerikanischen Sektor) berichtet, dem Sender, der in Berlin in den Jahren des Kalten Krieges eine zentrale Rolle spielt. Der Satz, mit dem die Sendungen beginnen, ist berühmt: »Hier ist RIAS Berlin. Eine freie Stimme der freien Welt«. Am 17. Juni zieht eine immer größer werdende Masse vom Strausberger Platz in die Innenstadt. Es gibt zahlreiche Unfälle: » (…) Es kommt zu Übergriffen. Eine Zollbaracke steht in Flammen, später brennen das Columbus-Haus und das Haus Vaterland am Potsdamer Platz. Auch in anderen Stadtbezirken gehen Zeitungskioske und Büros der Nationalen Front in Flammen auf.«[5] Dann begehen die Demonstranten einen großen Fehler. Sie entfernen die auf dem Brandenburger Tor gehisste sowjetische Flagge und verbrennen sie. Die Russen, bis dahin unentschieden, ob sie der Regierung der DDR zu Hilfe kommen sollen, schicken ihre Panzer, um den wütenden Mob zu zerstreuen. Gegen Mittag das tragische Ende: »Gegen Mittag erreichen die Vorausabteilungen der Roten Armee das Stadtzentrum. Sowjetpanzer walzen sich die Linden entlang. Ein Demonstrant kommt unter die Panzerketten und wird zerquetscht. Das erste Todesopfer dieses Tages, dem über 100 weitere folgen sollen.«[6] Zwei Übergänge nach West-Berlin sind gesperrt, die

5 Hans-Hermann Hertle / Stefan Wolle, *Damals in der DDR*, Goldmann Taschenbuchausgabe, München, 2006; S. 63
6 Ebenda; S. 63

Jagd nach den Unruhestiftern beginnt. Die Schuld, den Aufstand geschürt zu haben, wird den Provokateuren unter den Arbeitern des imperialistischen und faschistischen Westens und der Propaganda des RIAS zugeschrieben. Ohne das Eingreifen der Russen wäre die DDR-Regierung gestürzt. In Zukunft verabschieden die Führer der SED aus Angst vor neuen Aufständen zunehmend strengere, ungerechtere und unmenschlichere Regeln gegen ihr eigenes Volk. In West-Berlin wird eine Straße nach dem 17. Juni benannt, um an die unschuldigen Opfer dieses grauen und traurigen Tages zu erinnern. Auch Straßennamen zeugen von der Zeit des Kalten Krieges in Berlin und tragen zur Bildung seines heutigen Gesichts bei.

23. Juni 1953
Es findet eine Demonstration für die Opfer des 17. Juni in West-Berlin statt.

2. Oktober 1953
Wiedereröffnung des Kabaretts *Die Distel*, eine kritische Stimme in der DDR.

Februar 1956
Chruschtschow verurteilt in einer geheimen Rede die Verbrechen Stalins, der sich – zusammen mit Hitler – schnell von einem der größten Helden des 20. Jahrhunderts zu einem der größten Verbrecher verwandelt.

22. April 1956
An einer Stelle zwischen Ost- und West-Berlin wird ein 300-Meter-Tunnel entdeckt, in dem sich moderne elektronische Geräte befinden: Er ist von den Amerikanern für Spionage gebaut worden.

14. August 1956
Bertolt Brecht, der nach dem Zweiten Weltkrieg nach Ost-Berlin zieht und dort das Theater Berliner Ensemble gründet, stirbt.

1958
Die Zahl der Flüchtlinge nimmt immer mehr zu. Jeden Tag verlassen die besten Fachkräfte ihre Heimat. Die Sowjets missachten den »Viermächte-Status« und fordern die Alliierten auf, Berlin zu verlassen.

1961

Beginn der Entstalinisierung. Am 31. Oktober 1961 wird Stalins einbalsamierter Leichnam – der neben Lenins Leichnam liegt – aus dem Mausoleum entfernt. Stalingrad ändert seinen Namen in Wolgograd. Die Entstalinisierung hat auch Konsequenzen in Berlin. Die Stalin-Statue wird aus der Stadt entfernt und die Stalinallee ändert ihren Namen: Sie ist in zwei Teile unterteilt, einen mit dem Namen Frankfurter Allee und einen mit dem Namen Karl-Marx-Allee.

Berliner Pressekonferenz, in der Walter Ulbricht eine der größten Lügen der Geschichte erzählt (15. Juni 1961); Fotograf: unbekannt - Bundesarchiv, Bild 183-83911-0002 / CC-BY-SA 3.0

15. Juni 1961

In einer Pressekonferenz antwortet Walter Ulbricht auf die Frage der Journalistin Annamarie Doherr von der *Frankfurter Rundschau* über die Staatsgrenze in Berlin: »Ich verstehe Ihre Frage so, dass es in Westdeutschland Menschen gibt, die wünschen, dass wir die Bauarbeiter der DDR dazu mobilisieren, eine Mauer aufzurichten. Mir ist nicht bekannt, dass eine solche Absicht besteht. Die Bauarbeiter unserer Hauptstadt beschäftigen sich hauptsächlich mit Wohnungsbau, und ihre Arbeitskraft wird dafür voll eingesetzt. Niemand hat die Absicht, eine Mauer zu errichten.« Zwei Monate später wird die Berliner Mauer gebaut. Ulbrichts Antwort geht als eine der größten Lügen in die Geschichte ein.

Bis zum 13. August 1961
haben rund 2,7 Millionen DDR-Bürger über die offenen Grenzen Berlins ihre Republik verlassen, die rund 17 Millionen Einwohner hatte.

13. August 1961
Vor dem Mauerbau hatte Nikita Chruschtschow, Erster Sekretär des Zentralkomitees der Kommunistischen Partei, erklärt: »Berlin ist der Hoden des Westens. Wenn ich will, dass der Westen schreit, drücke ich mich auf Berlin.« Die Stadt ist durch die Arbeiten an der Grenze gelähmt: Die östlichen Grenzschutzsoldaten blockieren die Durchgänge, die Mauer entsteht und trennt Berlin in zwei Teile. Einige Ostdeutsche schaffen es im letzten Moment, die Grenze zu überqueren, indem sie die große Verwirrung ausnutzen. Viele können jedoch nicht glauben, was passiert, und verpassen ihre letzte Chance. Solche Fluchten scheinen wie einem Roman zu entstammen. Die Leute sind ungläubig. Aus Protest werden Steine und Flaschen geworfen. Verwandte und Freunde sind dauerhaft getrennt. Berlin ist wieder eine riesige Baustelle. Westdeutschland – voll in wirtschaftlichem Aufschwung – kann aufgrund des Mauerbaus keine Arbeitskräfte mehr aus der DDR rekrutieren. Daraus folgt ein Zuwanderungsstrom zuerst aus Griechenland, Italien, Spanien und Jugoslawien und dann aus der Türkei. Ohne die Mauer hätte es in Berlin vermutlich kein türkisches Phänomen gegeben und der heutige Bezirk Kreuzberg wäre völlig anders, als wir ihn kennen.

1969 - 1989
Menschen, die beim Fluchtversuch getötet wurden:
Entlang der Berliner Mauer: ca. 230.
Entlang der Grenze zwischen den zwei deutschen Staaten: ca. 650.
Das sogenannte Verbrechen der »Republikflucht« sieht drei Jahre Gefängnis vor. Mehr als 30.000 politische Gefangene wurden an die Bundesrepublik verkauft.

25. Oktober 1961
Am Grenzübergang *Checkpoint Charlie* sind amerikanische Panzer in Richtung Ostsektor positioniert. Die Russen antworten, indem sie ihre Panzer platzieren.

12. Dezember 1961
Friedrich Ebert, Bürgermeister von Ost-Berlin, legt den Grundstein für das Gebäude

Haus des Lehrers am Alexanderplatz. Der Wiederaufbau eines durch Bombenangriffe stark beschädigten zentralen Bereichs beginnt.

Berlin, Brandenburger Tor, Mauerbau, Luftbild (Sommer/Herbst 1961); Fotograf: o. Ang. - Bundesarchiv, Bild 145-P061246 / o. Ang. / CC-BY-SA 3.0

17. Dezember 1961
Einweihung der renovierten Gedächtniskirche in West-Berlin.

17. August 1962
Peter Fechter wird beim Fluchtversuch von einer Kugel getroffen, die ein Grenzsoldat aus Ost-Berlin abgefeuert hat. Weder die westlichen noch die östlichen Wachen wagen es aus Angst vor wechselseitigen Schießereien, ihm zu Hilfe zu eilen. Sie lassen Peter Fechter in diesem Streifen, der als Niemandsland bekannt ist, verbluten. Er ist das erste Todesopfer an der Mauer.

20. Februar 1963
In West-Berlin wird das Theaterstück *Der Stellvertreter* von Rolf Hochhuth uraufgeführt.

Es handelt vom Schweigen der katholischen Kirche während des Pontifikats von Pius XII. über die Massenvernichtung von Juden durch die Nazis.

Berlin, S-Bahnhof Wollankstraße, Fluchttunnel (1. Februar 1962); Fotograf: Peter Heinz Junge / Bundesarchiv, Bild 183-90157-0001 / Junge, Peter Heinz /

26. Juni 1963
Kennedy sagt in seiner berühmten Rede vor dem Rathaus Schöneberg: »Ich bin ein Berliner!«

5. Oktober 1964
Mehr als 50 Ost-Berliner fliehen durch einen 200 Meter langen Tunnel in den Westen der Stadt.

15. Januar 1966
In West-Berlin feiert Günter Grass' Theaterstück *Plebejer proben den Aufstand* Premiere, in dem die Positionen der DDR-Intellektuellen – insbesondere Bertolt Brechts – zugunsten der sowjetischen Intervention während des Aufstands vom 17. Juni 1953 kritisiert werden.

11. April 1968
Attentat eines jungen Rechtsextremisten auf Rudi Dutschke, der schwer verletzt wird und 1979 stirbt.

2. - 3. Oktober 1969
Am Alexanderplatz werden der Bau des Fernsehturms und jener der Urania-Weltzeituhr vollendet.

1971
Die Deutsche Demokratische Republik und die Bundesrepublik schließen das Transitabkommen, das Besuche von Westdeutschen in den Osten erleichtert.

3. Mai 1971
Sturz Ulbrichts. Erich Honecker wird Erster Parteisekretär.

11. Mai 1975
Die Grenzsoldaten der DDR verhindern Rettungsaktionen der Polizei in West-Berlin: Ein fünfjähriges Mädchen ertrinkt in der Spree.

29. Oktober 1975
Abkommen zwischen Ost- und West-Berliner Behörden, das Rettungsmaßnahmen bei Unfällen in Grenzgewässern erlaubt.

23. April 1976
Einweihung des Palastes der Republik in Ost-Berlin.

Erich Honecker (29. Oktober 1976); Fotograf: Peter Koard - Bundesarchiv, Bild 183-R1029-031 / Koard, Peter / CC-BY-SA 3.0

16. November 1976
Ausbürgerung des Ost-Berliner Sängers Wolf Biermann.

5. Januar 1979
In Ost-Berlin wird Marzahn eine Großsiedlung (zusammen mit den Ortsteilen Biesdorf, Hellersdorf, Kaulsdorf und Mahlsdorf) und der 9. Bezirk der DDR-Hauptstadt.

22. Mai 1979
Der Ost-Berliner Schriftsteller Stefan Heym wird wegen angeblich negativen Einflusses auf die Bevölkerung mit einer Geldstrafe von 9.000 Mark belegt. In den frühen 1980er Jahren komponierte Udo Lindenberg das Lied *Sonderzug nach Pankow*, mit dem er den »Oberindianer« Erich Honecker zu einer Aufführung einlädt. Das Lied wird in der DDR verboten.

20. Januar 1984
6 DDR-Bürger beantragen in der amerikanischen Botschaft in Ost-Berlin politisches Asyl.

27. Juni 1984
Die Ständige Vertretung der BRD in Ost-Berlin wird vorübergehend für Besucher geschlossen, nachdem 55 DDR-Bürger Zuflucht gesucht haben, um eine Ausbürgerung nach West-Berlin zu erzwingen.

Egon Krenz begrüßt Sänger Udo Lindenberg und Harry Belafonte in Ost-Berlin (25. Oktober 1983); Fotograf: Bernd Settnik - Bundesarchiv, Bild 183-1983-1025-028 / Settnik, Bernd / CC-BY-SA 3.0

1987
Musikfestival im Stadtteil Berlin-Lichtenberg. Musiker aus Ost und West treten auf.

10. April 1987
Kurt Hager, mitverantwortlich für Kultur und Bildungspolitik in der DDR und Chefideologe der SED, sagt in einem Interview über die politischen Veränderungen in UdSSR: »Würden Sie, nebenbei gesagt, wenn Ihr Nachbar seine Wohnung neu tapeziert,

sich verpflichtet fühlen, Ihre Wohnung ebenfalls neu zu tapezieren?« Dafür erhält er den Spottnamen »Tapeten-Kutte«. Das ist die Absage der DDR an Gorbatschows Glasnost und Perestroika.

12. Juni 1987
Der amerikanische Präsident Ronald Reagan fordert den sowjetischen Generalsekretär Michail Gorbatschow in seiner Rede vor dem Brandenburger Tor auf: »Herr Gorbatschow, öffnen Sie dieses Tor. Herr Gorbatschow, reißen Sie diese Mauer nieder!« (»Mr. Gorbachev, open this gate. Mr. Gorbachev, tear down this wall!«)

5. September 1987
Die Ost-Berliner Behörden erlauben erstmals eine unangekündigte politische Demonstration von Friedensgruppen.

22. Oktober 1987
Die Bürgermeister der beiden Stadtteile treffen sich erstmals in der Marienkirche in Ost-Berlin anlässlich des 750-jährigen Bestehens der Stadt. Gefeiert wird jedoch getrennt.

17. Januar 1988
Während der traditionellen Liebknecht-Luxemburg-Demonstration zum Gedenken an die am 15. Januar 1919 ermordeten revolutionären Sozialisten Karl Liebknecht und Rosa Luxemburg nimmt die Stasi 120 Oppositionelle fest, die auf ihrem Marsch Transparente mit Rosa Luxemburgs Zitat »Die Freiheit ist immer die Freiheit der Andersdenkenden!« tragen.

16. - 19. Juni 1988
Open-Air-Konzerte mit Michael Jackson, Pink Floyd und anderen finden in West-Berlin statt. Junge Leute aus Ost-Berlin strömen an die Mauer, um zuzuhören und mitzufeiern. Dies provoziert die Staatsmacht. Viele DDR-Bürger werden verletzt und verhaftet.

1. Juli 1988
Mehr als 200 West-Berliner Jugendliche flüchten vor der Polizei, indem sie über die Mauer nach Ost-Berlin klettern.

Mai 1989
Die Öffnung der Grenze zwischen Ungarn und Österreich ermöglicht es vielen Bürgern der DDR, nach Westeuropa zu fliehen.

7. Mai 1989
Bürgerrechtsgruppen klagen gegen den Wahlbetrug in Ost-Berlin und in der DDR-Provinz.

6. Oktober 1989
Michail Gorbatschow sagt in einem Interview über die in der DDR ausgebliebenen Reformen: »Wer zu spät kommt, den bestraft das Leben.« Fackelzug der FDJ am Abend. 100.000 junge Demonstranten erklären ihre »Liebe« und ihre »Treue« zur Partei.

7. Oktober 1989
Ehrenparade in Berlin zum 40. Jahrestag der DDR. Nur die Zeitung *Neues Deutschland* veröffentlicht eine Sonderausgabe. Die Schlagzeile in großen Buchstaben lautet: »Die Entwicklung der Deutschen Demokratischen Republik wird auch in Zukunft das Werk des ganzen Volkes sein«. Um 10 Uhr beginnt die Militärparade in der Karl-Marx-Allee. Gegen 17 Uhr versammeln sich Tausende junger Menschen am Alexanderplatz, von wo sie gegen 17.20 Uhr zum Palast der Republik aufbrechen, wo die Regierung und alle Staatsgäste, darunter Michail Gorbatschow, Wojciech Jaruzelski und Nicolae Ceauşescu, das Jubiläum der DDR feiern. Eine Menge von mehreren Tausend Menschen skandiert »Gorbi, Gorbi«, »Gorbi, hilf uns!«, »Freiheit!« Es ist die größte Demonstration seit dem 17. Juni 1953. Gegen 18 Uhr beginnt eine weitere Demo mit tausend Menschen, die zur Gethsemanekirche in Prenzlauer Berg gehen, wo seit dem 2. Oktober in Mahnwachen gegen ungerechte politische Verhaftungen protestiert wird. Gegen 20.30 Uhr umzingelt und sperrt die Polizei das Gebiet um den U-Bahnhof Schönhauser Allee und zerstreut die Menge mit Gewalt. Nach Gorbatschows Abreise erklärt Erich Mielke: »Jetzt ist aber endlich Schluss mit dem Humanismus.«

9. Oktober 1989
In Leipzig findet die größte Montagsdemonstration statt: In den Straßen der Altstadt versammeln sich 70.000 Menschen – trotz der Angst, dass es zu Gewalt und Blutbädern kommen könnte. Doch die 3.000 Mann der Exekutive bleiben angesichts einer so großen Beteiligung unfähig. Die Leute rufen: »Wir sind das Volk!« Im Folgenden ein Zeugnis aus dem Buch *Chronik der Wende*: »Wir haben Angst. Angst um uns selbst, Angst um unsere Freunde, um den Menschen neben uns und Angst um den, der uns da in Uniform gegenübersteht. Wir haben Angst um die Zukunft unseres Landes. Gewalt schafft immer wieder nur Gewalt. Gewalt löst keine Probleme. Gewalt ist unmenschlich. Gewalt kann nicht das Zeichen einer neuen, besseren Gesellschaft sein ... Partei und Regierung müssen vor allem für die entstandene ernste Situation verantwortlich gemacht werden. Aber heute ist es an uns, eine weitere Eskalation der Gewalt zu verhindern. Davon hängt unsere

Zukunft ab.«[7] Auch in Berlin zieht sich die Polizei zurück. Gegen die Menschenmassen rund um die Gethsemanekirche ergreift sie keine Maßnahmen mehr.

14. Oktober 1989

Bereits nach der Öffnung der ungarischen Grenzen haben 50.000 Flüchtlinge aus der DDR die Bundesrepublik erreicht. Eine Frau, die von Ost-Berlin über Ungarn nach West-Berlin gereist ist, wird vom Sender Freies Berlin (SFB) auf Arbeitssuche gefilmt. Nun besteht ein Zehntel der 84.000 Arbeitslosen im Westen der Stadt zu dieser Zeit aus den Einwohnern der DDR.

15. Oktober 1989

Die Gruppe Demokratischer Aufbruch, deren Hauptvertreter Pfarrer Rainer Eppelmann von der Berliner Samariterkirche ist, fordert in einem offenen Brief an den Bürgermeister von Ost-Berlin die Einrichtung einer unabhängigen Kommission zur Untersuchung der Menschenrechtsverletzungen vom 7. und 8. Oktober. Er fügt hinzu, dass Gewalt und Einschüchterung keine geeigneten Voraussetzungen für einen demokratischen Dialog seien. Am Abend findet in der Ost-Berliner Erlöserkirche ein Anti-Gewalt-Konzert statt, bei dem Sänger und Schriftsteller Reformen fordern.

16. Oktober 1989

Rockmusiker versammeln sich in Ost-Berlin und fordern unter anderem die Akzeptanz der verschiedenen demokratischen Gruppen, darunter auch des Neuen Forum. Etwa 3.000 Künstler unterschreiben die Petition.

18. Oktober 1989

Mit dem Machtausschluss von Erich Honecker und seiner engsten Mitarbeiter wie Günter Mittag und Joachim Herrmann endet eine Ära in der DDR. Am Abend räumt Egon Krenz ein, dass die Veränderungen in der Republik nicht ernst genommen worden seien, und verwendet das Wort »Wende« zum ersten Mal nicht im Hinblick auf aktuelle Ereignisse, sondern auf die SED-Partei, die neue ideologische und politische Grundlagen neu aufleben lassen wolle, um ihre Macht wieder zu sichern.

20. Oktober 1989

Zum ersten Mal in der kurzen Geschichte der DDR bietet die Regierung ihren geflohenen Bürgern die Möglichkeit, straffrei zurückzukehren.

7 Hannes Bahrmann – Christoph Links, *Chronik der Wende – Die Ereignisse in der DDR zwischen 7. Oktober 1989 und 18. März 1990*, Ch. Links Verlag, Berlin, 1999; S. 20

23. Oktober 1989
Das DDR-Fernsehen sendet weiterhin Propaganda des Kalten Krieges. Tatsächlich sagt der am meisten gehasste Moderator der Republik, Karl-Eduard Schnitzler, dass die letzten Ereignisse im Oktober von den imperialistischen Westlern inszeniert und orchestriert worden seien.

24. Oktober 1989
Im Gebäude des Hauses der jungen Talente in Ost-Berlin diskutieren Vertreter ziviler Gruppen und Künstler das Thema des Abends: »Die DDR - wie ich sie mir träume«. Das Ergebnis ist eine sozialistische Nation ohne die stalinistischen undemokratischen Strukturen.

27. Oktober 1989
Amnestie für alle, die wegen versuchter Republikflucht verhaftet worden sind. Die bis dahin übliche Praxis ist, dass solche Gefangenen nach einem Freikauf durch die BRD in den Westen entlassen werden. Diesmal wird jedoch entschieden, dass die Gefangenen nach ihrer Freilassung in der DDR bleiben sollten. Viele von ihnen lehnen dies jedoch ab, da sie in den Westen wollen.

28. Oktober 1989
Im Deutschen Theater liest Ulrich Mühe Passagen aus dem autobiografischen Buch *Schwierigkeiten mit der Wahrheit* von Walter Janka, ehemaliger Direktor des Aufbau-Verlags, der 1956 unter dem falschen Vorwurf der Verschwörung gegen die DDR-Regierung festgenommen und zu fünf Jahren Haft verurteilt worden ist.

4. November 1989
Eine Million Bürger protestieren in Berlin gegen die Diktatur der SED und für demokratische Reformen: Es ist die größte Demonstration in der DDR. Die Teilnehmer tragen die Aufschrift: »Keine Gewalt!« Einige Slogans fallen auf wie:

- »Freiheit, Gleichheit, Ehrlichkeit«
- »Rechtssicherheit ist die beste Staatssicherheit«
- »Es lebe die Oktoberrevolution 1989«
- »Wir sind das Volk«

Neben Künstlern wie Ulrich Mühe und Stefan Heym treten auch SED-Mitglied Günter Schabowski und der frühere Stasi-General Markus Wolf auf der Bühne am Alexanderplatz auf, werden jedoch ausgebuht, als sie versuchen, die von der Regierung vorgeschlagenen

Reformen anzusprechen. Leute schreien: »Zu spät, zu spät!« Wolf Biermann wird vermisst: Er hat keine Erlaubnis zur Rückkehr in die DDR erhalten.

6. November 1989

Die Führer der SED feiern den 72. Jahrestag der Oktoberrevolution an der Berliner Staatsoper.

Günter Schabowski während der Pressekonferenz am 9. November 1989; Fotograf: Thomas Lehmann - Bundesarchiv, Bild 183-1989-1109-030 / Lehmann, Thomas / CC-BY-SA 3.0

9. November 1989

Günter Schabowski berichtet auf einer Pressekonferenz vor den Kameras, dass die Regierung beschlossen habe, dass alle Bürger der DDR auch in westliche Länder für private Zwecke reisen dürfen. Und auf die Frage des italienischen Journalisten Riccardo Ehrman nach dem Reisegesetz und die Zusatzfrage des deutschen Journalisten Peter Brinkmann: »Ab wann?« antwortet der schlecht vorbereitete Schabowski: »sofort, unverzüglich«. Tausende Berliner eilen zu den Grenzposten, eine große Menge drängt darauf, rüberzugehen. Die überforderten Offiziere haben jedoch keine Instruktionen erhalten. Eine halbe Stunde vor Mitternacht öffnen sie die Grenzen.

10. November 1989
Berlin ist die Bühne für eine gigantische Party im Rampenlicht der ganzen Welt. Man tanzt und singt, der Ku'damm ist voller Trabis. Hauptbühne ist das Brandenburger Tor. Dort klettern Tausende auf die Mauer und tanzen darauf, ungeachtet der Wasserwerfer. Anders als 1953 gibt es diesmal keine russische militärische Unterstützung für die SED. Alle DDR-Bürger erhalten in den Banken im Westen 100 D-Mark Begrüßungsgeld ausbezahlt. Bundeskanzler Helmut Kohl und Willy Brandt halten eine Rede vor dem Schöneberger Rathaus in West-Berlin.

12. November 1989
Ein weiterer Grenzübergang öffnet sich am Potsdamer Platz. Es ist der fünfte seit dem Fall der Mauer. Die Berliner Gruppe *Neues Forum* verteilt Flugblätter unter der gesamten Bevölkerung: »Bürgerinnen und Bürger der DDR! ... Laßt Euch nicht von der Forderung nach einem politischen Neuaufbau der Gesellschaft ablenken! ... Ihr seid die Helden einer politischen Revolution...«[8] In Berlin ist es das erste gemeinsame Wochenende zwischen Ost- und West-Berliner Familien seit dem 13. August 1961. In der Deutschlandhalle in West-Berlin findet ein Konzert mit Gruppen aus West- und Ostdeutschland statt.

17. November 1989
10.000 DDR-Studierende demonstrieren auf den Straßen Berlins zugunsten einer Universität mit unabhängigen Fachschaftsräten und für die Abschaffung der Pflichtlehre des Marxismus-Leninismus.

21. November 1989
Spontanes Konzert von Crosby, Stills & Nash vor dem Brandenburger Tor.

22. November 1989
Tausende Menschen stehen vor der Ost-Berliner Galerie Prisma an, um an der Buchvorstellung von Stefan Heyms *5 Tage im Juni* teilzunehmen. Das 30 Jahre zuvor geschriebene und vom Regime verbotene Buch erzählt Ereignisse und Hintergründe des 17. Juni 1953.

23. November 1989
Der seit über zwanzig Jahren von der SED verbotene Film *Spur der Steine* von Frank Beyer wird im Berliner Kino International gezeigt. Der Hauptdarsteller, Manfred Krug, ist nach 13 Jahren wieder in der DDR und berichtet von den in der Diktatur angewandten Methoden der Vergeltung und der Einführung von Brigaden, um die Filmprojektionen zu

8 Ebenda; S. 76

Hilf
atlos

Berliner Mauer

Foto oben links:
Berliner Mauer 1988, Niederkirchnerstraße; Autor: Roland Arhelger / CC BY-SA 4.0 (https://commons.wikimedia.org/wiki/File:Berlin_Wall,_Niederkirchnerstraße,_Berlin_1988.JPG)

Foto unten links:
Mauerfall; Autor: Xizdos / CC BY-SA 4.0 (https://commons.wikimedia.org/wiki/File:Caída_muro_de_berlin.jpg)

Foto oben rechts:
Berlin 1989, Mauerfall; Autor: Raphaël Thiémard / CC BY-SA 2.0 (https://commons.wikimedia.org/wiki/File:Berlin_1989,_Fall_der_Mauer,_Chute_du_mur_08.jpg)

Foto unten rechts:
Menschen an der Mauer am Brandenburger Tor (November 1989); Autor: Sue Ream / CC BY-SA 3.0 (https://commons.wikimedia.org/wiki/File:BerlinWall-BrandenburgGate.jpg)

stören und die Verbreitung verschiedener und widersprüchlicher Ideen im Kommunismus zu verhindern.

24. November 1989
Der Polizist Horst L. wird wegen der Ereignisse vom 7. und 8. Oktober zu einem Jahr und zwei Monaten Gefängnis verurteilt.

28. November 1989
Der Schriftsteller Stefan Heym plädiert dafür, einen sozialistischen Staat aufrechtzuerhalten und die Deutsche Demokratische Republik nicht an Kohls Bundesrepublik auszuverkaufen.

30. November 1989
Kontrollen wegen Machtmissbrauchs und Verschwendung von Staatsvermögen gegen die ehemaligen sechs mächtigsten Politiker der DDR, darunter Erich Honecker: Luxusgüter und Privateigentum sowie Jagdgründe, die sie für sich und ihre Familien reserviert hatten, werden entdeckt.

1. Dezember 1989
Wolf Biermann erhält eine öffentliche Entschuldigung und kann endlich nach Ost-Berlin zurückkehren.

3. Dezember 1989
In der Volksbühne in Ost-Berlin wird der »Unabhängige Frauenverband« gegründet, ein Verein, der sich mit den politischen und wirtschaftlichen Reformen der DDR befasst. Ab Dezember ändert sich der Slogan »Wir sind das Volk« in »Wir sind ein Volk«, was den Willen der Bürger der DDR für eine rasche Wiedervereinigung mit Westdeutschland zum Ausdruck bringt.

4. Dezember 1989
Es wird versucht, kompromittierende Dokumente im Zentralkomitee der SED zu vernichten oder zu verstecken. Am Flughafen Berlin-Schönefeld werden zwei Flugzeuge nach Rumänien voller Unterlagen entdeckt. Die Medien veröffentlichen Fälle persönlicher Racheakte und Selbstjustiz.

6. Dezember 1989
Erich Mielke wird für den Missbrauch und die Gewalt der Polizei während der Demonstrationen am 7. und 8. Oktober verantwortlich gemacht. Ein Polizist sagt aus, dass Mielke, nachdem er die Menge der Demonstranten beobachtet hatte, gerufen habe:

»Haut sie doch endlich zusammen, die Schweine!«

11. Dezember 1989
Nach vielen Jahren versammeln sich die vier Siegermächte des Zweiten Weltkriegs in West-Berlin, um über die Folgen der Ereignisse und Veränderungen in der DDR zu beraten. Inzwischen verschlechtert sich die allgemeine Gesundheitsversorgung durch die Übersiedlung von Ärzten, Krankenschwestern und Zahnärzten in den Westen dramatisch.

22. Dezember 1989
Das Brandenburger Tor, Symbol der deutschen Teilung, wird wiedereröffnet.

31. Dezember 1989
Um das Brandenburger Tor versammelt sich eine große Menge, um die »Nacht der Nächte«, den ersten Silvester im wiedervereinten Berlin zu feiern.

90er Jahre
Berlin, das seiner Geschichte treu bleibt, wird wieder zu einer offenen Baustelle: Überall tauchen neue Gebäude auf, und es werden zahlreiche Renovierungsarbeiten durchgeführt, die das Gesicht der Stadt wieder verändern (siehe Kapitel über die Architektur). Während der Teilung durch die Berliner Mauer werden Doppelinstitutionen und -verbände gegründet. In beiden Teilen der Stadt gibt es beispielsweise je eine Akademie der Wissenschaften, eine Akademie der Künste und ein Konservatorium. Infolgedessen wird mit der Vereinigung die kulturelle Rolle Berlins weiter ausgebaut – zu einer der wichtigsten und dynamischsten Kulturhauptstädte der Welt.

30. Januar 1990
Honecker wird aus dem Gefängnis entlassen und in der protestantischen Pfarrei Lobetal bei Bernau im Norden Berlins untergebracht. Er darf sich ohne Auflagen frei bewegen. Sein Anwalt erklärt, dass sich Honecker in einem Zustand der Depression befinde. Es gibt Proteste gegen Honeckers Freilassung aus dem Gefängnis. In Ost-Berlin wird ein Telefonabhörzentrum entdeckt.

13. März 1990
Vier Ost-Berliner Jungen schlagen einen Soldaten zusammen, weil er auf ihrem Weg nach West-Berlin ihre Ausweise überprüfen will.

18. März 1990
Erste demokratische Wahlen in der DDR. Die CDU gewinnt mit fast 41% der Stimmen.

Willy Brandt erklärt, damit sei ohne Wenn und Aber die deutsche Einigung gewählt worden. Sein Parteifreund Otto Schily hält in seiner Bundestagsrede eine Banane in die Kameras und behauptet, die DDR-Bevölkerung habe für Bananen gestimmt. Stefan Heym sagt, es werde keine DDR mehr geben. Sie werde nichts weiter als »eine Fußnote in der Weltgeschichte« sein.

6. Mai 1990
Erste freie Kommunalwahlen in Ost-Berlin. Die SPD gewinnt.

26. Juni 1990
Checkpoint Charlie, der berühmteste Berliner Grenzübergang, wird abgerissen.

1. Juli 1990
Währungsunion.

31. August 1990
Im Berliner Kronprinzenpalais unterzeichnen Bundesinnenminister Wolfgang Schäuble und DDR-Staatssekretär Günther Krause die Vereinigung der DDR mit der Bundesrepublik Deutschland.

3. Oktober 1990
Formelle politische Union durch Artikel 23 der westdeutschen Verfassung. Berlin wird formell zur Hauptstadt des vereinten Deutschlands.

2. Dezember 1990
Erste Bundestagswahlen im vereinten Deutschland.

13. August 1991
In der Bernauer Straße wird ein Denkmal zum 30. Jahrestag des Mauerbaus errichtet.

2. September 1991
Der erste Mauerschützenprozess. Vor Gericht stehen vier Grenzsoldaten, die den Flüchtling Chris Gueffroy erschossen haben sollen.

10. September 1991
Nach der Umbenennung des »Leninplatzes« in »Platz der Vereinten Nationen« wird beschlossen, auch die Lenin-Statue zu entfernen.

2. Dezember 1991
In Ost-Berlin werden die Namen vieler Straßen und Plätze geändert. Auch dies trägt dazu bei, das Gesicht der Stadt wesentlich zu verändern.

2. Januar 1992
Zum ersten Mal können Bürger Einsicht in die Stasi-Unterlagen nehmen.

10. März 1992
Gründung eines Ausschusses von Künstlern und Kunsthistorikern mit der Aufgabe zu bewerten, welche der sozialistischen Denkmäler erhalten bleiben oder entfernt werden sollen.

27. Juni 1992
Feierlichkeiten am Alexanderplatz zur Wiedervereinigung der Telefonleitungen von Ost- und West-Berlin nach 40 Jahren.

18. Juni 1994
Abschiedsparade der drei Westmächte.

25. Juni 1994
Abschiedsparade der sowjetischen Alliierten (Westgruppe).

7. Mai 1995
Die wiederaufgebaute Neue Synagoge in der Oranienburger Straße wird anlässlich des fünfzigsten Jahrestages der Befreiung von Hitler als »Centrum Judaicum« getauft.

12. Oktober 1995
Eine Kommission unabhängiger Frauen für Straßennamen schlägt eine Liste von 100 weiblichen Namen vor, die ihrer Ansicht nach einer Straßenbenennung würdig sind.

26. Dezember 1995
Der Präsident der Berliner Jüdischen Gemeinde gibt bekannt, dass in den letzten Jahren 5.000 Juden nach Berlin gezogen seien und seine Gemeinde mit 10.000 Mitgliedern die größte in Deutschland geworden sei.

1996
Die Love-Parade ist mit rund 750.000 Teilnehmern die größte Open-Air-Party der Welt.

16. Juni 1996

Begräbnis zu Ehren des großen Theaterregisseurs Heiner Müller.

5. März 1997

Zwei Soldaten werden schuldig gesprochen, auf Peter Fechter geschossen zu haben. Dies ist der 48. Prozess für Morde bei Fluchtversuchen über die Mauer.

27. Juni 1998

Eröffnung des Alliierten-Museums anlässlich des fünfzigsten Jahrestages der Luftbrücke.

1999

Der Bundestag hat seine erste Sitzung im wiederaufgebauten Reichstag, Berlin wird zur vollwertigen Hauptstadt Deutschlands.

Berlin, Brandenburger Tor, Silvesterfeier (1989/90); Fotograf: Hartmut Reiche - Bundesarchiv, Bild 183-1990-0101-008 / Reiche, Hartmut / CC-BY-SA 3.0

Berlin, Grenzübergang Bornholmer Straße, der erste, der geöffnet wurde (18. November 1989); Fotograf: Robert Roeske - Bundesarchiv, Bild 183-1989-1118-018 / Roeske, Robert /

10.11.1989: Grenzöffnung, Menschenmenge mit Transparenten u.a. »Test the West!«, Pkw »Trabant« auf Böse-Brücke; Fotograf: Hans Peter Lochmann - Bundesarchiv, Bild 183-1989-1118-028 /

Das gläserne Berlin

Menschliche Geschichte besteht in der Regel aus Ereignissen, die zyklisch immer wiederkehren. Und das herausragende Merkmal Berlins besteht seit seiner Geburt darin, von vorne zu beginnen, niemals aufzuhören, vor allem in der Gegenwart zu leben, sich ständig weiterzuentwickeln, sich rasend zu verändern und sich daran zu gewöhnen, abzureißen und dann aufbauen. Die Literatur junger Berliner Autoren kennt auch Hinweise auf dieses Phänomen, und natürlich ist Judith Hermann keine Ausnahme. In ihren Alltagsgeschichten erscheinen diese zerstörten Häuser im Hintergrund, die abgerissen werden, um neue aufzubauen.

> *Das Namensschild neben ihrer Tür war abgerissen. Ich drückte auf die Klingel, es blieb still. Ich spähte durch das Schlüsselloch in den langen, weiß-gestrichenen, leeren Flur ihrer Wohnung hinein und wusste, daß sie fort war. Ich bin mir sicher, daß man das Haus bald abreißen wird. Es ist Februar, ich lege unentwegt Kohlen in den Ofen, aber es will nicht warm werden.*[1]

Das neue wiedervereinigte Berlin beginnt, wie in anderen Phasen der Vergangenheit, von Anfang an neu – Renzo Piano beschreibt den Wiederaufbau von rund sieben Hektar des Zentrums der Metropole folgendermaßen: »Es dauert fünfhundert Jahre, um eine Stadt zu bauen, und fünfzig Jahre, um einen Bezirk zu gestalten. Sie haben uns gebeten, in fünf Jahren ein gutes Stück Berlin zu machen.« Berlin übernimmt eine relevante Rolle in Europa und bietet sich als neue Kulturhauptstadt an. Architektur ist ein Zeugnis dafür. Sie ist das direkteste und unmittelbarste Ausdrucksmittel, mit dem man die herausragenden Züge, Inhalte und Merkmale einer Gesellschaft visuell erfassen kann. Man kann in einer Passage aus einem Buch von Carlos Fuentes lesen:

> *Er konnte aus den Büchern eine Art zu denken, zu benennen ableiten, aber er wollte sehen, wie sie sich bewegten, wie sie ihre Hand ausstreckten, wie sie ihre Köpfe hielten. Er wollte wissen, warum diese Umsicht all die Leidenschaft enthalten könnte. Und dann wollte er, dass seine Jugend zuallererst die Lektion in der Architektur lernte, in der die Form sofort der Inhalt ist, ohne dass Ornamente oder Kommentare erforderlich sind.*[2]

Die radikalsten und schnellsten architektonischen Veränderungen erfolgten ab 1871 mit der Einigung Deutschlands und nach dem Mauerfall 1989, als die Stadt in beiden

1 Judith Hermann, *Somerhaus, später*, Fischer, Frankfurt am Main, 2000; S. 83f.

2 Carlos Fuentes, *Cambio de piel*, Suma de Letras, Madrid, 2001; S. 73. Literarische Übersetzung von Spanisch ins Deutsche: Emilio Esbardo

Fällen zur Hauptstadt wurde. Nach 1871 wurde es so stark ausgebaut, dass der Begriff »Das steinerne Berlin« geprägt wurde. Nach 1989 wurde entlang der Spree ein völlig neuer Stadtteil errichtet - der des Regierungsviertels und des Potsdamer Platzes. Meiner Meinung nach kann man heute von einem »Gläsernen Berlin« sprechen, da fast alle Neubauten größtenteils aus diesem Material bestehen. Als Anhang füge ich eine kurze Zusammenfassung der Architektur der Stadt dieser beiden Perioden bei – nicht nur zum Vergleich, da sie viele Gemeinsamkeiten aufweisen, denn in beiden Fällen mussten Gebäude und Strukturen einer europäischen Hauptstadt würdig sein, sondern auch um das Berlin der Nachwendezeit zu skizzieren, wo die meisten von Judith Hermanns Geschichten spielen. Ein Berlin, das nicht verwirrend, sondern nach dem sogenannten »kritischen Wiederaufbau« rekonstruiert wird, wo nach Möglichkeit versucht wird, die ursprünglichen Merkmale einer Struktur wiederherzustellen und sie mit den neuen zu kombinieren. Selbst wenn es wie das Regierungsviertel von Grund auf neu gebaut werden musste, war es möglich, wenigstens durch Namen eine Verbindung zur Geschichte aufrechtzuerhalten; ein Beispiel ist das Gebäude, das nach Paul Löbe, dem letzten Präsidenten des Reichstags, bevor Hitler an die Macht kam, benannt wurde. Bei einem Spaziergang durch die Straßen der wiedervereinten Hauptstadt fällt es nicht schwer, Skulpturen zu finden, die anscheinend keine Bedeutung haben, aber an wichtige Ereignisse erinnern; sie sind Teil davon und können nicht ignoriert werden. Dies ist jedoch das Thema des nächsten Absatzes.

Das steinerne Berlin

Mit dem Sieg gegen Frankreich wurde das Deutsche Reich geboren. Die Franzosen zahlten fünftausend Mark für Kriegsschäden und füllten die Kassen des Kaisers. Die Berliner Börse wurde zur wichtigsten in Deutschland, und die Metropole entwickelte sich damit zu einer der bedeutendsten Geschäfts- und Wirtschaftsstädte der Welt. Die Zahl von 800.000 Einwohnern von 1871 verdreifachte sich bis Ende des Jahrhunderts. Um das Tempo der Transformationen zu verstehen: Zwischen 1871 und 1872 wurden vierzig Landes- und Immobilienkreditbanken errichtet. Die größten Aktiengesellschaften beeinflussten das städtische Wachstum, indem sie in den Randgebieten des Stadtbezirks Land kauften. Die Allgemeine Omnibus AG, der öffentliche Verkehr mit Pferden (Pferdeomnibus-Linien), der schon nach vier Jahren 22 Linien einschließlich der Vororte und angrenzenden Gebiete an das Zentrum abdeckte, wurde 1868 gegründet. Die Ringbahn, die die Hauptstationen neben dem alten Zollgürtel ringförmig verband, wurde 1871 angefertigt; die Stadtbahn, die den Ostteil mit dem Westteil der Stadt verband, entstand 1882. Es wurden ein Abwassersystem etabliert, damit der Unrat nicht mehr in der Spree landete, und ein Abfallsystem gebaut, sodass der Müll weit entfernt von Gebäuden entsorgt werden konnte. Andere Arbeiten, die wir hier erwähnen, sind öffentliche Beleuchtung, Straßeninstandhaltung und die Erweiterung des städtischen Aquädukts, Krankenhäuser, Schulen, religiöse Gebäude. Neue Gerichtsgebäude und der Reichstag wurden gebaut. Das Hauptproblem in den Gebieten außerhalb des historischen Stadtkerns war wie heute der Wohnungsmangel: Es gab 166.144 Wohnungen für 826.000 Einwohner. So wurden von 1880 bis zum Ende des Jahrhunderts 700.000 Häuser gebaut. Die Industrieunternehmen zogen in die Vororte, so entstanden Arbeiterbezirke wie zum Beispiel Siemensstadt oder die 1898 in Tegel fertiggestellte Werkssiedlung der August Borsig GmbH. In den letzten zwanzig Jahren des 19. Jahrhunderts befasste man sich hauptsächlich mit der Fertigstellung von Großprojekten; die Gebäude entsprachen eher funktionalen als ästhetischen Bedürfnissen. Oft wurde das berühmte Motto des Ingenieurs Francis Thomas Bacon zitiert, das Muthesius im dritten Band seines Buches *Das englische Haus* verwendete: »Häuser sind gebaut, um bewohnt zu werden und nicht angeschaut zu werden (Houses are built to live in, not to look at).

Das gläserne Berlin

Da sich beide Seiten des geteilten Berlins auf völlig unterschiedliche Weise entwickelt hatten, mussten nach dem Mauerfall ganz spezielle Probleme gelöst werden. Architekten aus verschiedenen Ländern wurden kontaktiert, um ihre Ideen für das Zentrum Berlins auszuarbeiten. Hilmer & Sattler wurden mit dem Bereich Potsdamer Platz / Leipziger Platz betraut; Renzo Piano mit dem großen Gebiet südlich der neuen Potsdamer Straße, des Daimler-Benz-Areals; Helmut Jahn mit dem Sony Center nördlich der neuen Potsdamer Straße. Axel Schultes mit dem Spreebogen, dem Gebiet entlang der Spree. Norman Foster wurde mit dem Umbau des Reichstags beauftragt. In den Vororten der ehemaligen DDR-Bezirke mit Plattenbauten - wie Lichtenberg, Hohenschönhausen, Marzahn, Hellersdorf - war der Umbau dringend: 200 Millionen Mark mussten sofort für die

Gebäudesanierung der elf östlichen Bezirke aufgewendet werden. Im Gegensatz zu den anderen großen europäischen Hauptstädten bot sich Berlin immer noch zum Experimentieren an. Dank der verschiedenen Stile, die die Postmoderne verwendete, erhielt die Stadt unterschiedliche Facetten. Vergangenheit und Gegenwart wurden verbunden. Josef Paul Kleihues ist einer von diesen Leuten, die sich nachdrücklich für einsetzten, dass man die Vergangenheit eines Ortes kennen müsse, bevor man dort etwas ändern wolle. In Berlin-Mitte oder am Pariser Platz wurde beispielsweise versucht, die ursprünglichen Merkmale nach der sogenannten »kritischen Rekonstruktion« wiederherzustellen. Der Pariser Platz wurde im Zweiten Weltkrieg teilweise zerstört und zwischen 1956 und 1957 wieder aufgebaut; die beschädigten Häuser wurden abgerissen. Der Berliner Senat verfügte 1993, dass er wiederaufgebaut werden solle, wobei seine alten Proportionen erhalten bleiben und die Planstruktur sowie die alten Nutzungen wiederhergestellt werden sollten. So sind die Standorte der US-Botschaft, der Akademie der Künste, des Hotels Adlon dieselben wie vor dem Krieg. Der Pariser Platz verdankt seinen Namen der Eroberung von Paris im Jahr 1814 und das Brandenburger Tor ist deren Symbol. Die Siegesgöttin auf dem Tor wurde von Napoleon »gestohlen« und noch im selben Jahr 1814 geborgen und zurückgebracht. Die Friedrichstraße wurde ebenfalls nach der Methode der »kritischen Rekonstruktion« umgestaltet, als sie 1991 zur Einkaufsstraße werden sollte. Die historische Route sollte unter Berücksichtigung der alten Ausrichtung von Plätzen und Straßen beibehalten werden. Diese Straße wurde von Friedrich III. in Auftrag gegeben (die Arbeiten begannen 1691). Ab dem schicksalhaften Jahr 1871 (Jahr der Einigung Deutschlands) wurde sie mit ihren zahlreichen Cafés, Restaurants, Theatern und Geschäften die Straße der Freizeit und des Einkaufens. Als Berlin 1991 wieder Hauptstadt des wiedervereinigten Deutschlands wurde (dies hat wie in der Vergangenheit dazu geführt, Gebäude und Infrastrukturen neu zu überdenken), traf man die Entscheidung, die Regierungsgebäude im Bezirk Mitte in der Nähe der Spree zu errichten. Entlang des Flusses wurde das »Band des Bundes« geplant, das Ost und West, einst durch die Mauer getrennt, symbolisch vereint. Hier werden nur wenige Beispiele dieser Regierungsbauten erwähnt wie das Paul-Löbe-Haus (1997-2000; Architekt: Stephan Braunfels) mit acht Stockwerken. In diesem Gebäude gibt es Konferenz- und Besprechungsräume, 900 Büros für Parlamentarier, Ausschusssekretariate usw. Unterirdische Tunnel verbinden es mit den anderen Parlamentsgebäuden. Der Reichstag wurde am 29. Oktober 1991 als Sitz des Parlaments angenommen. Das Projekt, das Sir Norman Foster anvertraut wurde, behielt den alten neobarocken Kern bei, und die während der Arbeiten entdeckten Graffiti russischer Soldaten von 1945 wurden nicht beseitigt. Gegen die Meinung von Sir Norman Foster war es das Parlament, das die Kuppel auf moderne Weise aus Glas gestalten wollte. Die gläserne Kuppel war ursprünglich von dem spanischen Architekten Santiago Calatrava entworfen worden. Der Reichstag (1884-94) war von Paul Wallot mit dem Ziel erbaut worden, die Majestät des neu gegründeten Deutschen Reiches (1871) zu repräsentieren. Am 28. Mai 2006 wurde der Hauptbahnhof (ebenfalls aus Glas, mit futuristischer Architektur von Meinhard von Gerkan) eingeweiht, der größte europäische Eisenbahnknotenpunkt. Da die meisten Neubauten aus Glas bestehen, kann man, meiner Meinung nach, von einem neuen »Gläsernen Berlin« sprechen.

Bilder der neuen Architektur

Die 1890 erbaute Meierei Bolle war ein Prototyp der industriellen Archäologie. Heute gibt es im Gebäude ein Hotel, ein Restaurant und Geschäfte. Hinter der Meierei befindet sich ein moderner Büro- und Gewerbepark, fertiggestellt 1994, in dem sich mehrere Jahre lang das Bundesinnenministerium einquartiert hatte.

Der Reichstag wurde 1999 restauriert. Die Kuppel aus Glas ist weltweit berühmt.

Verschiedene Gebäude im neuen Regierungsviertel: Die Bauten bestehen hauptsächlich aus Glas. Im Hintergrund sieht man den neuen Hauptbahnhof, der am 28. Mai 2006 eingeweiht wurde. Auch er besteht hauptsächlich aus Glas.

Innenraum des Hauptbahnhofs. Man kann sofort die futuristische Konzeption der Struktur erkennen.

Panoramablick auf den Potsdamer Platz bei Nacht.

Die zwei Wolkenkratzer Ritz Carlton Berlin und Delbrück-Haus.

Hauptbahnhof

Panorama am Ausgang des Hauptbahnhofs Richtung Regierungsviertel.

Potsdamer Platz: neue Berliner Gebäude. Davor die erhaltene historische 3 Meter hohe, 1924 von Jean Krämer entworfene erste Ampel Berlins auf dem damals verkehrsreichsten Platz Europas: Hier gab es Autos, S- und U-Bahnanschlüsse, ungefähr 26 Straßenbahn- und 5 Buslinien.

Spuren der Vergangenheit

Berlin ist eine Metropole voller kleiner Spuren, die an vergangene Ereignisse erinnern. Viele von ihnen sind sehr schwer zu erkennen. Zum Beispiel beschloss Walter Ulbricht 1961, die Statue von Stalin entfernen zu lassen. Das war der Beginn der Entstalinisierung sowohl in der UdSSR als auch in der DDR, und nur wenige wissen Folgendes:

Das Denkmal wurde in Einzelteile zerlegte, nach Lauchhammer gebracht und dort im VEB Gießereibetrieb eingeschmolzen. Die unerwartete Buntmetallschwemme kam allen Ostberlinern zugute. Aus dem Material wurden bronzene Tierfiguren gefertigt, die heute noch im Tierpark Friedrichsfelde die Besucher erfreuen. Ein bockiges Eselchen, ein Säbelzahntiger, ein Elch kommen der Erstellungszeit nach infrage. So wurden alle Spuren des Stalindenkmals getilgt. Allerdings konnten es die Stasi-Aufpasser nicht verhindern, daß die Gießereiarbeiter die Nase und eine Schnurrbartspitze des Sowjetdiktators als Andenken entwendeten. Diese seltenen Memorabilien tauchten nach der Wende wieder auf und sind in einem Museum im Café Sibylle in der Karl-Marx-Allee zu bewundern.[1]

Kunst kann auch einen Einfluss auf das tägliche Leben der Bürger haben, sie kann aber auch eine öffentliche Funktion übernehmen. Dies geschieht, wenn Werke an Plätzen oder Straßen ausgestellt werden, an denen die Bewohner, ob sie wollen oder nicht, mit ihnen interagieren. Die von der SED errichteten Statuen hatten die Aufgabe, die Kriegsverbrechen der Nazis oder die großen sozialistischen Persönlichkeiten wie beispielsweise die Lenin-Statue am Leninplatz kontinuierlich in Erinnerung zu rufen. Nach dem Mauerfall wurden verschiedene Künstler aus aller Welt sowohl von der Regierung als auch von privaten Unternehmen beauftragt, zahlreiche Skulpturen in Berlin-Mitte herzustellen.

Nach der Wiedervereinigung übersiedelten zum Beispiel eine Reihe von Unternehmen in die historische Mitte Berlins, die nun als »Neue Mitte« bezeichnet wird, und statteten ihre Firmensitze, aber auch die anliegenden Straßen, Plätze und Einkaufspassagen mit Werken der bildenden Kunst aus.[2]

Berlin hat im Gegensatz zu anderen großen europäischen Hauptstädten (Rom, Wien, Paris usw.) einen großen Teil seines historischen Erbes verloren, und viele dieser neuen Skulpturen haben die Aufgabe, an wichtige Ereignisse der Vergangenheit zu erinnern.

1 Hans-Hermann Hertle / Stefan Wolle, *Damals in der DDR*, Goldmann Taschenbuchausgabe, München, 2006; S. 24

2 Hans Dickel / Uwe Fleckner, *Kunst in der Stadt - Skulpturen in Berlin*, Nicolaische Verlagsbuchhandlung, 2003; S. 16

Werke wie die Umgestaltung des »Ehrenmals 20. Juli 1944« durch Elche Reusch oder Christian Boltanskis »The Missing House« in der Großen Hamburger Straße, Werke wie Micha Ullmans »Mahnmal für die Bücherverbrennung« auf dem Bebelplatz oder die »Orte des Erinnerns«, mit denen Renata Stih und Frieder Schnock im Bayerischen Viertel Zeichen setzen, bieten überzeugende künstlerische Formen, mit denen das Gedenken an die Verbrechen des Nationalsozialismus und die damit verbundene politische Mahnung einen großen Kreis von Betrachtern erreicht.[3]

Es gibt also Episoden, die die Stadt nicht vergessen will. Selbst die verhasste Mauer, die so schnell zerstört wurde, wird durch sehr kleine Spuren in den Straßen der Metropole in Erinnerung gerufen. Ich werde mich darauf beschränken, nur einige dieser Skulpturen aus dem neuen Berlin zu erwähnen.

Gedenktafel für die Berliner Mauer

3 Ebenda; S. 19

Skulpturen des neuen Berlin

Dan Flavin, *Ohne Titel*: erbaut 1996. Der ehemalige Hamburger Bahnhof, der heute Sitz des *Museums für Gegenwart* ist, ist ein historisches Gebäude. Der Künstler hat an der Originalfassade 120 grüne und blaue Neonröhren gesetzt. Nachts ziehen sie die Aufmerksamkeit der Passanten auf ein Gebäude, das die Vergangenheit und die Gegenwart der Stadt verkörpert.

Micha Ullman, *Bibliothek*: Zwischen 1993 und 1994 hergestellt, ist es eine Kunstinstallation zum Gedenken an die Bücherverbrennung durch die Nazis.

Rainer Görs, *Denkzeichen Modezentrum*: gebaut im Jahr 2000. Es befindet sich im Hausvogteiplatz, der seit den 1930er Jahren das Modezentrum Berlins war. Um 1914 gehörten etwa 80 Prozent der Unternehmen Juden, die dann in die Vernichtungslager der Nazis transportiert wurden. Wenn man die Treppe hinaufgeht, kann man einige Namen und Daten (bis 1939) dieser Firmen lesen.

Wolfgang Rüppel, *Denkmal des 17. Juni 1953*: Es wurde im Jahr 2000 erbaut und erinnert an den Streik, der 1953 in der damaligen DDR stattfand und tragisch endete.

Christian Boltanski, *The Missing House*: Skulptur aus dem Jahr 1990. Im Februar 1945 wurde ein Wohnhaus in der Großen Hamburger Straße 15/16, dessen Bewohner alle Juden waren, durch Luftangriffe beschossen. Boltanski hat – wie schon der Titel »Das vermisste Haus« verrät – einen Gedenkraum geschaffen, der an die Abwesenheit des Gebäudes erinnert. Es gibt Schilder mit den Namen der Mieter, ihren Geburts- und Sterbedaten, ihren Berufen und ihrer jeweiligen Wohnung.

Peter Eisenman, *Denkmal für die ermordeten Juden Europas*: 1997-98.

Frank Thiel, *Leuchtkästen*: erbaut 1998 als Denkmal für den Checkpoint Charlie. Es befindet sich in der Friedrichstraße.

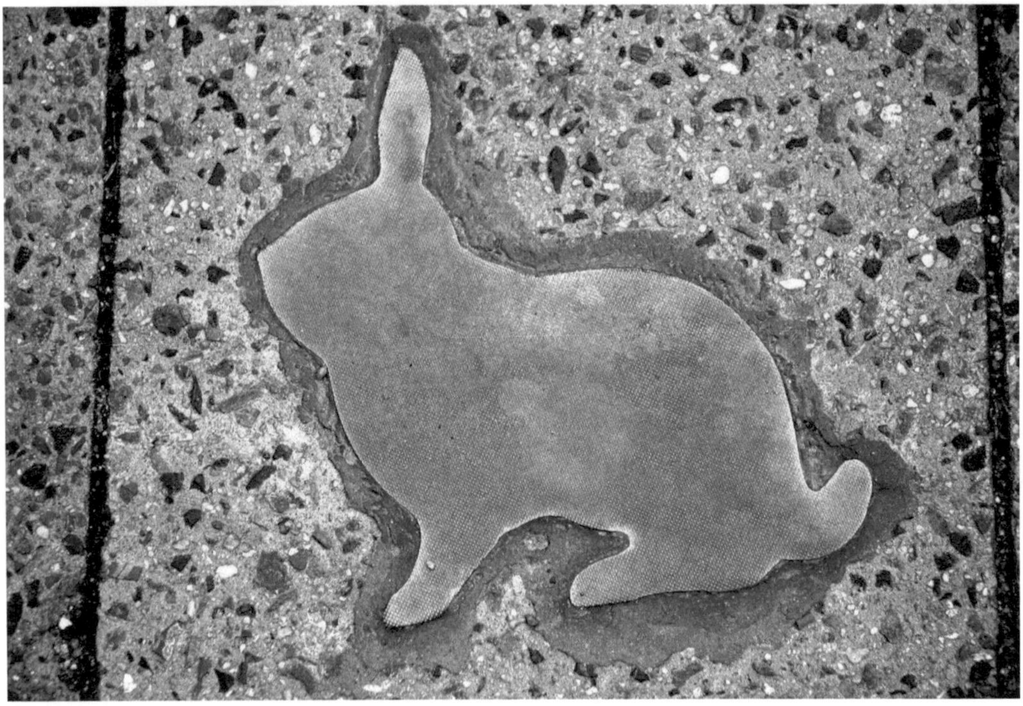

Karla Sachse, *Kaninchenzeichen*: Dieses Kaninchen aus dem Jahr 1999 zwischen Liesen- und Wöhlerstraße markiert die Grenze zwischen Ost- und Westberlin, wo einst die Mauer stand:
*Schon lange vor dem Fall der Mauer waren Kaninchen im Osten der Stadt zum Symbol der Freiheit geworden. Sie besaßen das Privileg, als »Grenzgänger« ohne Pass und Kontrolle zwischen Ost und West wechseln zu können. Sie waren frei, während die Bewohner der DDR im Arbeiter-und-Bauernparadies eingesperrt waren...**

* Ralf Gründer, Berliner Mauerkunst, Böhlau Verlag, Köln, 2007; S. 69

Gedenkstätte Berliner Mauer: bewahrt einen kleinen Teil der Mauer und des Todesstreifens. Es gibt auch eine Hommage an die Opfer, die bei dem Versuch, nach Westdeutschland zu fliehen, zu Tode kamen.

Das *Stasi-Gefängnis Berlin-Hohenschönhausen*: Andere Spuren der Vergangenheit befinden sich in der Erhaltung großer Gebäude wie das Stasi-Unterlagen-Archiv und das Stasi-Gefängnis, wo Menschen in Gewahrsam gehalten und von der Geheimpolizei verhört wurden. Es waren hauptsächlich politische Gefangene, die physische und psychische Gewalt erlitten haben. Das Gefängnis war von 1951 bis 1989 in Betrieb. Vor 1951 war das Gefängnis unter der Kontrolle der sowjetischen Verwaltung gestanden.

Stasi-Unterlagen-Archiv

Generation Golf und Zonenkinder

Eines der wichtigsten Ereignisse der letzten Jahrzehnte war zweifellos der Mauerfall. Ohne ihn wäre diese literarische Strömung der 90er Jahre, in die Judith Hermann gut integriert ist, nicht entstanden. Dieser Fall hat den Lauf der Geschichte verändert, nicht nur in Europa, sondern weltweit. Er bedeutete das Ende des Kalten Krieges, das Ende zweier gegensätzlicher Blöcke und hat die Vorstellungskraft der Menschen so weit beeinflusst, dass die Vorstellungskraft der Schriftsteller entfesselt wurde:

> *Als die Mauer plötzlich nicht mehr stand, rieb sich das Volk die Augen und mußte schließlich glauben, es hätte selbst die Mauer abgerissen. Mir war schon klar, daß diese Das-Volk-sprengt-die-Mauer-Legende nicht mehr lang halten wird (...) Ja, es ist wahr. Ich war's. Ich habe die Berliner Mauer umgeschmissen. Aber wenn es nur das wäre – die Rezensionen der Historiker und Publizisten jedenfalls lesen sich so: »Ende der deutschen Teilung«, »Ende der europäischen Nachkriegsordnung«, »Ende des kurzen 20. Jahrhunderts«, »Ende der Moderne«, »Ende des kalten Krieges«, »Ende der Ideologien« und »das Ende der Geschichte« (...) Die Geschichte des Mauerfalls ist die Geschichte meines Pinsels...*[1]

Der Erzähler ist Klaus Uhltzscht – geboren aus der Fantasie von Thomas Brussig - der behauptet, mit seinem Penis die Mauer niedergerissen zu haben. Entscheidend ist jedoch, dass wir endlich ein wiedervereinigtes Deutschland und deutsche Literatur haben, die jetzt in diesem Sachbuch geschildert wird. In einem Interview mit Tom Kraushaar sagt Jana Hensel:

> *... Aber um auf die Frage der Rückbesinnung auf nationale Identität zurückzukommen: Letztlich geht die Deutsche Teilung auf den Zweiten Weltkrieg zurück. Viele haben sie, glaube ich, als eine Strafe für die Schuld am Zweiten Weltkrieg verstanden. Und vielleicht hatten viele erst, als die Teilung Deutschlands als sichtbare Konsequenz des Krieges überwunden war, das Gefühl, dass nun der Zweite Weltkrieg wirklich und endgültig vorbei ist. Und das verändert natürlich die nationale Identität...*[2]

Als Jana Hensel *Zonenkinder* schrieb (Spitzname, der den Kindern der Deutschen Demokratischen Republik zugeschrieben wird), hatte sie im Gegensatz zu Florian Illies nicht die Absicht, für eine ganze Generation zu sprechen - die der Bewohner des

1 Thomas Brussig, *Helden wie wir*, Fischer Taschenbuch Verlag, Frankfurt am Main, 2005; S. 6f.

2 Tom Kraushaar, *Zonenkinder – die Geschichte eines Phänomens*, Rowohlt Taschenbuch Verlag, Reinbek bei Hamburg, 2004; S. 108

Ostgebietes, die Ossis, die 1989 zwischen zehn und achtzehn Jahre alt waren. Ihr Buch war sofort ein großer Publikumserfolg. Es wurde auch in Westdeutschland gefeiert, und dann entstand das Phänomen, das als Ostalgie bekannte wurde.

Das am meisten gelobte und kritisierte Wort in dem Buch ist *wir* (der Erzähler), das die Bedeutung der *Identifikation* in sich trägt. So wendet sich eine engagierte und begeisterte Leserin in einem Brief an Jana Hensel:

> *Als die Mauer fiel, war ich 13 und ich schwöre, uns ging es gut, auch ohne Bananen. Ich freute mich auf die Jugendweihe und mein heiß ersehntes FDJ-Hemd (...) Also, vielen Dank für dieses Buch! Mit immer bereiten Grüßen, Sandra Yemesin...*[3]

Die offenste und schärfste Kritik an diesem »Wir« kam von den früheren Generationen, die die DDR nicht als Heimat, sondern als autoritären und repressiven Staat erlebten:

> *Rostocker oder Erfurter, die 1989 nur wenige Jahre älter waren als die Autorin, haben in der Wende stärker einen politischen Wandel gesehen und die DDR nicht nur als Heimat, sondern als restriktives System; sie tragen die Erinnerungen an einen repressiven und einen einengenden Staat in das vereinigte Deutschland...*[4]

Das »Wir« der Bücher der Autoren der Zonenkinder steht im Gegensatz zu dem »Ich« der Generation Golf. Das von beiden angenommene literarische Genre ist jedoch dasselbe, die autobiografischen Erinnerungen:

> *Sie traten an die Stelle der Erinnerungs- und Ich-Beschreibungsbücher West, die mit so unterschiedlichen Werken wie denen von Benjamin Lebert, Judith Hermann, Benjamin von Stuckrad-Barre und Florian Illies in der zweiten Hälfte der neunziger Jahre so ungeheure Erfolge feierten*[5]

Bei den westlichen Autoren ist dieser Egozentrismus, diese Selbstsucht, dieses »Ich« so stark, dass es einem aufmerksamen und witzigen Leser wie Florian Illies nicht entgehen konnte. Er lässt uns in einer Passage seines Textes wissen, dass auch dieses Ich in den Geschichten von Judith Hermann sehr präsent ist:

> *Selbst in Judith Hermanns Erzählungsband »Sommerhaus, später«, dessen Gestalten aus der Berliner Boheme eigentlich so gar nichts gemein haben mit den Generationsgenossen, die in Heidelberg und Bonn Jura studieren, wird deutlich, daß das Kreisen um sich selbst unsere wichtigste Antriebsfelder ist.*

3 Jana Hensel, *Zonenkinder*, Rowohlt Taschenbuch Verlag, Reinbek bei Hamburg, 2004; S. 22

4 Ebenda, S. 9

5 Ebenda, S. 13

Nur eine einzige Gestalt in dem Buch kann von sich sagen: »Im Grunde interessiere ich mich nicht nur für mich selbst.« Er wird deshalb auch von niemandem verstanden und muss zum Therapeuten.[6]

Aber wer sind genau die Zonenkinder und die Generation Golf?

Jana Hensel hatte als Leserin und Herausgeberin der Zeitschrift EDIT gearbeitet, bevor sie die Entscheidung traf: »Doch das Buch, das sie immer schon lesen wollte, gab es noch nicht. Also musste sie es selbst schreiben.«

In diesem schicksalhaften Monat November 1989 war sie dreizehn Jahre alt, als sich plötzlich ihre Heimat auflöste und alle Aktivitäten, die bis dahin ihr tägliches Leben geprägt hatten, plötzlich aufhörten zu existieren. Es schien, als ob es die DDR nie gegeben hätte. Niemand sprach mehr darüber. Man konzentrierte sich auf eine neue Realität, der Kapitalismus drang in ihre sozialistischen Adern ein.

Inzwischen war alles, was Teil ihrer Kindheit gewesen war, endgültig verschwunden, wie die *ABZ Zeitungen, Rolli, Bummi, Flitzi, Schnaps, Manne Murmelauge,* die Uniformen der Pioniere usw. usw. Auch die Sprache hatte sich etwas geändert:

Die Dinge hießen einfach nicht mehr danach, wie sie waren. Vielleicht waren sie auch nicht mehr dieselben. Schalter hießen Terminals, Verpflegungsbeutel wurden zu Lunchpaketen, Zweigstellen zu Filialen, der Polylux zum Overheadprojektor und der Türöffner in der Straßenbahn zum Fahrgastwunsch.[7]

Diese Kinder hatten plötzlich keine Heimat mehr, die Orte, in denen sie aufgewachsen waren, veränderten sich so sehr, dass sie Hensel dazu veranlassten zu sagen, sie sei eine Touristin in ihrem eigenen Land. Sie lebten jetzt in einer neuen Nation, in der sie sich unwohl fühlten, wegen ihrer »ungeschickten« Kleidung diskriminiert wurden und das Gefühl hatten, Kinder von Verlierern und proletarischen Eltern zu sein.

Das starke Bedürfnis nach Identität und Anerkennung wurde immer wichtiger. Innerlich fragte man sich: Wer bin ich, woher komme ich und vor allem, wie sehe ich aus? Gab es die DDR wirklich? Oder war es nur ein Geist?

Um diese Fragen zu beantworten, zog Hensel nach Berlin:

Es gibt keinen besseren Ort in Deutschland, diese Frage in kritischer Grundhaltung, aber ganz gepflegt auf sich beruhen zu lassen, als Berlin. Nirgends kann man so schön mit den ungelösten Fragen der deutschen Geschichte versacken wie hier. So ging Jana Hensel nach Berlin, in die ehemalige Hauptstadt der DDR, die inzwischen Zuwachs aus dem Westen bekommen hatte – für sie eine »vorläufige Fluchtburg«, immerhin ein »realer Ort«, auch wenn viele der autochthonen Prenzlberg-Ost-

6 Florian Illies, *Generation Golf, eine Inspektion*, Fischer Taschenbuch Verlag, Frankfurt am Main, 2003; S. 146

7 Jana Hensel, *Zonenkinder*, Rowohlt Taschenbuch Verlag, Reinbek bei Hamburg, 2004; S. 22

Berliner sich nach den vertraut verfallenen Hinterhöfen zurücksehnen, die galerienfette Auguststraße »hassen« und die zentrale Touristensammelstelle »verabscheuen«[8]

Man kann daher behaupten, dass die Bücher der Autoren, die unter dem Namen Zonenkinder katalogisiert sind, aus der Notwendigkeit entstehen, diesen Mangel an Identität zu füllen. Man hat das Bedürfnis, die Mythen der eigenen Jugend wiederbeleben zu lassen, stolz zu sein und sich nicht für Dinge oder Aktivitäten wie *Milchdienst, AG Pop-Gymnastik, Pioniernachmittag, FRÖSI, Spartakiade, Trabant* usw. zu schämen. Stolz über ihre Jugend zu sprechen, ohne sich dafür zu schämen, sie im Gegenteil bekannt zu machen und zu schätzen:

Seit Mitte der Neunziger Jahre reüssierten DDR-Retro-Partys, wurden Bücher von Thomas Brussigs »Helden wie wir« zu Verkaufsschlagern, später dann Filme wie »Sonnenallee« von Brussig und Regisseur Haußmann. Spätestens mit diesem Film war die DDR Pop geworden, auch für die Generation Golf. Dasselbe gilt in gewissem Sinne für die Berliner Lesebühnenbewegung: Witzige Geschichten aus dem Alltagsleben der späten DDR könnte man da hören, vorgetragen von den Jungen Ostautoren Falko Hennig, Jakob Hein oder Jochen Schmidt – auch dies vor einem gemischten Ost-West-Publikum...[9]

Florian Illies hingegen schrieb sein Buch genau mit dem Ziel, seine Generation, das heißt alle zwischen 1965 und 1975 Geborenen, zu beschreiben. Seine Gleichaltrigen sind Leute, die in gewisser Weise das Gegenteil ihrer Eltern sind. Unpolitisch, ohne Werte oder Ideologien, auf Profit ausgerichtet, egozentrisch, oberflächlich.

Die Texte der jungen Schriftsteller des Westens, die Wessis, erzählen in einfacher, schlanker, direkter Sprache ihre Erfahrungen als Kinder, ihr Erwachsenwerden, ihre Freundschaften, ihre Hoffnungen, die kleinen und großen Alltagsprobleme, ihre Reisen, die Bedeutung der Musik.

Im Zentrum ihrer Geschichten steht das »Ich«; alles ist mit sich selbst verbunden. »Generation Golf« ist kein Roman, der Autor erstellt eine echte Liste von Dingen, Menschen und Ereignissen, die die 80er Jahre prägten (die Jahre, die die zukünftige Thirty-something-Schriftsteller kulturell geprägt haben), immer mit dem Ziel, ihre Oberflächlichkeit und Lächerlichkeit hervorzuheben:

Bei den Frauen gab es eine kleine Gruppe, die Umhängetaschen aus seltsamem Flechtwerk bei sich trug, an deren Trageband die hellblauen Friedenstaubenbuttons hingen. Meist gingen die Trägerinnen

8 Tom Kraushaar, *Zonenkinder – die Geschichte eines Phänomens*, Rowohlt Taschenbuch Verlag, Reinbeck bei Hamburg, 2004; S. 22f.

9 Ebenda; S. 68f.

solcher Taschen nachmittags in die Umwelt AG oder pflegten irgendwo ein Pferd.[10]

Charakteristische Objekte waren *Commodore 64, Adidas-Allround-Turnschuhe, Nickis, Yucca Palme, Plakate von Pierrot oder Kim Wild*, man hörte die LPs von Purple Schultz und Klaus Lage und man saß vor dem Fernseher, um die Sendungen von Thomas Gottschalk oder von Falcon Crest oder Cartoons wie *Schlumpfe* zu sehen, *Monchichi* Puppen waren unter Mädchen weit verbreitet und wurden besonders bewundert, »jene Mädchen, die die aufgeplusterte Schrift beherrschten, mit den aufgeblasenen Buchstaben, die sich ineinander schoben wie Wolken«. Es war auch die Zeit der Hochglanzmagazine für Männer, die einen schönen Körperbau haben wollten und die sogenannten Waschbrettbauch-Sofort-Zeitungen durchblätterten, und für Frauen, die immer äußerlich schön sein wollten:

> *Denn wenn schon die Männer plötzlich Men's Health hatten, wollten auch die Frauen plötzlich was zum Spielen haben. Sie bekamen Allegra und Amica (...) Allegra ist schwarz-weiß und überraschend gut (...) Amica ist die Assi-Variante...*[11]

Es waren die Jahre der Filmsequenzen *Rambo I, Die unendliche Geschichte II, Zurück in die Zukunft III, Die Rückkehr des Jedi IV*, und die sprachlichen Experimente wie »Stück ma'n Rück« und »Zum Bleistift« waren gemeinsame Ausdrücke geworden. Und es war sicherlich nicht die Schuld von Markenwasser, wenn junge Menschen von ernsten Themen wie Politik abgelenkt wurden:

> *Dann lernten wir, beim Italiener nicht einfach Wasser zum Wein zu bestellen, sondern ganz dezidiert San Pellegrino. Und so kommt es, daß unsere Generation zwar weiterhin keine Meinung zu Gerhard Schröder hat, wohl aber zum Wasser.*[12]

Ein interessantes Buch, über das ich kurz sprechen werde, weil es das Thema betrifft, mit dem wir uns befassen, ist das 2004 veröffentlichte *Aufgewacht. Mauer weg* von Susanne Leinemann. Sie erzählt den Lesern mit ihrer Liebesgeschichte mit einem östlichen Jungen von den Jahren vor, während und nach dem Fall der Mauer. Die Autorin versucht, von den Zonenkindern und der Generation Golf die Unterschiede und die Gemeinsamkeiten zu erfassen. Sie erzählt, wie sie in ihrer Jugend in Bonn den Fall der politischen Ideale ihrer Generation erlebte, die – statt den Lauf der Geschichte mitzuschreiben – sich von den Ereignissen mitreißen lässt und sich nur mit den praktischeren Aspekten des Lebens befasst (»die aggressive Leichtigkeit des Seins«; »ich gebe Gas, ich will Spaß«):

10 Florian Illies, *Generation Golf, eine Inspektion*, Fischer Taschenbuch Verlag, Frankfurt am Main, 2003; S. 14

11 Ebenda; S. 95

12 Ebenda; S. 153

Die Wehrmachtsgeneration, die Kriegskinder, die Nachkriegskinder, die 68er, die Kaderkinder der 70er. Wir waren dagegen verschrien als Spielzeuggören, als Fernsehgucker und Cola-Schlürfer (...) Man säße im Wartesaal der Geschichte...[13]

Dies ist der besondere Grund, warum sie (die Wessis) sich nicht für ihre »Brüder, die drüben lebten« interessierten. Auf die Frage: »Ist die DDR Teil Deutschlands oder ein ausländischer Staat?« antworteten mehr als fünfzig Prozent der Befragten: »Ausland«. Susanne hatte die DDR als Teenager bereits für eine kurze Zeit mit ihrer Mutter besucht und war fasziniert. Und sie wurde vorzeitig von der *Ostalgie* infiziert. Sie überquerte mehrmals die Grenze und schrie innerlich vor Wut, weil die Mauer noch nicht gefallen war. Die jungen Leute, so materialistisch, hatten jegliches Interesse an einem viel zu abstrakten Thema verloren, weswegen es ihnen nie eine Herzensangelegenheit war:

Die deutsch-deutsche Frage war nicht mehr wie zu Schumachers Zeiten eine Sache des Herzens, sondern des Kopfes – und wer eignete sich besser für die Kopfarbeit als Akademiker, Politiker, Autoren, Journalisten. Sie beschrieben uns sachlich und zurückhaltend...[14]

Und waren die Jungen aus dem Osten so anders als die von Susanne Leinemann? Hatten sie unterschiedliche Perspektiven, Wünsche? Laut einem Interview eher nicht: Sie waren gleichgültig, unpolitisch, hatten kaum Ideologien und verlangten nach materiellen Gütern:

Hier die Top Ten der späten Zonenkids: Schöne Wohnung, Freundeskreis, Liebe und Sex, Mode und Luxus, Reisen, etwas Verrücktes erleben, Spontanität, Autobesitz, Schönheitspflege, soziales Ansehen. Die größten Verlierer in der Hitliste waren: Interesse an politischer Aktivität, Bereitschaft, sich kollektiven Beschlüssen unterzuordnen, und das Bekenntnis zum Marxismus-Leninismus...[15]

Ironischerweise waren es dieser Mangel an politischem Interesse, diese Gleichgültigkeit, die die Diktatur besiegte:

Trotzdem schien die DDR-Jugend nicht wirklich wütend auf ihren Staat. Nein, viel schlimmer: Er war ihnen zunehmend gleichgültig (...) Mit einer Generation, der alles egal ist, konnte man keine ernsthafte Aussprache führen. Man konnte mit ihr nicht schöpferisch den Sozialismus gestalten...[16]

13 Susanne Leinemann, *Aufgewacht. Mauer weg*, Bastei Lübbe Taschenbücher, Stuttgart München, 2004, S. 38f.
14 Ebenda; S. 21
15 Ebenda; S. 89
16 Ebenda; S. 108

Tatsächlich haben die Winde des Wandels aus Gorbatschows Russland den Boden der DDR nicht erfasst. Honecker und die SED hielten weiterhin an einer harten Linie fest: »Würden Sie, wenn Ihr Nachbar seine Wohnung neu tapeziert, sich verpflichtet fühlen, Ihre Wohnung ebenfalls neu zu tapezieren?«, erklärte Kurt Hager in einem Interview mit dem *Stern* im April 1987. Es waren die jungen Menschen, die die österreichisch-ungarische Grenze überschritten, getrieben von banalen Konsumwünschen, und die ihre Väter davon überzeugten, innerhalb ihrer Nation zu protestieren:

Wer damals im Sommer 1989 abhaute, war jung: Jeder Zweite unter 25 Jahren, 70 Prozent hatten den 30. Geburtstag noch nicht erreicht, 90 Prozent blieben unter 40 Jahren. Was hatten sie zu verlieren? Doch nicht »mein Auto, mein Haus, meine Frau«...[17]

Und was ihren Eltern noch zu tun blieb, war:

Nun erwachte die Elterngeneration – sie begann sich in unerwartet großer Zahl zu mobilisieren, zu demonstrieren, zu fordern (...) Es war viel simpler: unser Sohn Tobias, der gerade 18 Jahre alt geworden war, hatte bekannt gegeben, dass er jetzt auch aus dieser DDR raus wollte...[18]

Und hier die Geschichte, die sich über die Deutschen lustig gemacht hat:

Ironie der Geschichte: Unsere Vorgänger wollten mit aller Kraft nichts Geringeres als die Weltrevolution und sind schmerzhaft daran gescheitert. Wir hatten nüchtern festgelegt, niemals die Welt verändern zu können – und haben es doch geschafft...[19]

So sind sowohl die Jungs der Generation Golf als auch die der Zonenkinder in zwei verschiedenen Systemen aufgewachsen, die sie jedoch auf die eine oder andere Weise dazu veranlassten, ihre Väter, ihre Ideologien, ihre politischen Überzeugungen, ihre Werte abzulehnen. Und eine Form von Leben anzunehmen, das den praktischeren Aspekten gewidmet ist: Golf spielen, ein Haus, Freunde, Lieben, Musik hören, Partys organisieren, sich manchmal eine Reise leisten können.

Und so nahmen sie einen Stift und erzählten uns das alles in einem Stil, der zu ihrer Zeit passt und versucht, die Herzen und Gefühle der Leser einzubeziehen: einfach, trocken, direkt, ohne gelehrte und anspruchsvolle literarische Ausdrücke.

Die Autoren der ehemaligen Deutschen Demokratischen Republik benutzten aber als erzählerische Stimme das »Wir«, aufgrund des starken Bedürfnisses nach Identität,

17 Ebenda; S. 122

18 Ebenda; S. 136

19 Ebenda; S. 237

um ihre Heimat wieder aufzubauen, die sie vereinte und jetzt nicht mehr existiert, wo sie ihre Erfahrungen als junge Menschen erlebten – auf kollektivistische und nicht individualistische und selbstsüchtige Weise wie ihre westlichen Gleichaltrigen.

Folgend kurze Zusammenfassungen einiger Bücher der Generation Golf und der Zonenkinder, die Berlin als Kulisse haben.

Junge Talente ist das glückliche Debüt von André Kubiczec, der uns von Less erzählt, einem Jungen, der in den letzten Jahren vor dem Mauerfall beschließt, von einer kleinen Provinzstadt nach Ostberlin zu ziehen. Er wird in Prenzlauer Berg leben, einem Bezirk von Dichtern, Schriftstellern, Malern, Musikern, aber auch von Punks und Dandies. Er wird seine Freundschaften, Partys und den Verlust der Jungfräulichkeit mit dem schönen und freudigen Dani erleben. Kubiczec schafft es, uns einen Einblick in diese Tage zu geben und die verwirrte, aufregende, elektrisierende Atmosphäre der letzten Jahre der Deutschen Demokratischen Republik zu vermitteln.

Denn wir sind anders basiert auf einer wahren Begebenheit. Jana Simon mit einer trockenen und direkten Sprache macht den Leser auf die frühen Jahre des wiedervereinigten Berlins aufmerksam; und genau in jenen Slums, wo Alex, der Protagonist, aufgewachsen ist. Ständig verspottet über seine Hautfarbe (er ist afrikanischer Herkunft), lernt er schon früh die Kunst des Kickboxens. Als Erwachsener wird er damit als Türsteher in Nachtclubs auftreten und die Fans der gegnerischen BFC-Fußballmannschaft verprügeln. Er wird auch ein Bordell eröffnen. Alex wird Teil der sogenannten Szene sein, die das gewalttätige und erniedrigende Leben all dieser Kinder im ehemaligen Ostberlin der 90er Jahre war: Männer, die luxuriöse Autos fahren wollten, schöne Frauen und einen Haufen Geld in der Tasche, ohne es ehrlich verdient zu haben. Er wird im Gefängnis Selbstmord begehen.

Der BFC war schuld am Mauerbau ist eine Sammlung von Geschichten eines »stolzen Sohnes des Proletariats«. Der in Prenzlauer Berg geborene und aufgewachsene Autor Andreas Gläser verdingte sich schon früh als Arbeiter, bis er sich entschied, an den Lesungen der *Reformbühne Heim und Welt* und der *Surfpoeten* teilzunehmen. In seinen Erzählungen beschreibt er das tägliche Leben in der ehemaligen DDR-Hauptstadt und im wiedervereinigten Berlin. Seine Jugend verbrachte er als junger Pionier und als Fan der Fußballmannschaft des FC Dynamo seiner Heimatstadt.

Mein erstes T-Shirt von Jakob Hein ist ein Bericht über das tägliche Leben eines Jungen in der DDR, sein erstes T-Shirt, den Wunsch nach westlichen Produkten wie Coca Cola, Fernsehen usw., die erste Liebe, die wegen des Mauerfalls abrupt endet.

Falko Hennig hat ein Buch mit dem Titel *Volle Pulle Leben* veröffentlicht, eine Anthologie, die die besten Geschichten aus zehn Jahren Aktivität sammelt. Sie enthält sowohl Autoren der Generation Golf als auch von den Zonenkindern. Judith Hermann ist auch mit einer ihrer unveröffentlichten Geschichte vertreten: *Das fordert doch alles aus Silicium.*

ANHANG GENERATION GOLF UND ZONENKINDER

Es folgen Erläuterungen zu einigen Objekten, Leute, Liedern etc. der Zonenkinder und der Generation Golf.

GENERATION GOLF

In diesem Kapitel habe ich bereits einige Gegenstände, Menschen, Filme usw. erwähnt, die die Geschichte der 1980er Jahre geschrieben haben und die mit den Kindern westlicher Länder mehr oder weniger identisch oder fast identisch sind. Hier eine kurze Erweiterung der Liste:

- Das Magazin *Bravo* und seine legendären Poster.

- Mode: Calvin Klein, Dolce e Gabbana, Fruit of the Loom, Best Company, Gucci-Gürtel, United Colors of Benetton, Chevignon, Levis.

- Das Walkman- und MTV-Phänomen und die Bedeutung der Musik: Tom Waits, Oasis, Xavier Naidoo, Michael Jackson, Dieter Thomas Kuhn.

- Gegenstände wie Digitaluhren, Gameboy, Stereoanlage und Kenwood-Aufkleber (der hinten am Auto angebracht wurde).

- Fernsehsendungen wie *Dallas* oder Filme wie *Pretty Woman* mit Richard Gere und Julia Roberts. Sätze von Schauspielern der 1950er Jahre wie die von James Dean: »Und nun zu uns, Schätzchen«. Natürlich dürfen wir Gorbatschow und Lady Diana nicht vergessen.

- Eine neue Art von Mädchen: »Diese Girlies waren alle wie Madonna, die große: weiblich einfühlsam und zugleich egoistisch, sexy und natürlich sehr schlau. Also eigentlich unheimlich. *Weil ich ein Mädchen bin*, sang Luciletric. Und man darf ergänzen: darf ich mir alles erlauben. Wer in den neunziger Jahren Frauen besuchte, auf deren Nachttisch *Ich wollte Hosen* lag oder *Gute Mädchen kommen in den Himmel, böse überall hin*, der tat gut daran, das Weite zu suchen.«[20]

ZONENKINDER

- Die *ABC-Zeitung*: Die Kinder der DDR wurden in ihrer frühen Schulzeit zum Lesen der *ABC-Zeitung* erzogen, deren wichtigste Figuren Rolli, Flitzi, Schnapp, Manne Murmelauge

20 Florian Illies, *Generation Golf, eine Inspektion*, Fischer Taschenbuch Verlag, Frankfurt am Main, 2003; S. 172

waren.

- *Bummi*: Der Bummi-Bär ist eine weitere legendäre Figur für die Kinder der DDR. Seine Aufgabe ist es, den Kleinen, die Geburtstag haben, Grüße zu schicken. Freunde von Bummi sind Mischka aus der Sowjetunion, Maxl, Stephan und Püppchen Ruth. Maxl macht ständig Ärger und Bummi eilt ihm zu Hilfe.

- *FRÖSI*: das bekannteste Magazin der Pioniere. Das Wort »FRÖSI« ist die Abkürzung für »Fröhlich sein und singen«, Motto der gesamten deutschen sozialistischen Jugend.

- Apropos Lieder, hier ist eine kurze Liste der bekanntesten, mit denen zahlreiche Generationen aufgewachsen sind:
1. *Wenn Mutti zur Arbeit geht*
2. *Bummilied*
3. *Über allen strahlt die Sonne*
4. *Unsere Heimat* (Die Lieblingsthemen der Lieder waren Schule, Heimat, Natur, Alltag und die Heldentaten der Pioniere):
…Unsere Heimat, das sind nicht nur die Städte und Dörfer
Unsere Heimat sind auch all die Bäume im Wald
Unsere Heimat ist das Gras auf der Wiese, das Korn auf dem Feld
Und die Vögel in der Luft und Tiere der Erde
Und die Fische im Fluß sind die Heimat
Und wir lieben die Heimat die Schöne
Und wir schützen sie, weil sie dem Volke gehört
Weil sie unserem Volke gehört…

- Milchdienst: Berühmt war der studentische Milchsammeldienst.

- AG Popgymnastik: rhythmische Übungen im Takt der Musik, vergleichbar mit Jazz Dance.

- Pioniernachmittag: Nachmittagstreffen der Pioniere.

- Spartakiade: Sportwettbewerb für Schulkinder und Jugendliche. Hauptveranstaltung war das Sportspielefest in Leipzig.

Oben links: Sony Walkman TPS-L2; Autor: Binarysequence // CC BY-SA 4.0 (https: //commons. wikimedia.org/wiki/File: Original_Sony_Walkman_TPS-L2.JPG)

Oben rechts: *Men's Health*. Autor: Inhaber des Magazins *Men's Health* // GNU Free Documentation License

Unten: Drei typische Kassetten: Metall, Chrom und Normal. Fotograf: Malcolm Tyrrell // CC BY-SA 3.0 (https://commons.wikimedia.org/wiki/File:CassetteTypes1.jpg)

Thomas Gottschalk und Wetten, dass..?

Links: Thomas Gottschalk.
Das Foto vom 19. April 2017 stammt vom Autor des Buches anlässlich des 75. Geburtstages von Frank Elstner, dem Schöpfer der Sendung *Wetten, dass..?*
Unten: Commodore 64 mit Diskette. Autor: PrixeH // CC BY-SA 3.0 (https://commons.wikimedia.org/wiki/File:Commodore64withdisk.jpg)

Seiten, die Dingen und Menschen gewidmet sind, die die Jugend der Golf-Generation geprägt haben

Die Zonenkinder

Auch die Kinder und Jugendlichen der DDR hatten Aktivitäten, Gegenstände und Menschen, die ihren Alltag prägten.

Hier Bilder von Artikeln, die auf dem Flohmarkt gefunden wurden, darunter die Magazine *ABC-Zeitung* und *Mosaik* und der Ausweis der Pioniere.

Die DDR-Bürger konnten die westlichen Länder nicht besuchen. Aber die Feiertage waren eine Tradition und es gab die Möglichkeit, in die Länder des Sowjetblocks zu reisen. Links: Seite eines fotografischen Tagebuchs und Collage von Bildern wie Quittungen und Zeitungsausschnitte eines Paares (Flohmarkt-Fund)

DDR-Reisepass, Personalausweis, FDJ-Mitgliedsbuch

Berlin im Film

In der Vergangenheit waren viele Regisseure von Berlin fasziniert und nutzten es als Kulisse für ihre Filme. Ein wahrer Mythos dieser Stadt wurde in den 20er Jahren geboren, als sie zum Experimentierort der künstlerischen Avantgarde und Objektkunst wurde.

All diese typischen Merkmale einer Metropole – der Verkehr, die überfüllten Straßen, die Lichter, die nächtlichen Treffpunkte und die U-Bahn - prägten die kollektive Vorstellung von Berlin. Nie ist Berlin den neugierigen Blicken der Kameras entgangen – in der Weimarer Republik, während des Nationalsozialismus oder beim Wiederaufbau nach dem Krieg, als zweigeteilte Stadt und Symbol zweier unterschiedlicher politischer Systeme. Nach dem Fall der Mauer ist das Interesse an Berlin noch größer geworden. Dies ist der zentrale Fokus für neue Filme in Deutschland und sorgt immer für viel Publikum:

> *Die umgebaute und modernisierte deutsche Metropole Berlin rückte auffällig in den Mittelpunkt. 1999 kamen 60-80 in Deutschland produzierte Spielfilme in die Kinos, ein Viertel mehr als in den beiden Jahren davor. Etwa einem Zehntel davon gelang es, den Schauplatz Berlin - an der Kinokasse - mehr oder weniger erfolgreich zu gestalten.*[1]

Der Film, wie die anderen Künste auch, gibt uns Zeugnis von ihrer eigenen Gesellschaft und ihrer Zeit, auch wenn sie unterschiedliche Ausdrucksmittel verwenden. Die Literatur hinterlässt uns schriftliche, der Film sichtbare Zeugnisse, wie Guntram Vogt erklärt:

> *Augenblicklich – und darin liegt einer der fundamentalen Unterschiede zur Literatur...*[2]

Und die zahlreichen Filme, die im Laufe eines Jahrhunderts in Berlin gedreht wurden, bieten uns wertvolle Bilder seiner Vergangenheit. In *Die arme Jenny* (1912) können wir zum Beispiel die ersten modernen Transformationen der Stadt sehen:

> *Man sieht vergleichsweise wenig Autoverkehr, dafür fallen einzelne Autos oder ein Bus mit offenem Oberdeck in ihrer Einbeziehung in die Handlung auf.*[3]

Zum Beispiel durch *Berlin. Die Sinfonie der Großstadt* (1927), *Der Himmel über Berlin* (1987) und *Berlin Babylon* (Doku: von 1996 bis 2000) kann man die radikalen architektonischen Veränderungen des Potsdamer Platzes um 1930, nach seiner Zerstörung im Jahr 1946

1 Jan Schulz-Ojala: *Deutsche Filme 1999. Neues Spiel, neues Pech.* In: Der Tagesspiegel (Berlin) vom 27.12.1999

2 Guntram Vogt, *Die Stadt im Film. Deutsche Spielfilme 1900-2000*, Schüren Pressverlag, Marburg, 2001; S. 31

3 Ebenda; S. 19

und während seines Wiederaufbaus im Jahr 1999 beobachten. In dem Film *Der Himmel über Berlin* sagt ein verzweifelter alter Mann:

Ich kann den Potsdamer Platz nicht finden! Nein, ich meine hier ... Das kann er doch nicht sein! Am Potsdamer Platz, da war das Café Josti (...) Also, das kann er hier nicht sein der Potsdamer Platz, nein! (...) Das war ein belebter Platz!

Auf der anderen Seite haben wir dank der unschätzbaren Präsenz eines der wichtigsten Medien unserer Zeit die Möglichkeit, den Potsdamer Platz mit seinem Café Josti wiederzusehen.

Der Film der 90er Jahre und der frühen 2000er Jahre hilft uns, die grundlegenden Merkmale der wiedervereinten Metropole aufzubauen. Wie bereits in den vorherigen Kapiteln belegt, gibt es einige Aspekte der Stadt, die sich im Laufe der Zeit erneuern und wiederholen, etwa die große Präsenz von Ausländern, die der Metropole eine besondere Prägung verleihen. Gelegentlich wird Berlin mit einem Amerika im Miniaturformat verglichen:

In einem der Filme aus der TV-SPERLING-Reihe verweist ein Polizeibeamter mit einem Blick über die Dächer Berlins auf bestimmte Ab- und Ausgrenzungen in der Stadt – dort das Gebiet der Albaner, dort das der Kroaten, das der Kurden...[4]

Diese Passage unterscheidet sich nicht wesentlich von den Erinnerungen des dänischen Schriftstellers Martin Andersen Nexö (von 1914):

Um den Savignyplatz wohnten 1914 einige Tausend Japaner, meist Studenten; in Rixdorf und im Norden mehrere Tausend Skandinavier, meist Handwerker. Politiker, Spekulanten, Musiker, Zeitungsleute, Abenteurer männlichen und weiblichen Geschlechts aus allen Weltenden, bildeten den Menschenstrom in der Friedrichstraße und füllten Restaurants und Cafés (....) In allem diesem war der Berliner schwer zu entdecken; existiert er überhaupt?[5]

Und schon damals hatten diese Ausländer jene Besonderheit Berlins wahrgenommen, die es von den meisten anderen Welthauptstädten unterscheiden sollte:

Für den Ausländer, der in den beiden letzten Jahrzehnten vor dem Kriege regelmäßig nach Berlin kam, war jeder neue Besuch eine Überraschung. Von Jahr zu Jahr musste man seine Vorstellung

4 Ebenda; S. 757

5 Martin Adersen Nexö: Berlin. In: *Berlin Begegnungen – Ausländische Künstler in Berlin 1918 bis 1933*, Dietz Verlag, Berlin, 1987; S. 23f.

von der Stadt revidieren, so irrsinnig rasch war das Tempo, womit sie sich nach innen wie nach außen entwickelte...[6]

Die Filmsujets ab den 90er Jahren, die ich in diesem Kapitel schildern möchte, beziehen sich auf die literarische Strömung der Golf-Generation und der Zonenkinder. Tatsächlich basieren viele Drehbücher auf erfolgreichen Büchern, die sich auf dieses Genre beziehen. Hier ist eine kurze Liste der bekanntesten Filme:

Das Leben ist eine Baustelle, Regie: Wolfgang Becker, 1997
Lola rennt, Regie: Tom Tykwer, 1998
Sonnenallee, Regie: Leander Haußmann, 1999
Die Unberührbare, Regie: Oskar Roehler, 2000
Berlin is in Germany, Regie: Hannes Stöhr, 2001
Der Zimmerspringbrunnen, Regie: Peter Timm, 2001
Good Bye, Lenin!, Regie: Wolfgang Becker, 2003
Herr Lehmann, Regie: Leander Haußmann, 2003
liegen lernen, Regie: Hendrik Handloegten, 2003

Ich fasse einige dieser Filme kurz zusammen. Die wichtigsten historischen Ereignisse wie der Mauerfall dienen als Hintergrund für die Alltagsgeschichten von Privatpersonen.

In *liegen lernen* (nach Frank Goosens gleichnamigem Bestseller) hinter der Frage: »Wo warst du den 9. November 1989?« und die spontane Antwort »Ich war da in Berlin auf der Mauer am Brandenburger Tor« entsteht die typische Geschichte eines Jungen, der zur Thirty-something-Generation Golf gehört. Die Stimme des Protagonisten (der sich Penner und Feiger nennt) erzählt uns, wie ein kleiner Junge aus der Provinz durch seine Erfahrungen im Bett dreißig Jahre erreicht hat (aus diesem Grund der Titel *liegen lernen*). Er kann nicht akzeptieren, dass er kein Teenager mehr ist, und will weiterhin keinerlei Verantwortung übernehmen. Er ist ein Mann, der von Ereignissen mitgerissen wird, ohne jegliches politisches Interesse. Aber von seiner jetzigen Freundin in die Enge getrieben, die entschlossen ist, zu heiraten und ein Kind zu haben, wird er irgendwann nachgeben. Die Musik ist im Film immer präsent und begleitet uns in den wichtigsten Momenten.

Herr Lehmann (vom gleichnamigen Bestseller von Sven Regener) ist die Geschichte eines Genies aus Gelaber, Bierkonsum und Kneipenabenden in Berlin. Er arbeitet hinter der Theke eines Nachtclubs und wird wütend, weil alle seine Freunde und Bekannten an dieser üblen Kombination aus Duzen und »Herr Lehmann« festhalten. Sein Leben scheint voller oberflächlicher Ereignisse zu sein, wie seine Verliebtheit in die schöne Köchin Katrin, die Abenteuer mit seinem Freund Karl, das Unerwartete mit einem bedrohlichen

6 Ebenda; S. 12

Hund, der ihn anfällt und den er betrunken macht, und der Besuch seiner Eltern (denen er erzählt, dass er ein erfolgreicher Restaurantmanager ist). Der Film endet mit Herrn Lehmann, wie er am 9. November 1989, dem Tag seines 30. Geburtstages, durch den Grenzübergang auf die andere Seite läuft.

Sonnenallee basiert auf dem Buch *Am kürzeren Ende der Sonnenallee* von Thomas Brussig, einem der erfolgreichsten Schriftsteller der neunziger Jahre. Es schildert die Jugend einer Gruppe in der DDR. Der Erzähler ist Micha, der in der Sonnenallee lebt, »deren längeres Ende im Westen und deren kürzeres Ende im Osten liegt«. Er will ein Popstar werden. Seine Tage vergehen zwischen den Versuchen, sein Traummädchen, »die unbeschreibliche, sagenhafte, unerreichbare Miriam«, zu erobern, und der gemeinsamen Jagd nach Schmuggelaufzeichnungen von Bands wie Beatles oder Rolling Stones und auf der Suche nach dem ersten Kater, nach Drogen und sexuellen Erfahrungen. Auf einer Party urinieren der Protagonist und sein bester Freund Mario auf dem antifaschistischen Boden der Deutschen Demokratischen Republik und werden von der Schule ausgeschlossen, weil ein anonymer Mann die unanständige Tat fotografiert und an eine Zeitung geschickt hat. Interessante Charaktere sind Michas Onkel Heinz – ein Besserwisser und Schmuggler, der heimlich Kaffee und Nylons aus dem Goldenen Westen mitbringt – und der Polizist, der versucht, Karriere zu machen. Was einem nicht entgeht, ist, dass der Blick aller Protagonisten auf »jenseits der Mauer« gerichtet ist. Das etwas phantasievolle Ende bezieht sich auf das zukünftige historische Ereignis des Mauerfalls. Von der Musik begleitet, finden die Bewohner der Sonnenallee ihren Weg zum Grenzposten, ohne dass die Polizei eingreift. Brussig gab uns einen Einblick in das tägliche Leben der DDR, der von Kritikern manchmal als zu übertrieben eingestuft wurde. Die letzten Worte von Micha, die das Phänomen der Ostalgie der Zonenkinder widerspiegeln, lauten: »Es war einmal ein Land und ich habe dort gelebt und wenn jemand mich fragt wie es war, es war die schönste Zeit meines Lebens, denn ich war jung und verliebt.«

Die Tragikomödie *Berlin is in Germany* (2001) von dem Regisseur und Drehbuchautor Hannes Stöhr erzählt vom DDR-Häftling Martin Schulz, der die Wiedervereinigung der Stadt nicht erleben konnte. Nach seiner Entlassung muss er sich zuerst in einer für ihn stark veränderten Metropole und in einem ihm unbekannten kapitalistischen System zurechtfinden. Als er das Gefängnis verlässt, hat er bei sich nur einen alten Fernsehapparat und 800 DDR-Mark mit dem Konterfei Karl Marx', die nicht mehr gültig sind. Seine Frau Manuela hat inzwischen eine Beziehung mit einem gewissen Wolfgang. Sein Sohn Rocco ist elf Jahre alt. Da Martin kurz vor dem Mauerfall 1989, als seine Frau schwanger war, inhaftiert wurde, hat er ihn nie gesehen. Durch den Artikel-Titel der Zeitung *Berlin News* »Der letzte Ossi« erfährt man, dass es um »die bewegende Geschichte um einen fast vergessenen Menschen« geht. Martins Traum, seine Familie zurückzugewinnen und ein neues Leben in einem neuen System anzufangen, wird sich nicht erfüllen. In der

Nähe des Rosa-Luxemburg-Platzes bekommt er eine Arbeit und einen Schlafplatz im Sexshop des Russen Victor, den er im Gefängnis kennenlernt hat. Zeitgleich bereitet er sich auf die Prüfung als Taxifahrer vor. Die Prüfung, die eigentlich für einen gebürtigen Ostberliner einfach sein sollte, erweist sich als sehr schwierig, weil inzwischen sehr viele DDR-Straßennamen umbenannten worden sind – damals gab es noch kein Navi. Aus dem Dialog des Filmes:

- Bist du Berliner?
- Ja, kann man so sagen.
- Das dürfte gar kein Problem sein.
- So, mein Lieber, das musst du von hinten bis vorne auswendig lernen.
- Das ist wirklich schwer, also Leninplatz... nee... Platz der Vereinten Nationen... in die Friedenstraße dann rechts die Greifswalder Straße hoch... Links in die Dimitroffstraße, die hieß nicht mehr so, wie heißt sie jetzt? Danziger Straße, dann rechts die Schönhauser Allee, und jetzt kommt eine Abkürzung links in die Schivelbeiner Straße, früher mal die Willi-Bredel-Straße, und dann kommt die Helmut-Just-Straße, die hieß auch nicht mehr so, wie heißt sie jetzt? Behmstraße... Wie kommt denn sowas heute? Auf jeden Fall auf die Norwegerstraße hoch und dann bist du schon am S-Bahnhof Bornholmer Straße. (...) Im Westen kenne ich mich nicht aus, im Osten ist alles umbenannt. Fritz-Heckert-Straße ist Engeldamm, die Ho-Chi-Minh-Straße ist Weißenseer Weg, Es ist wirklich, wirklich schwere Arbeit. Kannst du mir erklären, wie man auf die Idee kommt, Helmut-Just-Straße in Behmstraße umzubenennen?

Martin gibt sich viel Mühe, um den riesigen Stadtplan der wiedervereinten Metropole Berlin auswendig zu erlernen. Während der schriftlichen Prüfung wird ihm mitgeteilt, dass er wegen seiner Vorstrafe nicht mehr berechtigt ist, als Taxifahrer zu arbeiten. Er kehrt enttäuscht zum Sex-Shop zurück, wo kurz später eine Razzia der Polizei stattfindet, die Kinderpornographie-Videos entdeckt. Martin wird inhaftiert und später freigelassen, weil Victor sich gestellt hat.

»Ich liebe meine Heimat, die Deutsche Demokratische Republik«, so drückt sich der neue Ostberliner Vertreter von *Zimmerspringbrunnen* (Film nach dem gleichnamigen Erfolgsroman von Jens Sparschuh) nach einer Konferenz in Köln vor einer ungläubigen Kellnerin in einer Bar aus. Der Protagonist ist einer der vielen Ostberliner, die sich durch das Verschwinden seines Landes betrogen, verwundet und verwirrt fühlen. Er lebt mit seiner Frau, einer Architektin, die am Bau des neuen Potsdamer Platzes beteiligt ist, in einer typischen DDR-Plattenbauwohnung. Sie verlässt ihn, weil er sich nicht an die neue Situation angepasst hat. Er seinerseits beschuldigt sie, wie eine dieser typischen westlichen kapitalistischen Emporkömmlinge und Karrierefrauen geworden zu sein. Im Hintergrund haben wir fast immer den Fernsehturm, der zum Symbol des Films wird.

Good Bye, Lenin! ist vielleicht der Film, in dem man die Ostalgie am meisten wahrnehmen kann. Max' Mutter, eine Frau, die gut in das sozialistische System integriert ist, schreibt im Namen anderer Leute Beschwerdebriefe an die Partei, um ihren Fall zu erläutern und eine Lösung zu finden. Sie fällt in Ohnmacht und ins Koma, nachdem sie ihren Sohn bei einer Demonstration gegen die SED-Diktatur erwischt hat, bei der die Leute auf den Straßen Berlins »Mehr Freiheit!« skandierten. Als sie nach ein paar Monaten wieder aus dem Koma erwacht, raten die Ärzte, sie von starken Gefühlen zu verschonen, die ihren Tod verursachen könnten. Aber in der Zwischenzeit war die Mauer gefallen!!! Die D-Mark war die einheitliche Währung, Deutschland hatte die Fußball-Weltmeisterschaft gewonnen. So beschreibt die Stimme Alex' diese Tage in Berlin aus dem Off:

> *Der Wind der Veränderung blies bis in die Ruinen unserer Republik. Der Sommer kam und Berlin war der schönste Platz auf Erden. Wir hatten das Gefühl, im Mittelpunkt der Welt zu stehen. Dort wo sich endlich was bewegte. Und wir bewegten uns mit. Die Zukunft lag ungewiss in unseren Händen. Ungewiss und hoffnungsvoll...*

Diese kurze Zeile des Films beschreibt genau das Berlin von Judith Hermann, das Berlin ihrer Geschichten, und hilft uns noch mehr, die Autorin in einen spezifischen historisch-literarischen Kontext zu stellen und damit ihre Bücher besser zu verstehen. Tatsächlich hatte sie selbst im Interview mit mir erklärt:

> *Der Fall der Mauer kommt insofern in meinen Geschichten vor, dass es eine bestimmte Stimmung nach dem Mauerfall gab, eine Aufbruchsstimmung, eine Euphorie und eine große leere Fläche. Es gab viele Möglichkeiten, es gab viele offene Fragen. Was wird aus dem neu zusammengefügten Deutschland? Was wird aus Berlin? Was wird aus den Generationen, die an einem Wendepunkt ihres Lebens stehen und die sich in einem neuen System zurechtfinden müssen?*[7]

Max bringt seine Mutter in ihr Zimmer und versucht, jeglichen Kontakt mit der Außenwelt zu verhindern. So rekonstruiert er in diesem Raum die vergangene Welt der DDR. Mit etwas Glück kann er noch sozialistische Produkte finden, die nicht mehr zum Verkauf stehen und nun durch kapitalistische ersetzt werden: Spreewälder Gurken, Mocca Fix, Filinchen-Brot, Rosenthaler Kadarka, Globus-Erbsen. Es schien, als ob alle Menschen jede Erinnerung an ihre Vergangenheit vollständig ausgelöscht hätten. Als ob Honecker und die Stasi nie existiert hätten. Es ist Max und seiner Mutter in *Good Bye, Lenin!*, Micha in *Sonnenallee*, Wolfgang in *Zimmerspringbrunnen* und allen anderen Protagonisten von Filmen dieses Genres zu verdanken, dass wir sie noch wiederbeleben und verstehen können.

7 Aus meinem Interview mit Judith Hermann im Juni 2006

Judith Hermann

Es war einer der letzten Tage meines Aufenthaltes in Deutschland als Erasmus-Student. Ich sah mich in der größten Buchhandlung Bonns um, da fiel meine Aufmerksamkeit auf ein sehr gut herausgestelltes Buch. »Eine neue erfolgreiche Schriftstellerin: Judith Hermann«, stand auf der Plakatwerbung. Der Titel war *Sommerhaus, später.* Die damals 28-jährige Autorin hatte dreimal die Fakultät gewechselt. Sie schrieb sich für das Konservatorium ein, dann studierte sie Literatur und später Philosophie, schließlich besuchte sie in Berlin eine Journalistenschule. Daneben kellnerte sie auch in einem Club in Ostberlin.

Der gefürchtete Literaturkritiker Marcel Reich-Ranicki erhob sie in den Rang einer großen Schriftstellerin. Im »Literarischen Quartett« behauptete er: »Wir haben eine neue Autorin bekommen, eine hervorragende Autorin. Ihr Erfolg wird groß sein.« Ranicki rezensierte ihren Debütband *Sommerhaus, später*, der von einem kleinen Verlag herausgegeben wurde.

Judith Hermann, geboren 1970, erhielt renommierte Auszeichnungen wie das *Alfred-Döblin-Stipendium* (1997) und den *Kleist-Preis* (2001). Sie verbrachte ein Jahr als Journalistin in New York. Bisher veröffentlichte sie sieben Bücher. In den ersten beiden – *Sommerhaus, später* und *Nichts als Gespenster* – erzählt sie Geschichten aus dem Alltagsleben; Liebe, Freundschaften, Ängste, Hoffnungen, kleine tägliche Probleme, immer darauf bedacht, in die Tiefe zu gehen.

Judith Hermann »ist« ihre Figuren, ihre Freundschaften und Lieben und ihre Leidenschaft für Musik, Drogen, Reisen.

Judith Hermann »ist« diese fieberhafte Erwartung eines Ereignisses, diese große Freude und der Wunsch, in jeder kleinsten Geste, in allem maximale Freude zu haben:

Das rechte Bein gegen den Aschenbecher zu stemmen; unwillkürlich die Schultern nach vorn zu ziehen; drei Zigaretten hintereinander zu rauchen; Songs von Tom Waits zu hören; Witze über Blondinen zu erzählen; hinaus an die Seen zum Rudern zu fahren; das Fenster herunterzukurbeln und das Radio aufzudrehen; Arm in Arm zu gehen, fasziniert von den Fußspuren, die einzigen im frisch gefallenen Schnee auf dem Hof; Docks, Frachtkähne und Imbissbuden zu fotografieren; das Bedürfnis zu haben, einer Frau einen zotigen Ausdruck ins Ohr zu flüstern; sich für den Abend in einem Café am Ufer zu verabreden; ans Telefon zu gehen, als hätte man seit zwei Wochen danebengesessen und nichts anders getan, als auf einen Anruf gewartet zu haben; über Arbeit, Eltern, Vorliebe fürs Fischen, Amerika, Kinos, Francis Bacon und Pollock zu reden; von Dänemark, Griechenland, von der Zubereitung von Lamm und Kaninchen zu erzählen; Kios und Athen zu schildern; am Rand eines Sternenfoyers aufzutreten, wo die Band *Buenas Tardes*,

Amigos von Ween spielt; sich mit gesenkten Lidern umzublicken, ein wenig mit dem Kopf zu wippen, in der Hüfte einzuknicken, sich auf die leere Tanzfläche vorzustoßen, genau in der Mitte; der Schlitz im Kleid, der bis zum Ansatz des Hintern reicht, die Hand an den Kopf, den Knoten lösend, das Haar den Rücken herabflutend; in der Kälte an einer vorbeifahrenden frühen Straßenbahn zu stehen, aus dessen Leitungen bläuliche Funken stoben, die Stadt noch still.

Judith Hermann »ist« Berlin, frenetisch, jung, dynamisch, veränderungs- und experimentierfreudig. Sie ist der Klang einer Metropole, die durch ihre kurzen, direkten, aufrichtigen Sätze ohne rhetorische Lamettas unsere Ohren erreicht. Sie spiegeln ihre Zeit wider und sind weit weg von den Ideologien und von den schönen Diskursen früherer Generationen, die ästhetisch perfekt sind, aber abstrakt und realitätsfern, ja sogar künstlich, fremd und seelenlos.

Judith Hermann »ist« Berlin und ihre Generation. Es ist sehr schwierig, eine Generation zu definieren. Es ist ein abstraktes Konzept, eine Verallgemeinerung, die empirisch nicht nachgewiesen werden kann. Aber aus der Vielzahl individueller Schicksale entsteht eine Art kollektives Schicksal, aus der Summe individueller Erfahrungen eine Art gemeinsame Erfahrung. Es besteht kein Zweifel, dass den Mauerfall jeder individuell erlebt hat. Trotzdem war dieses Ereignis allen gemeinsam. Das führte zum regen Austausch von Ereignissen, Umständen, Situationen und Veränderungen. Und Judith Hermann war keine Ausnahme. Von einer bestimmten historischen Periode ihrer Stadt, die kollektiv erlebt worden ist, erzählt sie auf ihre ganz persönliche Weise. Wie die meisten Künstler verbrachte auch sie ganze Tage mit Kultur, zwischen Bars, Cafés, Discos, Theatern und Kinos im ehemaligen Ostberlin, wo viele ihrer Geschichten spielen:

> *Die Stadt wurde nach der Maueröffnung zum Experimentierfeld, das junge, kreative Köpfe aus allen Teilen Deutschlands und der Welt wie ein Magnet anzog. Vor allem im alten Ostteil entwickelte sich eine spannende Kultur- und Musikszene, entstanden Bars, Cafés und Klubs in Ruinen und Kellern, alten Fabrikhallen und leer stehenden Wohnungen. Der Charme des Aufbruchs, der sich in den ersten Nachwendejahren entfaltete, ist verflogen. Die Verhältnisse, die rechtlichen und architektonischen, sind wieder geordnet. Auch das »neue« Berlin hat sich Lebendigkeit und Kreativität bewahrt. Es ist wieder eine »junge« Stadt, eine Stadt der kulturellen Avantgarde, in der sich selbst die arrivierte Promi-»Schickeria«, die es zuvor in Berlin nicht gab, im Blickpunkt der Medien wohl fühlt.*[1]

Viele, besonders in jungen Jahren, haben die Illusion, ihre eigene Existenz außerhalb der Geschichte schmieden zu können. Dies ist aber meiner Meinung nach nicht möglich. Man wächst beeinflusst von äußeren Umständen und der Kultur seiner eigenen Gesellschaft auf. Hätte es eine Schriftstellerin Judith Hermann und ihre Kurzgeschichten

1 Arnt Cobbers, *Kleine Berlin-Geschichte; Vom Mittelalter bis zur Gegenwart*, Jaron Verlag, Berlin, 2005; S. 199

gegeben, wenn die Mauer nicht gefallen wäre? (Zitat aus meinem Interview mit ihr: »Ich habe etwas geschrieben über die Jahre 1990 bis 1996 in Berlin, mein Erwachsenwerden, mein Älterwerden«). Hätte sie von jungen Menschen erzählen können, die sich nur Liebe, Freundschaften, Reisen usw. widmen, wenn äußere Umstände sie gezwungen hätten, eine andere Realität zu erleben? Ich werde jetzt auf *Sonja* und *Sommerhaus, später* eingehen, wo sich alle Themen wiederfinden, die für die Generation der Schriftstellerin Judith Hermann charakteristisch sind. *Sonja* ist die Geschichte, die mir am besten gefallen hat. Sie spielt in Berlin. Die Atmosphäre ist melancholisch und mysteriös wie die Handlung und die Protagonistin Sonja, von der bis zum Schluss weder wir Leser noch der Erzähler viel wissen.

> *Sonja redete nie. So gut wie nie. Ich weiß bis heute nichts über ihre Familie, ihre Kindheit, ihre Geburtsstadt, ihre Freunde. Ich habe keine Ahnung, wovon sie lebte, ob sie Geld verdiente oder ob jemand sie aushielt, ob sie berufliche Wünsche hatte, wohin sie wollte, und was.*[2]

Sie taucht mehrmals auf, um mehrmals zu verschwinden und am Ende für immer. Die Geschichte endet tatsächlich so:

> *Ich habe Sonja nicht mehr wiedergesehen, und ich habe nichts mehr von ihr gehört. Die Linden auf dem Hof ticken mit ihren kahlen Zweigen gegen mein Fenster, es ist an der Zeit, für die Türkenjungs einen neuen Fußball zu kaufen. Ich warte darauf, daß ich irgendwann dieser kleinen, rothaarigen Frau begegne, um sie zu fragen, wo Sonja jetzt lebt und wie es ihr geht. Manchmal habe ich auf der Straße das Gefühl, jemand liefe dicht hinter mir her, ich drehe mich dann um, und da ist niemand, aber das Gefühl der Irritation bleibt.*[3]

Berlin ist die immense Kulisse einer unwahrscheinlichen, über ein Jahr dauernden Liebesgeschichte zwischen dem Erzähler, einem Maler, dessen Namen wir nicht kennen, und Sonja. Einige der Hauptmerkmale der Stadt werden skizziert. Sie ist die wiedervereinte Metropole, die zur Hauptstadt Deutschlands geworden ist. Es ist das letzte Jahrzehnt des vergangenen Jahrhunderts. Wie in vielen Büchern und Filmen dieser historischen Periode spürt man ein starkes Rauschgefühl. Die Leute wollen Spaß haben, und man glaubt, dass alles möglich ist:

> *Wenn es dunkel wurde, zog ich los, die Stadt war wie in einem kleinen Rausch, ich ging trinken und tanzen.*[4]

2 Judith Hermann, *Sommerhaus, später,* Fischer Verlag, Frankfurt am Main, 2000; S. 68
3 Ebenda; S. 84
4 Ebenda; S. 59

Die Geschichte findet zwischen Partys in den verfallenen Industriegebieten im Osten statt, was einen besonderen Reiz hat, der sowohl Studenten als auch einige der bekanntesten deutschen Schriftsteller angezogen hat (sie haben sich in Prenzlauer Berg niedergelassen, ebenfalls einem Viertel, das damals stark zu sanieren war):

Ich irrte lange durch das Industrieviertel, in dem Sonja damals lebte. Das Haus, in dem sie wohnte, stand zwischen einer Autoschrottpresse und einer Fabrik direkt an der Spree, es war ein graues, altes Mietshaus, und bis auf die hellerleuchteten Fenster im dritten Stock war es dunkel. Ich schwankte die Treppen empor; das Flurlicht funktioniert nicht...[5]

und im westlichen Teil der Stadt und genau in Kreuzberg (wo Judith Hermann lebte und aufwuchs), einem Viertel, das für die zahlreichen Türken bekannt ist, wo der Maler mit Menschen verschiedener Kulturen lebt. (Judith Hermann hat in meinem Interview erzählt: »Ich habe bis Ende der 80er Jahre in Kreuzberg gelebt (...) Es gibt jetzt in meinem Hinterhof keine kleinen Jungs, die Fußball spielen.«)

In meinem Hinterhof blühten die Linden, ich spielte mit den Türkenjungs Fußball und sehnte mich nach Verena, ohne mich zu quälen...[6]
Es war Hochsommer, in meinem Hinterhof saßen die türkischen Frauen und rupften Gänse, die weißen Federn taumelten bis zu meinem Fenster empor...[7]

Alles geschieht zufällig, es ist eine Verkettung von Ereignissen, durch die sich die Charaktere in ihren Handlungen treiben lassen. Sie sind nicht die Befürworter ihres Lebens, sondern akzeptieren passiv ihr Schicksal. Sie verbringen ihre Tage mit der Erwartung, dass etwas geschehen, dass etwas Teil ihres Lebens werden könnte:

Es gab Augenblicke, in denen ich mich nach etwas sehnte, von dem ich nicht genau wußte, was es war, ein Ereignis vielleicht, irgendeine Art der Sensation, der Veränderung, aber diese Sehnsucht verschwand ebenso schnell, wie sie gekommen war...[8]

Die Geschichte beginnt mit dem Maler, der aus Hamburg zurückkehrt, es ist Mai, nachdem er seine Freundin Verena besucht hat; sie ist groß, schön, statuenhaft, blond, mit offenem Charakter. Die Männer drehen sich nach ihr um. Sie riecht gut. Im Zug stößt der Maler auf Sonja und erlebt eine ganz normale Situation, die jedoch später sein Leben

5 Ebenda; S. 64
6 Ebenda; S. 59
7 Ebenda; S. 64
8 Ebenda; S. 74

verändern wird:

> *Die Situation war gewöhnlich – der schmale Gang eines ICE irgendwo zwischen Hamburg und Berlin, zwei Menschen, die zufällig nebeneinanderstehen, weil sie beide eine Zigarette rauchen wollen.*[9]

Und schon zu Beginn der Handlung kann man persönliche Referenzen von Judith Hermann finden. Sie hinterlässt in jeder Figur autobiografische Spuren. Die physische Beschreibung des Mädchens entspricht der, die sie zahlreichen Journalisten von sich selbst gegeben hat:

> *Sie hatte schulterlanges, glattes, blondes Haar, und ihr Gesicht war so ungewohnt und altmodisch, wie eines dieser Madonnenbilder aus dem 15. Jahrhundert, ein schmales, fast spitzes Gesicht...*[10]

Sonja ähnelt der Schriftstellerin jedoch nicht vollständig. In sie projiziert Judith Hermann jene Qualitäten und Charakterzüge, die sie selbst immer haben wollte und die sie trotz aller Anstrengungen nicht erreichen konnte. In meinem Interview sagte sie übrigens: »Es ist so, dass ich versuche, eine Romanfigur zu schreiben, die in gewisser Weise etwas mit mir zu tun hat, aber in der Hinsicht, dass sie nicht so ist wie ich, sondern wie ich gerne gewesen wäre, aber nie war.« Besonders gegen Ende der Geschichte stellt man fest, wie stolz die Autorin auf die Hartnäckigkeit, die Entschlossenheit ist, ohne Reue oder Ressentiments, die Sonja im Umgang mit ihrer unangenehmen Situation mit dem Maler zeigt.

> *Aber Sonja setzte sich wieder hin, drehte mir den Rücken zu und blieb still sitzen. Ich trat von einem Fuß auf den anderen, es blieb still, der Fluß war unerträglich braun. Ich atmete, und nichts geschah, und dann ging ich, schloß die Tür hinter mir, lauschte – nichts. Kein Ausbruch, kein unterdrücktes Weinen, Sonja rief nicht zurück (...) Ich war belustigt und stolz auf Sonja, stolz auf die Zähigkeit, mit der sie sich mir entzog...*[11]

Beim Weiterlesen spürt man ein Gefühl der Melancholie, des Verlusts von etwas, das nie wiederhergestellt werden kann. All dies wird von der Autorin durch ihre spezielle Schreibtechnik wiedergegeben. Unbewusst ist das Vergehen der Tage wahrzunehmen – dank der Abfolge zahlreicher Wiederholungen von Zeitangaben, zum Beispiel:

- Es war Mai, der Zug fuhr durch die Mark Brandenburg... (Seite 56)

9 Ebenda; S. 56
10 Ebenda; S. 56
11 Ebenda; S. 81f.

- Es wurde Juni, und Verena kam nach Berlin... (Seite 61)

- Im Juli fuhr Verena zurück nach Hamburg... (Seite 63)

Das stärkste Gefühl der Nostalgie entsteht, wenn Judith Hermann meisterhaft die Zeitangaben mit Erinnerungen verbindet, die uns genau auf das Vorjahr zurückführen, und mit dem starken Wunsch, einen Moment aus der Vergangenheit wieder in Besitz zu nehmen:

Es wurde kalt, der erste Schnee fiel. Ich dachte an den vergangenen Winter, an die Nächte, die sie bei mir gesessen hatte, und ich wollte all das wiederhaben...[12]

Es sind genau jene Tage, die von dem Maler oberflächlich gelebt wurden, ohne ihnen Bedeutung beizumessen, Tage, deren Wert erst in der Gegenwart wieder auftaucht und deren Verlust Schmerzen verursacht:

Heute denke ich, daß ich in diesen Nächten wohl glücklich war. Ich weiß, daß sich die Vergangenheit immer verklärt, daß die Erinnerung besänftigend ist. Vielleicht waren diese Nächte auch einfach nur kalt und in zynischer Weise unterhaltsam. Heute aber kommen sie mir so wichtig vor und so verloren, daß es mich schmerzt...[13]

Die Handlung wird auf ambivalente und mysteriöse Weise fortgesetzt. Nach dem Treffen verbringen Sonja und der Maler einen angenehmen Abend. Aber in den folgenden Tagen ist sie nicht mehr erreichbar. Der Künstler bereitet seine Ausstellung vor. Seine Freundin kommt aus Hamburg, um ihn zu unterstützen, hält seine Wohnung in Ordnung und verschönert sie mit Blumendekorationen. Am Tag der Vernissage taucht Sonja völlig unerwartet wieder auf:

Gegen sieben Uhr kam Verena zurück, scheuchte ihre Freunde an meinen Bildern vorbei, und ich verließ die Galerie, um fünf Minuten allein zu sein. Ich ging auf die andere Straßenseite, und dort, in einem Hauseingang, stand Sonja. Ich weiß bis heute nicht, ob sie zufällig vorbeigekommen war oder ob sie auf irgendeine Art und Weise von der Ausstellung erfahren hatte, sie kannte nur meinen Vornamen, und ich hatte von der Galerie nichts erzählt...[14]

Verena macht Ausflüge mit Freunden, und der Staub setzt sich wieder überall ab,

12 Ebenda; S. 82

13 Ebenda; S. 69f.

14 Ebenda; S. 62

die Blumensträuße verdorren, die Flaschen sammeln sich im Haus an. Der Maler tritt in diese Phase der Apathie und Gleichgültigkeit ein, die der gesamten Generation von Judith Hermann gemeinsam ist:

Die Stadt war für Wochen in ein gelbes Licht getaucht, es war sehr heiß, und ich verbrachte Stunden damit, in meinem Zimmer nackt auf dem Holzboden zu liegen und an die Decke zu starren. Ich war unruhig, nicht gereizt, ich war müde und in einem seltsamen Zustand der Emotionslosigkeit...[15]

Manchmal ist selbst Sonja gleichgültig. Sie geht mit dem Maler jeden Tag aus und ist in seinem Leben mittlerweile ständig präsent. Sie lässt ihrer Liebesgeschichte ihren Verlauf ohne einzugreifen, akzeptiert jedes Ereignis und ist sich sicher, dass das Schicksal ihr ein glückliches Ende bescheren wird:

Sie saß einfach da, den Kopf in die Hände gestützt, schaute mich an, rauchte irrsinnig viele Zigaretten und trank ein einziges Glas Wein...[16]

Sonja ist kaum wahrnehmbar, fast unsichtbar. In diesen Nächten, die sie zusammen verbrachten, ist es der Maler, der stundenlang spricht, der sich seiner Arbeit widmet. Sonja hört zu und beobachtet nur, ohne jemals aktiv daran teilzunehmen.

Ich wusste nicht, daß die Tatsache, dass ich sie in meine Wohnung und in mein Atelier ließ, daß sie an meinen Küchentisch und inmitten meiner Notizen sitzen konnte, daß ich vor ihren Augen Fotos entwickelte und kleine Zeichnungen malte, ein Geschenk für Sonja war...[17]

Der Künstler merkt nicht, dass sie sich auf diese Weise in sein Alltagsleben einschleicht, bis der Moment kommen würde, in dem er ohne sie nicht mehr leben könnte:

Ich bemerkte nicht, daß Sonja dabei war, sich in meinem Leben zu verhaken. Sie war für mich in diesen Nächten eine kleine, müde und von irgend etwas besessene Person, die mir auf ihre seltsame Art Gesellschaft leistete; die bei mir saß, mir zuhörte, mir ein eitles Gefühl von Wichtigkeit verlieh...[18]

Als er begreift, was eigentlich passiert, und die Gefahr erkennt, die sich abzeichnet, nimmt er sofort, ohne nachzudenken, die Zügel seines Schicksals in die Hand und eilt zu Verena. Er bittet sie, ihn zu heiraten, und sie willigt erstaunt ein:

15 Ebenda; S. 63
16 Ebenda; S. 61
17 Ebenda; S. 67
18 Ebenda; S. 67f.

Alles, was danach geschah, geschah aus Angst. Ich glaube, ich hatte Angst vor Sonja, ich hatte Angst vor der plötzlich so naheliegenden Möglichkeit eines Lebens mit einer seltsamen kleinen Person, die nicht sprach, die nicht mit mir schlief, die mich meist anstarrte, großäugig, von der ich kaum etwas wußte, die ich wohl liebte, letztendlich doch...[19]

Als Sonja die Nachricht von seiner Heirat erfährt, verschwindet sie endgültig. Sie zeigt sich als entschlossene und hartnäckige Persönlichkeit, auch sie nimmt ihr Schicksal, dem sie bis dahin in blindem Vertrauen gefolgt war, wieder selbst in die Hand. Der Künstler ist erstaunt und verwundert, versucht, vergeblich sie zu finden. Ein Gefühl von verpasster Gelegenheit wird ihn für immer verfolgen. Ihre Liebesgeschichte war ambivalent – sie küssten oder berührten sich nie – mit einer melancholischen, ja mysteriösen Atmosphäre:

Sie konnte eine Unbekannte sein, eine kleine Muse, jene Frau, der man einmal auf der Straße begegnet und an die man sich noch Jahre später mit dem Gefühl eines ungeheuren Versäumnisses erinnert...[20]

In der Erzählung *Sommerhaus, später* begegnen wir fast allen Themen, die Judith Hermann am Herzen liegen: Berlin, Freundschaften, Lieben, Hoffnungen, Träume, die Musik ihrer Generation, unpolitisch, gleichgültig, die sich von Ereignissen mitreißen lässt. Und Euphorie, Gleichgültigkeit und Fremdheit werden in der Geschichte sehr offensichtlich hervorgehoben:

Sie starrte auf die Scheibenwischer, in den wirbelnden Schnee, der uns in konzentrischen Kreisen entgegenkam, ich dachte an das Autofahren mit Stein vor zwei Jahren, an die seltsame Euphorie, an die Gleichgültigkeit, an die Fremdheit...[21]

Die Sätze sind wie immer kurz und einfach, und es gibt viele Wiederholungen. Besonderes Augenmerk wird auf Details gelegt. Die Schriftstellerin vergisst nie, das Wetter, die Stimmungen der Charaktere, ihre typischsten Gesten beim Anzünden einer Zigarette oder dem Zurücklehnen mit dem Stuhl usw. zu beschreiben. Die Handlung wird uns von einem Mädchen erzählt. Man steht am Anfang der 90er Jahre des letzten Jahrhunderts. Die Geschichte beginnt mit dem Anruf von Stein an die Erzählerin, eine Freundin von ihm, mit der er zuvor eine kurze Beziehung hatte. Er gesteht, dass er das Haus seiner Träume gekauft habe. Er lädt sie ein, das Gebäude mit ihm zu besuchen. Sie akzeptiert. Während der Autofahrt tauchen ihre Erinnerungen wieder auf, durch

19 Ebenda; S. 79
20 Ebenda; S. 55
21 Ebenda; S. 145

die die Leser Stein kennenlernen: seinen Beruf, seine Freizeitbeschäftigungen, seine Lebensvision. Er ist ein wunderschöner Mann, hat ein Taxi, aber bis jetzt keine Bleibe. Mal schlief er bei dem einen Freund, mal bei einem anderen. Ihre Beziehung zu Stein hat sich vor zwei Jahren entwickelt und bestand aus gemeinsamen Fahrten durch die Straßen Berlins mit lauter Musik. Sie hatte ihn zum ersten Mal in seinem eigenen Taxi getroffen, als er sie in die von ihr gewünschte Richtung fuhr. In ihrer Wohnung lebten sie drei Wochen zusammen. Nach einer Weile hatte sie genug und bat ihn, eine neue Bleibe zu suchen. Im Auto herumzufahren, Stereo zu hören und sich zu entfremden, ist ein typisches Merkmal dieser Generation. Judith Hermann erzählte mir im Interview: »Man steigt ins Auto mit Freunden und fährt los und dann legt man eine Kassette in den Audiorekorder und dann entsteht ein gewisses Gefühl. Die Musik transportiert ein Lebensgefühl.« Und in der Geschichte lernen wir in den drei Wochen des gemeinsamen Lebens zwischen Stein und der Erzählerin die Leidenschaften dieser jungen Menschen, ziellos durch die riesigen Straßen der Hauptstadt mit Musik in voller Lautstärke zu fahren. Man steht am Anfang des Erfolgs von Hip-Pop und der Offenbarung von *Massive Attack*. Die wahrgenommene Atmosphäre ist befremdend:

> *In den drei Wochen, in denen Stein bei mir lebte, fuhren wir mit seinem Taxi durch die Stadt. Das erste Mal über die Frankfurter Allee, bis zu ihrem Ende und wieder zurück, wir hörten Massive Attack und rauchten und fuhren die Frankfurter Allee wohl eine Stunde lang rauf und runter, bis Stein sagte: »Verstehst du's?« Mein Kopf war völlig leer, ich fühlte mich ausgehöhlt und in einem seltsamen Schwebezustand, die Straße vor uns war breit und naß vom Regen, die Scheibenwischer schoben sich über die Windschutzscheibe, vor – zurück. Die Stalin-Bauten zu beiden Seiten der Straße waren riesig und fremd und schön...*[22]

Sie hatten sogar Kassetten, die für bestimmte Straßen geeignet waren, und selbst im folgenden Auszug der Geschichte liest man die Namen neuer Bands – wie *Ween* und *Trans-AM* – die die Musikszene der 90er Jahre mit einem ganz neuen Sound geprägt haben. Es wird auch der damals schon berühmte Sänger David Bowie erwähnt, der von 1976 bis 1978 in der Hauptstraße 155 im West-Berliner Stadtteil Schöneberg wohnte:

> *Stein hatte für jede Strecke eine andere Musik, Ween für die Landstraßen, David Bowie für die Innenstadt, Bach für die Alleen, Trans-AM nur für die Autobahn...*[23]

Die Geschichte ist voller kultureller Anspielungen auf Berlin, wie zum Beispiel der Satz *Geh zu ihr, und laß deinen Drachen steigen*, der an einer Wand des von Stein gekauften

22 Ebenda; S. 141
23 Ebenda; S. 142

Hauses geschrieben ist und sich auf das gleichnamige Lied der *Puhdys* bezieht, das im DEFA-Film *Die Legende von Paul und Paula* gespielt wird.

Dieses Detail wurde mir von Judith Hermann während meines Interviews offenbart: »Es gibt einen ganz berühmten Film, der heißt *Die Legende von Paul und Paula.* Es ist einer der größten Liebesfilme, die es in der DDR gegeben hat (...) Ich habe es in die Geschichte hinein genommen, um deutlich zu machen, dass dieses Haus im ehemaligen Osten steht und dass die Leute, die in diesem Haus ihre Graffiti hinterlassen, eine DDR-Vergangenheit haben. Es sollte etwas sein wie ein Code-Wort. Entweder man erkennt es und man erfreut sich daran, oder man erkennt es nicht, dann ist es nur so ein Satz.«

Zurück zur Handlung der Geschichte. Nachdem Stein mit der Erzählerin Schluss gemacht hatte, ging er zu Christine, die unten wohnte, dann zu Anna, Henriette, Falk und zu all den anderen aus ihrem Freundeskreis. Der folgende Auszug betont die kulturelle Lebendigkeit von Berlin – Mode, Konzerte, Lesungen im Roten Salon der Volksbühne – und offenbaren uns, dass sich all dies im östlichen Teil der Stadt abspielt:

> *Stein vögelte sie alle, das ließ sich nicht vermeiden, er war ziemlich schön, Fassbinder hätte seine helle Freude an ihm gehabt. Er war dabei. Und auch nicht. Er gehörte nicht dazu, aber aus irgendeinem Grund blieb er. Er saß Modell in Falks Atelier, legte Kabel auf Annas Konzerten, hörte Heinzes Lesungen im Roten Salon. Er applaudierte im Theater, wenn wir applaudierten, trank, wenn wir tranken, nahm Drogen, wenn wir sie nahmen (...) und ab und an nahm ihn einer von uns mit ins Bett, und ab und an sah einer zu...*[24]

Alle Mädchen wurden von Stein verführt, einem selbstbewussten Mann mit vielen Träumen, wie zum Beispiel ein Haus mit eigenem Garten zu ergattern, in dem er die besten Momente seines Lebens verbringen möchte, wofür er aber von den anderen verspottet wurde:

> *Haus. Ich erinnerte mich. Stein und sein Gerede von dem Haus, raus aus Berlin, Landhaus, Herrenhaus, Gutshaus, Linden davor, Kastanien dahinter, Himmel darüber, See märkisch, drei Morgen Land mindestens, Karten ausgebreitet, markiert, Wochen in der Gegend rumgefahren, suchend. Wenn er dann zurückkam, sah er komisch aus, und die anderen sagten: »Was erzählt der bloß. Das wird doch nie was«...*[25]

Die Protagonistin war jedoch viel entschlossener als ihre Freundinnen. Nach einer kurzen Affäre mit Stein gab sie sich ihm nicht mehr hin und erlag nicht mehr seinem Charme. Sie war die einzige Figur, die einen ziemlich entschlossenen Charakter zeigte und

24 Ebenda; S. 142
25 Ebenda; S. 139

in gewissem Sinne Sonja selbst ähnelte. Beide haben Ähnlichkeit mit Judith Hermann:

Ich nicht. Ich wiederhole nicht. Ich kann sagen – es war nicht meine Art. Ich konnte mich auch nicht erinnern, wie das, wie also Sex mit Stein gewesen war...[26]

Diese Freunde mieteten im Sommer oft eine Wohnung auf dem Land, wie es damals üblich war, und auch dort war Stein anwesend. Mit einem kritischen und vielleicht ekelhaften Ton werden die Landhäuser beschrieben:

Er war auf den Festen dabei, und wenn wir rausfuhren, sommers, in die schäbigen, schiefen, kleinen Landhäuschen, die sie bald alle hatten, und auf deren morschen Zäunen »Berliner raus!« geschmiert war, kam er mit...[27]

Es gab kein Verständnis zwischen ihnen und den Einheimischen. Die Unvereinbarkeiten zwischen Leuten aus der Großstadt und aus der Provinz traten sofort auf. Ihre Art herumzugehen, sich auszudrücken, sich anzuziehen war das Gegenteil von jenen Bauern und Gärtnern, umgänglichen einfachen Menschen ohne besondere Ansprüche:

Wir saßen mit ihm da rum, in den Gärten und Häusern von Leuten, mit denen wir nichts zu tun hatten. Arbeiter hatten da gelebt, Kleinbauern, Hobbygärtner, die uns haßten und die wir haßten. Den Einheimischen gingen wir aus dem Weg, schon an sie zu denken machte alles kaputt. Es paßte nicht. Wir klauten ihnen das »Unter-uns-sein«, entstellten die Dörfer, Felder und noch den Himmel, das kriegten sie mit, an der Art und Weise, wie wir da umhergingen im Easy-Rider-Schritt, die abgebrannten Jointstummel in die Blumenrabatten ihrer Vorgärten schnippten, uns anstießen, echauffiert...[28]

Stein scheute nicht einmal vor Drogen wie LSD oder nur einfach Joints zurück. Durch die gesprochene Sprache der Zeit mit Ausdrücken wie »aufgebrochen zum Sonnenuntergang auf Speed«, versteht man sofort, dass die Geschichte in den 90er Jahren spielt:

Wir nahmen LSD, Stein nahm es auch. Toddi taumelte ins Abendlicht, faselte bei jeder Berührung etwas von »Blau«, Stein lächelte übertrieben heiter und schwieg (...) Einmal war ich mit ihm allein, vielleicht im Garten von Heinzes Haus in Ludow, die anderen aufgebrochen zum Sonnenuntergang

26 Ebenda; S. 143
27 Ebenda; S. 142
28 Ebenda; S. 143

auf Speed...[29]

Wie bereits erwähnt, trieb sich die Gruppe der Freunde mehr in den Bezirken Ostberlins herum, wo das kulturelle Leben ausgeprägter war. Häufig liest man Namen wie *Stalin-Bauten*, *Frankfurter Allee* oder *Volksbühne*, wo die großen Theaterexperimente stattfanden und in deren Räumen auch Filme gezeigt und musikalische Veranstaltungen aufgeführt wurden. Die *Volksbühne* befindet sich am Rosa-Luxemburg-Platz, in der Nachbarschaft des legendären Kinos *Babylon*, wo viele Filmpremieren in Anwesenheit von Schauspielern und Regisseuren organisiert wurden. In der Geschichte *Bali-Frau* erzählt Judith Hermann von diesen Begegnungen mit berühmten Regisseuren, den häufigen Partys und Besuchen in ihren Wohnungen.

Wir saßen im Garten, tranken Wein, guckten blöde auf Baumgruppe in Mückenschwarm und redeten über Castorf und Heiner Müller und Wawerzineks letzten Absturz in der Volksbühne...[30]

Aber Ostberlin hatte bereits vor dem Mauerfall eine reiche kulturelle Tradition, vor allem im Theater. Der Treffpunkt für Künstler und Intellektuelle war *Prenzlauer Berg*:

Ost-Berlin war politisch, wirtschaftlich und kulturell das Zentrum der DDR (...) Trotz des Anspruchs des SED-Politbüromitglieds Kurt Hager »Kunst ist immer Waffe im Klassenkampf« konnten sich viele Kulturinstitutionen Ost-Berlins – oft gegen die Bevormundung der Funktionäre – internationales Renommee erwerben. Das galt für die Staatsoper und die von Walter Felsenstein gegründete Komische Oper, für das von Kurt Sanderling geprägte Berliner Sinfonie-Orchester, das Hausorchester des bis 1984 wieder aufgebauten Schauspielhauses (heute Konzerthaus) am Gendarmenmarkt, für Europas größtes Revuetheater im Friedrichstadtpalast, für das Kabarett »Die Distel«, vor allem aber für die Sprechtheater Ost-Berlins, die in Maßen immer wieder regimekritische Botschaften formulierten: das Deutsche Theater, die Volksbühne, das von Brecht begründete Berliner Ensemble und das Maxim-Gorki-Theater. Ost-Berlin war Schauplatz bedeutender Festivals und das Zentrum einer kleinen, aber weltweit anerkannten Free-Jazz-Szene.[31]

Nach der Beschreibung der Charaktere, Orte und Ereignisse, durch die Erinnerungen der Erzählerin befinden wir uns wieder auf dem Weg zu Steins Landhaus, in seinem Auto mit lauter Musik, begeistert von Callas' Stimme. Und die negativen Gefühle der Erzählerin für die kleinen Dörfer in der Nähe von Berlin tauchen sofort wieder auf, die gekrümmten Landstraßen, die architektonische Hässlichkeit der Gebäude, die Trostlosigkeit der Orte

29 Ebenda; S. 143f.

30 Ebenda; S. 143

31 Arnt Cobbers, *Kleine Berlin-Geschichte; Vom Mittelalter bis zur Gegenwart*, Jaron Verlag, Berlin, 2005; S. 190

ohne Läden, das absolute Fehlen kommerzieller Aktivitäten:

Canitz war schlimmer als Lunow, schlimmer als Templin, schlimmer als Schönwalde. Graue, geduckte Häuser auf beiden Seiten der gekrümmten Landstraße, Bretterverschläge vor vielen Fenstern, kein Laden, kein Bäcker, kein Gasthaus...[32]

Auch ihre Meinung zu den Landbewohnern bleibt negativ, vielleicht misstrauisch. Eine Frau im Küchenkittel übergibt Stein die Schlüssel des Hauses, das sie gemietet hatten, bevor er es gekauft hatte:

Stein schlitterte auf dem vereisten Beton mit übertriebenen Bewegungen auf die Frau im Küchenkittel zu, die aus der Haustür getreten war. An ihren Kittel krallte sich ein blasses kümmerliches Kind (...) »Sie sind sauer, weil sie vor einem Jahr rausmußten. Aber nicht ich hab sie rausgesetzt, sondern der Eigentümer aus Dortmund. Ich hab's bloß gekauft. Von mir aus hätten sie drinbleiben können.« Ich sagte verständnislos: »Die sind doch ekelhaft«, und Stein sagte: »Was ist ekelhaft«...[33]

Das Haus, ein zweistöckiges Gutshaus aus Ziegelstein, war aber eine Ruine. Die meisten Fenster waren ohne Scheiben, die Verandabretter knarrten, daumendicke Risse liefen durchs Mauerwerk. Beim Beitreten senkte sich das Tor und ein Fensterrahmen fiel aus dem Haus. Die Erzählerin befürchtete, dass das Dach über ihrem Kopf einstürzen könnte. Aber Stein war aufgeregt und wollte sie einbeziehen. Ein Traum, ein Sinn seiner Existenz lag vor seinen Augen: Hier konnte er endlich den begehrten Raum haben, wo er ein gemeinsames Leben mit seinen Freunden verbringen könnte und er sagte zu ihr:

See, märkisch, Kastanien auf dem Hof, drei Morgen Land, ihr könnt euer gottverdammtes Gras hier anbauen und Pilze und Hanf und Scheiße. Platz genug, verstehst du? Platz genug! Ich mache euch hier 'nen Salon und 'n Billardzimmer und 'n Raucherzimmer, und jedem seinen eigenen Raum und großer Tisch hinterm Haus für Scheißessen und Dreck, und dann kannste aufstehen und zur Oder laufen und dir da Koks einfahren, bis dir der Schädel platzt...[34]

Ein fieberhafter Stein zog sie von einem Raum zum nächsten. Er wollte unbeirrt seinen Weg gehen und ließ sich nicht vom schlechten Zustand des Gebäudes entmutigen. Sie glaubte, ihn endlich zu verstehen, weil sie in ihrem Herzen den gleichen Wunsch hatte. Sie waren nicht sicher, ob sie in ihrer Absicht Erfolg haben würden, vielleicht ja, es war eine Möglichkeit unter den vielen, die das Leben ihnen bot und von der man profitieren

32 Judith Hermann, *Sommerhaus, später*, Fischer Verlag, Frankfurt am Main, 2000; S. 147

33 Ebenda; S. 146f.

34 Ebenda; S. 150

konnte. Stein wollte die Zügel seines Schicksals in die Hand nehmen. Wichtig für ihn war, selbst eine Entscheidung zu treffen:

Das hier ist eine Möglichkeit, eine von vielen. Du kannst sie wahrnehmen, oder du kannst es bleiben lassen. Ich kann sie wahrnehmen oder abbrechen und woanders hingehen...[35]

Nachdem die Erzählerin und Stein in die Stadt zurückgekehrt waren, nahmen sie ihren Alltag mit Freunden wieder auf, gingen ins Kino, hörten Lieder, liefen Schlittschuh auf dem zugefrorenen Griebnitzsee, bis Stein verschwand, um das Haus wieder instandzusetzen. Niemand von ihren Freunden ahnte etwas. Er schickte Briefe an die Erzählerin und informierte sie über die Fortschritte. Der letzte Brief enthielt einen Zeitungsausschnitt, in dem berichtet wurde, dass das Haus abbrannte:

Der Besitzer, ein Berliner, der das im 18. Jahrhundert erbaute Haus vor einem halben Jahr gekauft und wieder instandgesetzt hatte, ist seitdem als vermisst gemeldet. Die Unglücksursache steht noch nicht fest, die Polizei schließt Brandstiftung bisher nicht aus...[36]

Einer der großen Träume ihres Lebens ging in Flammen auf: Was tun? Aufgeben? Ihrer Zeit treu zu sein? Wie ihre Generation? Und sich von den Ereignissen, vom Schicksal mitreißen zu lassen? Absolut nicht, die Erzählerin, das heißt die Schriftstellerin, gab nicht auf:

Ich ging in die Küche und stand zehn Minuten lang stumpfsinnig vor dem Herd herum. Die Uhr über dem Herd tickte. Ich lief ins hintere Zimmer, zog die Schreibtischschublade auf und legte den Briefumschlag zu den anderen Karten und dem Schlüsselbund. Ich dachte: »Später«.[37]

Rote Korallen ist die Geschichte eines jungen deutschen verlobten Paares, dessen jeweilige Vorfahren sich in Russland kennengelernt hatten. Der Junge ist jener Charakter, den Florian Illies in seinem Buch *Generation Golf* erwähnt hat, und der zum Therapeuten musste, weil er sich im Grunde nur für sich selbst interessierte und deshalb von niemandem verstanden wurde.

Hunter-Thompson-Music spielt in New York und spiegelt die Erfahrungen der Schriftstellerin wider, die ein Jahr lang in dieser Metropole gelebt hatte. Wie der Titel verrät, steht die Musik im Mittelpunkt.

Bali-Frau ist eine Geschichte über die »Berliner Bohème« und schildert, wie eine

35 Ebenda; S. 152

36 Ebenda; S. 156

37 Ebenda; S. 156

Gruppe von Freunden mit berühmten Leuten, Regisseuren, Schriftstellern rumhängt.

Ich beende meinen Exkurs über *Sommerhaus, später* mit einem der Blondinenwitze (typisch für den deutschen Humor der 1990er Jahre) aus der Erzählung *Bali-Frau*:

> *»Was ist der Unterschied zwischen einer Blondine und der Titanic?« Wir schwiegen. Sie wartete vier, fünf Sekunden lang und sagte dann: »Bei der Titanic weiß man, wie viel drauf waren.« Wir schwiegen noch immer...*[38]

2009 veröffentlichte Judith Hermann das Buch *Alice*, eine Sammlung von fünf Kurzgeschichten. In jeder Geschichte wird die sentimentale Beziehung der Protagonistin Alice zu einem Mann erzählt. Schließlich sterben alle fünf Liebhaber. 2014 gab die deutsche Schriftstellerin ihren ersten Roman *Aller Liebe Anfang* heraus, in dem sie sich mit den »Zumutungen der Liebe» und der »Schutzlosigkeit im Leben« befasst.

2016 veröffentlichte der Fischer Verlag ihren Erzählband *Lettipark* und 2021 ihren zweiten Roman *Daheim*. Einige ihrer Erzählungen sind verfilmt worden: 2003 *Hunter Tompson Musik* aus *Sommerhaus, später* vom Regiestudenten Jakob Ziemnicki; 2007 *Hurrikan* und *Nichts als Gespenster* aus *Nichts als Gespenster* von dem Regisseur Martin Gypkens.

38 Ebenda; S. 111

Foto oben: Während meines Interviews mit Judith Hermann im Juli 2006. Foto unten: typisches verlassenes Industriegebiet der Zeit.

Interview mit Judith Hermann
von Emilio Esbardo (Berlin, 30.05.2006)

Das sind keine Fragen, sondern zwei Behauptungen:

»… Wenn einmal die endlose Versklavung der Frau gebrochen ist, wenn sie für sich und aus sich selbst lebt, da der Mann, - erbärmlich bisher, - ihr den reinen Widerschein ihres Wesens gibt, so wird auch sie Dichter sein! Die Frau wird Unbekanntes finden! Werden die Welten ihrer Seinsgedanken sich von den unseren unterscheiden? – Sie wird fremdartige, unergründliche, abstoßende, kostbare Dinge aufdecken; wir werden sie entgegennehmen, wir werden sie verstehen…«
- Arthur Rimbaud an Paul Denemy; Charleville, 15. Mai 1871

»… Ich atme ein, ich hob die Hände und ließ sie wieder sinken, ich wollte sagen, ich interessiere mich nicht für mich selbst, ich dachte, das ist eine Lüge, ich interessiere mich ausschließlich für mich selbst, und ist es das? dass da nämlich gar nichts ist? Nur die Müdigkeit und die leeren, stillen Tage, ein Leben wie das der Fische unter Wasser und ein Lachen ohne Grund? (jetzt kommt der Punkt, an dem ich interessiert bin) ich wollte sagen, ich habe zu viele Geschichten in mir, die machen mir das Leben schwer…«
- Aus der Erzählung »Rote Korallen« von Judith Hermann.

Haben Sie dazu was zu sagen?

Da muss ich einen Moment nachdenken. Ich freue mich darüber, dass du diese Stelle herausgesucht und zitiert hast aus dem Buch, weil sie für mich sehr wichtig ist. Sie ist ein bisschen wie ein Motto für alle Geschichten. Die Geschichte *Rote Korallen* steht am Anfang des Buches *Sommerhaus, später*. Sätze wie: »ich habe so viele Geschichten in mir, die machen mir das Leben schwer« sind Beispiele für dieses Motto. Ich will die Geschichten erzählen, um aus ihnen hinaus und fortgehen zu können, was in gewisser Weise der Grund für das Schreiben ist und weil die Person, die da spricht in diesem Moment, etwas wie mein Alter Ego ist. Das gilt für alle Geschichten. Deswegen steht das am Anfang und ist mir so wichtig. Ich empfinde das Schreiben, ohne ideologisieren zu wollen, als eine Möglichkeit, etwas aufzuschreiben, zu manifestieren, um dann loszulassen und zu etwas Neuem übergehen zu können. Also ein Leben, das immer sehr auf eine Vergangenheit, auf Vergangenes gerichtet ist und sich beschäftigt mit dem, was war. Und dann schreibt man es auf, ein Fixierungsprozess sozusagen und dann kann man weitergehen. Ungefähr so…

Man denkt, dass die Schriftsteller/innen, bewusst versuchen, Erfahrungen bestimmter Art zu machen, um darüber ein Buch schreiben zu können. Ich meine, Sie verwandeln ihre Erlebnisse, durch den kalten Prozess des Schreibens, in Erzählungen. Ich glaube, ich habe Spuren dieser Suche nach Erfahrung in ihren Büchern gelesen. Zum Beispiel:

»... Sie hatte vielleicht fünfzig Leute eingeladen, ich war mir sicher, dass sie mit den wenigsten wirklich befreundet war. Aber es war eine Zusammenstellung von Gästen, Gesichtern und Charakteren, die dazu führte, dass dieses alte Mietshaus an der Spree sich irgendwann von der Wirklichkeit zu lösen schien...« (Sonja, Seite 64)

Sind sie einverstanden, was diese Textstellen und meine Behauptung betrifft?

Also es ist auf jeden Fall so, dass das eigene Erleben und die eigenen Erfahrungen ganz deutlich in einem gewissen Verwandlungsprozess in den Text einfließen. Ich kann nicht über etwas schreiben, das ich nicht erlebt habe, sondern ich kann nur über Dinge schreiben, von denen ich etwas weiß. Ich muss also einen bestimmten Erfahrungsprozess durchlebt haben. Ohne etwas zu wissen über einen Zustand, kann ich ihn auch nicht beschreiben. Aber auf der anderen Seite glaube ich, dass man sich davor hüten muss, gezielt bestimmte Erlebnisse zu suchen, um über sie zu schreiben. Ich glaube, dass es so nicht funktioniert. Zumindest habe ich es vermieden. Beim ersten Buch musste ich es noch nicht vermeiden, weil das Schreiben des ersten Buches ein sehr besonderer Zustand ist: Man weiß von nichts, man fürchtet sich auch vor nichts. Es gibt so eine Art Unschuld des Schreibens, die später vergeht. Ich habe etwas über die Jahre 1990 bis 1996 in Berlin geschrieben, mein Erwachsenwerden, mein Älterwerden. Danach beim zweiten Buch habe ich sehr deutlich gemerkt, dass ich mich nicht so sehr der Wirklichkeit bedienen darf, ich darf nicht losgehen und gucken, könnte diese Erfahrung, dieses Ereignis oder Situation in eine Geschichte einfließen, sondern das muss vorsichtiger und sehr viel bescheidener vonstatten gehen. Man muss sich sozusagen still verhalten, wie wenn man etwas fangen will, man darf sich im Grunde nicht bewegen. Man darf nicht hin zu den Dingen, sondern sie müssen zu dir kommen. Ich denke, dass man nicht danach greifen darf.

Im Bezug auf den Prozess des Schreibens: Ich glaube, dass die Schriftsteller/innen ab und zu Spuren von sich selbst in ihre Erzählungen einfügen. Zum Beispiel haben Sie in einigen Interviews erklärt, dass Sie sich nicht gern fotografieren lassen, weil ihre Fotos wie Madonnenbilder wirken. Auf Seite 56 kann man lesen:

»...Sie war überhaupt nicht schön. Sie war in diesem allerersten Moment alles andere als schön,

wie sie dastand, in einer Jeans und einem weißen, zu kurzen Hemd, sie hatte schulterlanges, glattes, blondes Haar, und ihr Gesicht war so ungewohnt und altmodisch, wie eines dieser Madonnenbilder aus dem 15. Jahrhundert, ein schmales, fast spitzes Gesicht…«

Ich verstehe die Erzählung so, dass die Schriftstellerin Judith Hermann versucht, die Frau Judith Hermann zu beschreiben. Was sagen Sie dazu?

Es stimmt, aber es stimmt nicht ganz. Es ist so, dass ich versuche, eine Romanfigur zu schreiben, die in gewisser Weise etwas mit mir zu tun hat, aber in der Hinsicht, dass sie nicht so ist wie ich, sondern wie ich gerne gewesen wäre, aber nie war. Ich beschreibe also eine Wunschvorstellung von mir selbst. Die Sonja ist ja so eine seltsame Person, sie ist in allen Dingen extrem eigen und sehr konsequent und störrisch…. Das sind alles Sachen, die ich niemals konnte, aber von denen ich mir immer gewünscht habe, sie zu können. Es ist also das Schreiben einer Figur, die so sein soll, wie ich gerne gewesen wäre.

Die Generation, die im Osten aufgewachsen ist, die sogenannte »Zonenkinder-Generation«, das sind Autoren wie Jana Hensel, Jana Simon, Andreas Gläser, Jakob Hein und so weiter. Aber auch Ausländer wie Wladimir Kaminer oder Yadé Kara erwähnen immer wieder die Mauer und die Teilung Deutschlands. Im Gegensatz dazu scheint dieses Thema den Schriftstellern der westlichen Generation nicht so wichtig zu sein, als dass sie dies in ihren Büchern thematisieren würden.

Ingo Schulze, der DDR-Schriftsteller, hat einmal über die DDR gesagt: »Die DDR gibt es nicht, das Land ist von der Landkarte verschwunden.« Es ist ja eigentlich so simpel, dass man sich gar nicht traut, es zu sagen: Es gab einen Systemwechsel. Ich bin in dem kapitalistischen System groß geworden und nach dem Mauerfall blieb es natürlich ein kapitalistisches System. Das kommunistische System der DDR ist es sicherlich, das einen gewissen Identitätsverlust erlebt hat… Damals, 1990, gab es emotionale Situationen und ich weiß noch sehr gut, dass mir das nicht egal war. Im Gegenteil, das hat mich alles sehr stark berührt… Der Fall der Mauer kommt insofern in meinen Geschichten vor, als es eine bestimmte Stimmung nach dem Mauerfall gab, eine Aufbruchsstimmung, eine Euphorie und eine große leere Fläche. Es gab viele Möglichkeiten, viele offene Fragen. Was wird aus dem neu zusammengefügten Deutschland? Was wird aus Berlin? Was wird aus den Generationen, die an einem Wendepunkt ihres Lebens stehen und die sich in einem neuen System zurechtfinden müssen?… Diese Fragen haben mich schon sehr beschäftigt. Dass es mir mein Leben unter den Füßen weggerissen hätte, kann man jedoch nicht sagen.

In »Sonja« erwähnen Sie ein paar Mal die Türken. Zum Beispiel: »Ich erzählte von Dänemark, von den Türkenjungs in meinem Hinterhof« – (Seite 60). Man kann nicht leugnen, dass die Türken und die türkische Kultur (vor allem in der Literatur und im Film) einen starken Einfluss in Berlin haben. Wie ist ihr Verhältnis zu ihnen?

Ich bin in Berlin-Neukölln groß geworden. Das ist ein Bezirk, der in den 80er Jahren zunehmend von diesem »multikulturellen Miteinander« geprägt worden ist. Ich habe bis zum Ende der 80er Jahre in Kreuzberg gelebt. Jetzt wohne ich in Prenzlauer Berg und da gibt es ja eigentlich nur Leute wie dich und mich und das ist schade. Es gibt jetzt in meinem Hinterhof keine kleinen Jungs, die Fußball spielen würden.

Es sind nicht nur die Türken, die einen starken Einfluss auf Berlin gehabt haben, sondern auch die Russen. Und zufällig finden wir Russland in der Erzählung »Rote Korallen«. Wie ist ihre Beziehung zu Russland?

Es ist ein bisschen wie ein Traum, ein bisschen kindlich vielleicht. Ich bin niemals in Russland gewesen. Es ist ein großer Wunsch, einmal nach Russland zu reisen… Die Wolga und all diese Dinge… Sehnsucht, im Grunde.
(Haben Sie russische Verwandtschaft?)
Nee…

Erst seitdem ich in Berlin angekommen bin (vor etwa einem Monat), habe ich Ihre Erzählungen richtig verstanden. Ich meine, ich habe gespürt, was Sie erzählt haben. Ich habe mir mehrmals gesagt: »Ja, was Judith Hermann geschrieben hat, stimmt.« Jedes Mal, wenn ich in den Straßen Berlins herumlaufe, denke ich an Ihre Erzählungen. Wie erleben Sie Berlin? Genauso wie Sie es erzählen, oder ist es anders? Haben Sie manchmal darüber nachgedacht, irgendwo anders zu leben?

Ich bin so verwachsen mit Berlin. Ich habe immer gehofft, ich würde einmal Unter den Linden entlang fahren und das so sehen wie jemand, der zum allerersten Mal nach Berlin kommt. Das kenne ich überhaupt nicht. Das ist irgendwie schade. Ich bin nur einmal weg gewesen, ein halbes Jahr in New York. Ich hatte viel Heimweh nach Europa, vor allem nach dem, was man im Deutschen immer das alte Europa nennt. Und irgendwie wusste ich, dass ich dann nicht noch einmal wirklich weg will, ich kehre immer zurück. Ich könnte nicht innerhalb von Deutschland umziehen, ich könnte nicht nach Hamburg, nicht nach München gehen. Ich würde Berlin wirklich vermissen. Ich war in Paris und ich finde Paris grässlich. Das alles, was hier eben nicht schön ist, dieses Unfertige und Provisorische, die Leerstellen, die es erstaunlicherweise immer noch gibt, die Unfreundlichkeit der Berliner, der lange Winter, ich finde es gut, weil ich nun seit 35 Jahren hier bin. Das hat mich schon geprägt. Je älter ich werde, desto mehr verstehe ich auch dieses Gefühl für den Begriff »Heimat«. Dieser Alexanderplatz zum Beispiel, viele Leute finden ihn »sehr Berlin«.

»Danach fuhren wir fast immer mit dem Taxi herum. Stein hatte für jede Strecke eine andere Musik, Ween für die Landstraßen, David Bowie für die Innenstadt, Bach für die Alleen, Trans-Am nur für die Autobahn…« (Sommerhaus später, Seite 142).
In vielen Büchern der dreißigjährigen Autor/innen ist die Musik sehr bedeutend, nicht nur in Deutschland, sondern auch in Europa und Amerika. Zum Beispiel »High Fidelity« und »About a boy« von Nick Hornby. Können Sie mir bitte erklären, wie die Musik Sie und ihre Generation geprägt hat? Welche Bands oder Sänger prägten Ihrer Meinung nach die Generation Golf?

Das weiß ich nicht, weil ich immer gar nicht genau weiß, was das sein soll, eine Generation, erst recht nicht, was die Generation Golf sein soll. Natürlich soll es die in den 70er Jahren Geborenen meinen, aber ich finde es schwer und der Generationsbegriff ist so weit gefasst. Ich habe immer versucht, mich dem zu entziehen. Ich fühle mich auch nicht einer Generation zugehörig. Und was meine Generation, wenn es sie denn gibt, musikalisch geprägt hat, weiß ich nicht. In bestimmten Situationen Musik zu hören, das bedeutete, etwas zu haben wie einen Soundtrack für das eigene Leben: Man steigt ins Auto mit Freunden und fährt los und dann legt man eine Kassette in den Autorekorder und dann entsteht ein gewisses Gefühl. Die Musik transportiert ein Lebensgefühl. Und das ist wie Filmmusik. Es ist, als ob man in seinem eigenen Film sitzt. Und das kann man ziemlich lange machen. Irgendwann hört es auf. Jetzt kann ich es nicht mehr. Es ist richtig weg. Es ist so eine Alterserscheinung, möglicherweise. Heute sitze ich im Auto und höre keine Musik mehr. Damals bin ich durch die uckermärkischen Alleen gefahren und habe Tom Waits gehört und hatte das Gefühl, dass ich gar nicht die bin, die ich bin. Ich bin jemand anderes. Die Musik und das Autofahren entledigten einen immer für kurze Zeit der eigenen Identität. Mich hat Tom Waits geprägt, mich haben die Beatles geprägt. Das war jedenfalls die Musik, die ich geliebt habe, und das war bestimmt nicht unbedingt zeitgemäß. Florian Illies würde vielleicht doch sagen, es sei Depeche Mode gewesen, 1986 oder so. Das kann man, glaube ich, nicht verallgemeinern. Aber zu verallgemeinern ist der Zusammenschluss von Musik und dem eigenen Leben, der so lange möglich ist, wie das Leben offen ist. Je älter man wird, desto mehr schließen sich bestimmte Dinge. Dann kriegt man ein Kind und ist ohnehin ganz verwurzelt, vielmehr verwurzelt, als einem vielleicht lieb ist. Dann hört man auf, Musik zu hören, jedenfalls auf diese bestimmte Art und Weise. Ich weiß noch diese Zeit, als es dann einen Walkman gab und man sich diese Dinger aufsetzen und durch die Stadt gehen konnte, das war doch eine Veränderung des Zustandes, oder? Man setzte sich diese Kopfhörer auf, war mit der Musik abgeschottet von der Außenwelt und ging eine Straße entlang und die Straße war eine andere. Die Menschen, die dir begegnet sind, waren andere und du bist in einem anderen Schritt gegangen, als du es ohne diese Musik getan hast, und das war filmisch. Und ich weiß, dass ich beim Schreiben manchmal gedacht habe, dass ich es mir jetzt ein bisschen leicht mache: Ich könnte beschreiben, wie es ist, in dem Auto zu sitzen, in dem man irgendwie liegt, und durch eine Allee zu fahren und rechts und links blühen die Kornfelder und ich könnte erzählen, wie es riecht und wie der Himmel aussieht und wie das Auto aussieht und wie es mir geht. Aber ich kann einfach auch schreiben: »Wir fuhren diese Allee entlang und hörten Trans Am.« Und wenn man weiß, wie Trans Am klingt, dann weiß man auch, wie es ist. Also es war eigentlich leicht gemacht, ein Trick. Heute würde ich versuchen zu sagen, wie genau es gewesen ist, auch auf die Gefahr hin, dass es entgleitet. Raymond Carver hat das einmal gesagt: »Don't tricky.« Im *Sommerhaus, später* ist es ganz schön tricky.

Die einzige politische Frage. Als Papst Johannes Paul II. gestorben ist, hat die Kirche behauptet, dass ohne diesen Papst die Mauer nicht gefallen oder zumindest erst später gefallen wäre. Was denken Sie darüber?

Ehrlich gesagt, ist mir das ein bisschen peinlich. Ich habe diese Äußerung noch nicht gehört, dass ohne den Papst die Mauer nicht gefallen wäre. Das erstaunt mich. Ich bin ein bisschen beschämt, denn möglicherweise stimmt es und ich habe es nicht gemerkt. Ich weiß es nicht. Berlin ist nicht katholisch, das stimmt auf jeden Fall. Berlin ist, wenn überhaupt, protestantisch, aber auch das scheint es mir nicht zu sein. Ich war beispielsweise in Warschau und ich würde sagen, dass Warschau eine geradezu katholische Stadt ist, und das merkt man auch im ganzen Stadtbild und in den übervollen Kirchen und den Sonntagsprozessionen, in denen die Kinder getauft werden. Aber Berlin ist eine Stadt, die sich über viele andere Dinge definiert, nicht jedoch über den Katholizismus und auch nicht die protestantische Kirche, sondern vielmehr über Politik und über ihre Zerrissenheit und ihre getrennte Zeit. Ich selber bin nicht religiös groß geworden, habe jedoch als Kind eine starke Neigung zum Katholizismus entwickelt. Mir ist die katholische Kirche sehr nahe, was möglicherweise an ihren Ritualen liegt. Wenn ich in Italien bin und sehe, wie die Kirche in den Alltag eingebunden ist, beeindruckt mich das. Ich wünschte mir manchmal, dass das hier auch so wäre. Aber es ist nicht so. Berlin ist keine katholische Stadt, nein.

Nach LSD, abgebrannten Jointstummeln, zum Sonnenuntergang auf Speed aufgebrochen, gottverdammtes Gras und Extasy, was ist aus der apolitischen unreifen Generation Golf geworden.

Wie wird Judith Hermann die inzwischen ältere Generation in ihren zukünftigen Büchern beschreiben?

Das ist etwas, was ich noch nicht sagen kann. Einerseits wäre ich froh, wenn ich das wüsste, andererseits möchte ich es gar nicht wissen. Fakt ist, dass ich es nicht weiß. Es gab einmal ein sehr schönes Gespräch mit Günter Grass, der zu einer sehr politischen Generation von Autoren gehört (im großen Unterschied zu meiner Generation der Schriftsteller, die nicht das politische Podium bestiegen haben und die die Rolle des Schriftstellers grundsätzlich auch als eine nicht politische Rolle begriffen haben). Der Schriftsteller muss sich politisch äußern. Der Schriftsteller hat die Pflicht zur Repräsentation eines politischen Bewusstseins. Das ist ja sehr typisch für diese Generation der neuen deutschen Literatur, dass sie eben vordergründig nicht politisch ist. Wobei es zum einen natürlich auch den ganz einfachen Satz gibt: »Apolitisch ist auch politisch«, was stimmt. Und zum anderen sagte Grass in diesem Gespräch, in dem es eben genau um diese Frage ging und in dem ich mich ein bisschen beschämt darüber geäußert habe, dass ich nicht politisch bin: »Früher oder später werden Sie es sein. Es wird Ihnen nichts anderes übrig bleiben.« Das klang sehr väterlich und ich denke, dass er wahrscheinlich Recht hat. Wenn man ein Schriftsteller bleibt und sich die politische Lage verändert, und möglicherweise wird sie sich besorgniserregend verändern, wird man, ob man will oder nicht, ein politisches Podium besteigen, das man sich jetzt noch gar nicht vorstellen kann. Vielleicht ist es das Vorrecht der Jugend und derer, die in dieser Zeit geboren sind (zwischen 1970 und 1980), über diese Jahre so zu sprechen. Es waren Jahre, in denen wir ja eigentlich vollkommen verschont geblieben sind von den schrecklichen Zeitläufen. Das einzige historische Ereignis, das sich in meinem Leben ereignet hat, war der Fall der Mauer und das ist ein positives Ereignis, ein historischer Glücksmoment. Dann kommen vielleicht auch noch andere Ereignisse, die einen direkten Einfluss auf mein Leben haben werden und dann werde ich möglicherweise auch anders schreiben. Es ist ein so weites Feld. Ich denke zum Beispiel an den 11. September 2001 und all diese Sachen. Nun kann man sich fragen: Hat der 11. September einen Einfluss auf mein Leben gehabt? Ja und Nein. Ich bringe jeden Abend mein Kind zu Bett und bin mir an vielen Abenden sehr deutlich bewusst, dass mein Kind in einer friedlichen Zeit groß wird und ich keine Angst haben muss. Das erstaunt mich und das erfüllt mich auch mit einer gewissen Dankbarkeit. Und gleichzeitig auch mit Ratlosigkeit darüber, wie es in einem anderen Teil der Welt ist. Aber ich bin hier. Und wie das in der Zukunft sein wird, weiß ich nicht.

Woran erinnern Sie sich, wenn Sie an Italien denken?

Als ich mit dem Zug von der Toskana nach Rom gefahren bin, da bin ich durch eine

relativ menschenleere, trostlose Gegend gefahren: verlassene Dörfer, Landflucht, kaputte Industrieanlagen… Und dann gab es ein Haus und an diesem Haus gab es ein großes Graffiti. Das hieß ungefähr: »Marta! Mi manchi« Marta, du fehlst mir! Zum einen fand ich es ganz toll, dass man das versteht. Ich kann kein Italienisch. Aber es war so eindeutig. Es konnte nichts anderes heißen. An der ganzen trostlosen Strecke des Zuges war an diesem einen kleinen Haus ein absolut poetisches Moment und das kam durch diese Alliteration: »Marta mi manchi«. Dieses abgelegene Dorf und die ganze Geschichte, die dahinter steht, daran erinnere ich mich, wenn ich an Italien denke.
Das ist vielleicht auch ein schöner Umkehrschluss zum Anfang unseres Gespräches. Also die Geschichten, die man eben nicht suchen darf, die einfach kommen müssen. Vielmehr auch Gefühlsmomente, aus denen dann eine Geschichte entsteht. Dieser Satz »Du fehlst mir« an diesem kaputten Haus in diesem verlassenen Dorf, selber im Zug sitzend, auf dem Weg von einem Ort zum anderen, löst etwas in mir aus. Möglicherweise einfach Sehnsucht nach einem anderen Leben. Das vergesse ich ganz lange nicht. Und später irgendwann kommt es vielleicht in eine Geschichte. Es gibt diese Band, die Puhdys, eine in der DDR legendäre Band. Eine große wichtige Musikgruppe, die sehr viele sehr pathetische und kitschige, aber auch sehr kraftvolle Stücke geschrieben haben. Es gibt einen ganz berühmten Film, der heißt: *Die Legende von Paul und Paula.* Es ist einer der größten Liebesfilme, die es in der DDR gegeben hat, wenn nicht einer der größten Liebesfilme überhaupt. Ein DEFA-Film aus den 70er Jahren. Das Drehbuch und die Texte der Filmmusik stammen von Ulrich Plenzdorf und die Filmmusik ist von den Puhdys. Dieser Film war auf jeden Fall identitätsstiftend für die DDR und später auch für mich. Da gibt es eben auch dieses Lied: »Geh zu ihr und lass deinen Drachen steigen«. Ich habe es in die Geschichte hinein genommen, um deutlich zu machen, dass dieses Haus im ehemaligen Osten steht, dass dieses Haus ein Haus ist, das in der DDR steht und dass die Leute, die in diesem Haus ihre Graffiti hinterlassen, eine DDR-Vergangenheit haben. Es sollte etwas sein wie ein Code-Wort. Entweder man erkennt es und dann freut man sich, oder man erkennt es nicht, dann ist es nur so ein Satz. Es gibt auch eine schöne Geschichte zu diesem Lied. Ein Freund von mir hat gesagt, er habe 20 Jahre alt werden müssen, um zu verstehen, was es überhaupt heißt: »Geh zu ihr und lass deinen Drachen steigen...« Er hatte immer gedacht, ein Mann gehe zu einer Frau und sie gehen zusammen auf ein Feld und lassen einen Drachen steigen. Er hatte ganz lange gebraucht, bis er verstand, dass es eine Metapher für die Liebe sei. Das fand ich toll.

Bilder von Ost-Berlin

Foto oben: Berlin, Palast der Republik (April 1986); Fotograf: Peter Heinz Junge - Bundesarchiv, Bild 183-1986-0424-304 / Junge, Peter Heinz / CC-BY-SA 3.0

Foto unten: Auf dem Areal des Palastes der Republik (vollständiger Abriss 2008) ist das Berliner Schloss wieder aufgebaut, das durch die Bombenangriffe des Zweiten Weltkriegs beschädigt und 1950 von der Regierung der DDR abgerissen worden war, weil es als »Symbol des preußischen Militarismus« gilt. Das Berliner Schloss wurde vom italienischen Architekten Franco Stella wiedergebaut.

Fotos: aufgenommen 2006 in der Kastanienallee, einer der bekanntesten Straßen des ehemaligen Ost-Berlins, insbesondere für die Anziehungskraft des Praters. Die Bilder zeigen den unerbittlichen Wiederaufbau der Metropole.

28.12.1989: Die Berliner Mauer zwischen Reichstag und Brandenburger Tor - Autor: Superikonoskop // CC BY-SA 3.0 (https://commons.wikimedia.org/wiki/File:Mauer_nahe_Reichstag.jpg.)
Das Foto ist ein Zeugnis des Wunsches, Spuren der verhassten Zeit der Teilung vollständig auszulöschen. Genau wie die Bilder des Palastes der Republik auf der vorherigen Seite

Foto unten links: rund um den Alexanderplatz (2006). Heute ist der Ort aufgrund des Umbaus nicht wiederzuerkennen. Die Bilder der rechten Seite wurden ebenfalls 2006 in der Kastanienallee aufgenommen. Das Foto unten rechts ist auch ein Zeugnis vieler – die durch die Gentrifizierung komplett verschwundenen – Originalobjekte, die die Straßen der Metropole so einzigartig machten und den Besuchern sofort ins Auge fielen.

Wenn einmal die endlose Versklavung der Frau gebrochen ist, wenn sie für sich und aus sich selbst lebt, da der Mann – erbärmlich bisher – ihr den reinen Widerschein ihres Wesens gibt, so wird auch sie Dichter sein! Die Frau wird Unbekanntes finden! Werden die Welten ihrer Seinsgedanken sich von den unseren unterscheiden? – Sie wird fremdartige, unergründliche, abstoßende, kostbare Dinge aufdecken; wir werden sie entgegennehmen, wir werden sie verstehen...[1]

Zwischen 1871 und 1945 gibt es allein in Berlin mehr als 1000 Schriftstellerinnen, bereits 1908 sind zehn Prozent aller Schriftsteller weiblich.[2]

Als ich meine Arbeit über Berlin und Judith Hermann begann, war ich überrascht von der großen Präsenz von Frauen, die sich der Kunst verschrieben haben. Durch Zufall habe ich entdeckt, dass das Phänomen des sogenannten »Fräuleinwunders« existiert; das heißt eine große Anzahl von Schriftstellerinnen, deren Werke in Deutschland zum echten Kult geworden sind:

Die Schriftstellerinnen, die derzeit auf dem deutschsprachigen Literaturmarkt für Furore sorgen, sind zwischen 25 und 45 Jahre alt, haben gerade beachtliche Debüts vorgelegt oder ihre Begabung schon in mehreren Büchern unter Beweis gestellt (...) »Sie haben Spaß an guten Geschichten - und keine Angst vor Klischees und großen Gefühlen«, konstatierte Literaturkritiker Volker Hagel im »Spiegel« (...) Im Frühjahr 1999 kam der Begriff »Fräuleinwunder« aufs Tapet. Gemeint waren damit vor allem Autorinnen wie Judith Hermann und Julia Franck, die gerade ihre ersten Bücher vorgelegt hatten. Plötzlich sprachen alle von ihnen, von den Frauen, die nicht nur attraktiv sind, sondern dazu noch gut schreiben können.[3]

Die meisten von ihnen haben es jedoch geschafft, sich zu finden und als Schriftstellerin zu etablieren, als sie nach Berlin zogen und die Freiheit und das kulturelle Klima der Stadt aufsogen. Berlin war in der Tat nie konservativ: Wenn man seine Geschichte durchgeht, beobachtet man, dass dort die wirtschaftliche und intellektuelle Unabhängigkeit der Frauen bereits in den 1920er Jahren angefangen hatte.

Diejenigen, die in die Hauptstadt zogen - und hier beziehe ich mich nicht nur auf Deutsche, sondern auch auf Ausländerinnen -, taten dies nur zu einem Zweck: um ihre

1 Arthur Rimbaud, aus dem »Seherbrief«, 15. Mai 1871

2 Birgit Haustedt, *Die wilden Jahre in Berlin – Eine Klatsch- und Kulturgeschichte der Frauen*, edition ebersbach, Berlin, 2002; S. 120

3 Wiebke Eden, *Keine Angst vor großen Gefühlen, Schriftstellerin – ein Beruf, Elf Porträts*, Fischer, Frankfurt am Main, 2003; S. 9f.

eigene Emanzipation zu erreichen.

So erzählt eine Türkin, **Rebia Tevfik Başokçu**, wie sie es geschafft hat, eine berühmte Modistin zu werden, wenn auch heute noch viele ihrer Landsleute von Geburt an keine Entscheidungsgewalt über sich selbst haben, wie zum Beispiel die Wahl ihres Ehemannes:

Da war es nur folgerichtig, daß eine junge Osmanin in Paris, die sich nach dem Scheitern ihrer Heiratspläne einer ungewissen Zukunft gegenüber sah, eines Morgens unvermittelt beschloß, ihr Glück inkognito in Berlin zu versuchen: »Eines Morgens, als ich die Augen aufschlug, war es, als flüstere mir jemand ins Ohr: Fahr nach Berlin! Dieser Gedanke ließ alle die Traurigkeit, die meine Sinne seit Wochen ... lähmte und vernebelte, auf einen Schlag verschwinden ... In Berlin kennt mich niemand. Wenn ich dort arbeiten und meinen Lebensunterhalt verdienen kann, bin ich für immer frei (...) Ich hasse schwache Frauen, die alles von anderen erwarten und sich an die Familie und den Ehemann klammern. Entweder werde ich selber für mich sorgen oder sterben...«[4]

Eine Bestätigung dieses liberalen Klimas findet man auch in der Erklärung von **Charlotte Wolff**, Schriftstellerin und Ärztin. Sie hatte den Mut, ihre homosexuellen Erfahrungen im Buch *Augenblicke sehen uns mehr als die Zeit* niederzuschreiben. Das Recht auf Sexualität und die Freuden des Lebens zu bekräftigen, war für sie ein weiterer Weg, die Emanzipation und die Würde der Frauen zu erklären:

»Die Stadt hatte eine besondere Anziehungskraft durch ihre Toleranz, die progressiv-politische und auch sexuelle Außenseiter anlockte« (...) »Was ich erleben und erfahren wollte, waren Liebe, Vergnügungen, Wissen und enge Freundschaften.«[5]

Natürlich findet man heute mehr Zeugnisse denn je, dass Berlin immer noch der richtige Ort für Künstlerinnen ist. Folgendes liest man in dem Buch *Keine Angst vor großen Gefühlen, Schriftstellerin - ein Beruf, Elf Porträts* von Wiebke Eden:

Wenn auf dem Bildschirm vom Computer so gar keine Wörter zusammenzupassen scheinen, hilft die Umgebung: bis heute lebt die Autorin in Berlin. Dass so viele der jungen Autorinnen in der pulsierenden Metropole zu Hause sind, wundert Julia Franck nicht...[6]

4 Rebia Tevfik Başokçu, Avrupada Yirmi Senem Nasil Geçti, *Istanbul*, 1942; S. 209. In: Ingeborg Böer, Ruth Haerkötter, Petra Kappert, *Türken in Berlin 1871-1945 – Eine Metropole in den Erinnerungen osmanischer und türkischer Zeitzeugen*, de Gruyter, Berlin · New York, 2002

5 Birgit Haustedt, *Die wilden Jahre in Berlin – Eine Klatsch- und Kulturgeschichte der Frauen*, edition ebersbach, Berlin, 2002; S. 75

6 Wiebke Eden, *Keine Angst vor großen Gefühlen, Schriftstellerin – ein Beruf, Elf Porträts*, Fischer, Frankfurt am Main, 2003; S. 47

Bevor ich kurz über einige interessante Künstlerinnen vom Berlin der neunziger Jahre spreche und mich insbesondere auf Schriftstellerinnen konzentriere (siehe Kapitel »Fräuleinwunder«), beschränke ich mich darauf, diejenigen Künstlerinnen zu erwähnen, die eine grundlegende Rolle im Berlin der Zwanziger Jahre gespielt haben.

Sie trugen zur kulturellen und wirtschaftlichen Emanzipation der Frauen bei, die erst mit Machtübergabe an den Nationalsozialismus unterbrochen, aber unmittelbar nach dem Ende des Zweiten Weltkriegs mit Nachdruck wieder aufgenommen wurde. Denken wir zum Beispiel an den Beitrag der »Trümmerfrauen«[7] zum Wiederaufbau der Metropole.

KÜNSTLERINNEN IM BERLIN DER 1920er JAHRE

Die erste große erfolgreiche deutschsprachige Schriftstellerin war **Vicki Baum**, geboren 1888 in Wien. Sie schrieb nicht nur Romane, deren Exemplare ausverkauft waren, sondern war auch Herausgeberin der *Berliner Illustrierten Zeitung, Der Uhu, Die Dame*; Sie hatte ein Leben voller Abenteuer und gab ihre Leidenschaften trotz Angst vor der Macho-Gesellschaft nie auf:

> *Als Paramount ihr 1932 einen gutdotierten Vertrag als Filmautorin anbietet, sagt sie zu, obwohl ihr Mann protestiert...*[8]

Sie betrieb das Boxen, den meistgeübten Sport der Zeit, aber damals nur für Männer gedacht. 1931 besuchte sie New York und veröffentlichte später *Menschen im Hotel*, was ein internationaler Erfolg wurde. Über sie berichtete sogar *The New York Times.*

Ruth Landshoff war ein wunderschönes Mädchen. Als sie das Romanische Café betrat, wurde sie von allen umworben. Sie wollte nicht die Protagonistin in der Geschichte eines Mannes oder das Porträt eines Malers sein, sondern entschied sich, selbst Autorin einer Geschichte oder selbst Malerin eines Gemäldes zu werden (»Statt Model zu stehen, malt Ruth Landshoff lieber selbst.«[9]). Sie drehte Filme, darunter einen mit Marlene Dietrich. Sie schrieb und zeichnete viel, aber ihre künstlerische Karriere wurde von den Nazis brutal unterbrochen. Sie war Jüdin.

Viele Frauen wurden berühmt für ihre Ballette mit künstlerischen Akten. Neu war, dass sie sich nicht nur zum Vergnügen der Männer, sondern auch für ihr eigenes Vergnügen auszogen.

7 Den Spitznamen »Trümmerfrauen« haben sie erhalten, weil sie auf den Straßen Berlins die Trümmer des Zweiten Weltkriegs beseitigt haben.

8 Birgit Haustedt, *Die wilden Jahre in Berlin – Eine Klatsch- und Kulturgeschichte der Frauen*, edition ebersbach, Berlin, 2002; S. 128

9 Ebenda; S. 149

Anita Berber war die berühmteste von ihnen. Sie verursachte mehrere Skandale in der Stadt, aber ihr Beitrag war entscheidend dafür, all jene Tabus zu brechen, die die Frauen zu glücklichen Müttern gemacht und an den Herd verbannt hatten; häusliche Engel mit einer reinen Seele, die nicht in der Lage sind, irgendeine Art von Übel oder Sünde zu begehen. In Birgit Haustedts Buch kann man die meiner Meinung nach komische Episode lesen, in der der Schauspieler Hubert von Meyerinck zum ersten Mal die Berber sah:

»Die Berber rauschte also in diesen pompösen Speisesaal, wo ein illustrer Kreis diniert, das heißt, sie rauschte eben nicht. Sie trug einen kostbaren Nerzmantel bis zum Hals geschlossen und Golfschuhe mit sehr hohen Hacken, aber keine Strümpfe, was damals ungewöhnlich war. Sie setzte sich mit ihren Begleitern an einen Tisch. Ihre Haare leuchteten in höllischem Rot über ihrem grüngeschminkten Nixengesicht. »Oberkellner« rief sie, »bitte drei Flaschen Champagner, Veuve Clicquot.« Und dann geschah es. Sie nestelte an ihrem Hals - und dann fiel der Pelz. Ein allgemeiner leiser Aufschrei - da saß sie und war splitterfasernackt. Die Gäste saßen wie erstarrt an ihren Tischen, nur die alte Fürstin Clothilde, eine humorvolle Frau, sagte sehr laut zu ihrem Gemahl: »Täusche ich mich, Eberhard, ist diese Dame nackt oder habe ich alle Halluzinationen?« – »Du täuschst Dich nicht, Clothilde, sie ist nackt«, sagte er und klemmte schmunzelnd sein Monokel ein...[10]

Betty Stern war eine dieser typischen Figuren der Zeit, dank deren literarischem Wohnzimmer viele Persönlichkeiten berühmt geworden sind. Wie kann man die legendäre Gertrude Stein der sogenannten Verlorenen Generation von Paris vergessen, in deren Salon Künstler wie Pablo Picasso und Ernest Hemingway zu Hause waren!

In Berlin ging die Kultur damals durch das Romanische Café, wo Frauen jedoch noch keinen Einfluss hatten, außer eine: **Else Lasker-Schüler**.

Else Lasker-Schüler hatte mit Herwarth Walden das Literaturmagazin *Der Sturm* gegründet, in dem sie nicht nur viele künstlerische Talente entdeckte und förderte, sondern auch ihre eigenen Gedichte, Kurzgeschichten, Essays und Zeichnungen veröffentlichte:

Doch Else und Herwarth sitzen nicht einfach nur so herum. Sie konzipieren ein Magazin, das die Welt der Kunst revolutioniert. 1910 erscheint Der Sturm in einer Erstauflage von 30.000 Exemplaren. In den nächsten 20 Jahren ist das die wichtigste Zeitschrift für moderne Kunst und Literatur in Deutschland. Herwarth Walden ist zwar offiziell der Herausgeber, doch ohne Else läuft nichts. Else entdeckt die wilde Schönheit expressionistischer Kunst (...) Sie gewinnt die besten expressionistischen Maler und Dichter für die Zeitschrift, lange bevor sie berühmt werden: Oskar Kokoschka, Jakob von Hoddis, Georg Heym, Georg Trakl, Frank Marc und viele andere…[11]

10 Ebenda; S. 27

11 Ebenda; S. 56ff.

Und obwohl das Romanische Café in erster Linie ein Ort für Männer war, wurde es durch Else Lasker-Schüler berühmt. Zuvor hatte ihnen der Besitzer des Café des Westens, wo sie 1910 Der Sturm entwarfen, Hausverbot erteilt. Anstatt depressiv zu werden, begründete Else die Legende des Romanischen Café:

Sie zieht um. Ins Romanische Café. Das hat zwar den Charme einer Bahnhofswartehalle, aber der Wirt ist klüger. Zwölf Stunden kann man hier bei einer einzigen Tasse Kaffee sitzen. Die ganze künstlerische Stammkundschaft des Cafés des Westens folgt Else. Das ist nun aus der Mode, für immer: Das Romanische Café wird zum berühmtesten Café Berlins. Und es verdankt seinen Ruhm einer Frau, der jüdischen Dichterin Else Lasker-Schüler.[12]

Marlene Dietrich und **Leni Riefenstahl**, die das weibliche Ideal repräsentieren, von dem ich bisher gesprochen habe, muss ich hier nicht anführen, da man bereits fast alles über sie weiß. Stattdessen werde ich kurz einige Berliner Künstlerinnen der neunziger Jahre erwähnen.

KÜNSTLERINNEN IN BERLIN DER 1990er JAHREN

Nach »University of Chicago« und »Columbia University« (New York) zog **Candide Breitz** - geboren 1972 in Johannesburg - nach Berlin, um mit verschiedenen künstlerischen Formen, unter anderem Fotografie und Film, zu experimentieren. Dadurch äußerte sie ihre Kritik gegen die immer mehr globalisierte Kultur.

Tacita Dean, geboren 1965 in Canterbury, entschloss sich ebenfalls, nach Berlin zu ziehen, wo ihr erstes Filmprojekt dem Fernsehturm gewidmet war, einem der in künstlerischen Arbeiten am häufigsten verwendeten Symbole der Stadt:

Das erste Projekt, das Dean in Berlin realisierte, war dem dortigen Fernsehturm gewidmet. Die Künstlerin äußerte dazu: »Der Fernsehturm ist zum Leuchtturm meines Berliner Horizontes geworden. Ich halte, wo immer ich auch bin und nur bei jeder Witterung, Ausschau nach ihm, dessen Spitze so oft in den tiefhängenden Wolken verborgen ist oder hoch über der Stadt in der Sonne erstrahlt. Ich finde ihn schön.«[13]

In ihren Werken fließen Fotografien, Filme und Zeichnungen mit einer narrativen Handlung – wie beispielsweise Menschen bei der Arbeit – ineinander.

Auch für **Cornelia Renz**, geboren 1966 in Kaufbeuren, ist Berlin »Der ideale Ort des

12 Ebenda; S. 61

13 Mark Gisbourn, Ulf Meyer zu Kueingdorf, Jim Rakete, *Kunst Station Berlin*, Knesebeck, München, 2006; S. 53

kreativen Ausdrucks und der Herausforderung«[14]. Ihr Werk kommt direkt auf den Punkt, nämlich das Durchsetzungsvermögen der Frauen:

> *Zum größten Teil bestehen ihre Bilder aus grafischen Elementen: sie sind direkt, oft auf harte, provozierende Weise. Sie handeln von weiblicher Rache, von Rollentausch und Geschlechtsumwandlung, von der Unterminierung männlicher Stereotypen wie denen des Soldaten, Jägers oder Cowboys.*[15]

Yehudit Sasportas, geboren 1969 in Ashdod (Israel), deren Werke hauptsächlich aus Landschaftszeichnungen bestehen, fand in Berlin den idealen Ort, um künstlerisch zu wachsen (»Es war mir wichtig, hierher zu kommen und hier zu arbeiten. Ich denke, das ist spezifisch für Berlin. Ich kann mir nicht vorstellen, an einem anderen Ort in Deutschland zu arbeiten, absolut nicht. Berlin ist wie eine schwimmende Insel in Deutschland.«[16]) und wo Galeristinnen eine sehr wichtige Rolle gespielt haben (»Viele der Frauen, die Galerien betreiben, sind mittlerweile selbst zu Szenestars geworden«…[17])

Tanja Ries war eine Protagonistin vom Berlin der neunziger Jahre. Sie arbeitete als Kellnerin und Model, bevor sie als Chansonsängerin bekannt wurde.

Britt Kanja hat als Tänzerin und Schauspielerin gearbeitet und ist in den Berliner Clubs legendär geworden. Originell sind ihre handschriftlichen Einladungen.

Hier habe ich nur einige der weiblichen Persönlichkeiten erwähnt, die das kulturelle Leben Berlins beeinflusst haben, viele andere findet man in anderen Kapiteln dieses Buches.

FRÄULEINWUNDER

Jenny Erpenbeck, geboren 1967 in Ostberlin, ist eine der bereits erwähnten Zonenkinder-SchriftstellerInnen - von jenen jungen Leuten, die von einem Tag auf den anderen ohne Heimat waren. Jenny lebt wie fast alle KünstlerInnen in Prenzlauer Berg. Als Kind wuchs sie in Pankow in einer durch die Mauer getrennten Straße auf. Als Tochter von künstlerischen Eltern und Großeltern begann sie früh zu schreiben. An der Universität studierte sie zuerst Theater und dann Oper. Ihr erstes Buch trägt den Titel *Geschichte vom alten Kind* und präsentiert alle Themen, die bereits in dem Kapitel über die »Zonenkinder« angesprochen wurden, also den Wunsch, nicht erwachsen zu werden, und

14 Ebenda; S. 150

15 Ebenda; S. 150

16 Ebenda, S. 170

17 *Berlin ist ungemütlicher, aber lebendiger – Ein Gespräch mit Barbara Thumm*; S. 56. In: Hans-Jörg Clement, *Szene Berlin – Ein Kultur-Lesebuch*, Bostelmann & Siebenhaar, Berlin, 2003

die Suche nach Identität:

Die »Geschichte vom alten Kind« greift vielerlei Motive auf: Die Verweigerung, erwachsen zu werden, den schmerzhaften Ablösungsprozess von Vergangenem, die Sehnsucht nach Sicherheit, die Vergeblichkeit des Versuchs, Zeit zu konservieren, ich suche nach Identität (...) »Die Leute, die noch genaue Erinnerungen an das Leben in der DDR haben, sterben mit meiner Generation aus«...[18]

Andere Bücher, die sie geschrieben hat: **Katzen haben sieben Leben** und **Tanz**.

Zoë Jenny, geboren 1974 in Basel, war erst vierundzwanzig Jahre alt, als ihr erster Roman *Das Blütenstaubzimmer* veröffentlicht wurde. Derzeit teilt sie ihre Zeit zwischen ihrer Heimatstadt und New York auf. Ihr Vater ist Verleger. Über ihre Tätigkeit als Schriftstellerin sagte sie zu Wiebke Eden:

»Ich habe zum Schreiben eine existenzielle Verbindung«, sagt sie. »Schreiben ist mein Leben. Es ist alles.«[19]

Sie arbeitete als Model, weil sie nicht nur intelligent, sondern auch schön ist und ein starkes Bedürfnis nach Unabhängigkeit hat. Sie hatte großen Erfolg bei Kritikern und Lesern; *Blütenstaubzimmer* war sogar in China ein großer Verkaufserfolg. Sie bedauert den Mangel an Frauen unter den Verlegern: »Ich habe mit 23 Verlagen zu tun und mit keiner Verlegerin«[20]. Sie schrieb den interessanten Roman *Ein schnelles Leben*, der in Berlin spielt und sich mit der schwierigen Beziehung zwischen den Türken und den Neonazis befasst.

Kathrin Röggla wurde 1971 in Salzburg geboren. Für ihre Bücher erhielt sie sofort begeisterte Kritik, insbesondere für *Irres Wetter*, in dem sie von den jungen Menschen in der jungen deutschen Hauptstadt, von der Geschwindigkeit des Wandels und ihren damals neuen Symbolen wie die »Love Parade« erzählt. Berlin, wohin sie gezogen ist und wo sie 1993 den Talentförderer-Literaturwettbewerb »Open Mike« erhalten hat, hat sie sehr beeinflusst:

Also Berlin. Berlin gefiel ihr, weil es zerrissen war, offen, voller Nischen (...) Eine Stadt, die noch ganz anders war als sie heute ist.[21]

1995 erschien »Niemand lacht rückwärts«. Großstadtszenerien, die in einem kritischen Verhältnis zur kapitalistischen Konsumwut stehen. Nachdem Kathrin Röggla von Österreich fortgezogen

18 Wiebke Eden, *Keine Angst vor großen Gefühlen, Schriftstellerin – ein Beruf, Elf Porträts*, Fischer, Frankfurt am Main, 2003; S. 26f.

19 Ebenda; S. 83f.

20 Ebenda; S. 93

21 Ebenda; S. 164

war, wohnte sie zunächst in Berlin-Steglitz, direkt neben einem Kaufhaus. Sie erlebte Oberflächen-Kapitalismus pur, war so schockiert wie fasziniert: Hastende Menschen hielten knisternde, prall gefüllte Tüten, offenbar, um sich selbst zu halten.[22]

Steglitz ist ein Bezirk des »goldenen Westens«, wo zwei riesige Einkaufszentren dominieren.

Julia Franck wurde 1970 in Ostberlin geboren. Mit acht Jahren durfte ihre Familie in die Bundesrepublik ziehen. Zunächst wurde sie in einem Flüchtlingslager aufgenommen. Diese harten Erfahrungen spiegeln sich in *Lagerfeuer* wider, für mich ein Meisterwerk der Schriftstellerin. Auch sie erzählt Wiebke Eden:

»Das Schreiben hab ich mir von früh an angeeignet als Ausdruck meiner persönlichen Verfassung. Schreiben war, auch wenn das kitschig klingt, innere Notwendigkeit.«[23]

Nach dem Abitur unterbrach sie ihr Jurastudium, um zu reisen; zunächst zog sie nach San Francisco und besuchte dann Mexiko und Guatemala. Nach ihrer Rückkehr in die Heimat und mit Spanisch- und Englischkenntnissen schrieb sie sich für Amerikanistik, Philosophie und Literatur ein. 1995 erhielt sie den ersten Preis der *Berliner LiteraturWERKstatt*. Ihr erster Roman heißt *Der neue Koch*. Es war aber *Liebediener*, der sie dem großen Publikum bekannt machte. Was mich an ihren Büchern interessiert, sind die starken weiblichen Persönlichkeiten. In *Bauchlandung - Geschichten zum Anfassen*, ihrer dritten Veröffentlichung, geht es um erotische Geschichten aus weiblicher Sicht, deren Heldinnen die sexuelle Freiheit der Frauen thematisieren, die sonst von einer männlich-chauvinistischen Welt erstickt wird.

Der Erzählband »Bauchlandung«, Julia Franks drittes Buch, das ihre literarische Position noch weiter stärkte, widmet sich unter anderem der Sinnlichkeit von begehrenden Frauen. Himmlisch wollen die es nur beim Sex.[24] *(...) Die »Geschichten zum Anfassen«, die alle aus weiblicher Perspektive erzählt werden, handeln von spontaner, momentaner Begierde...*[25]

»Das ist die Gewohnheit«, sagt sie, »die Gewohnheit, über Jahrhunderte Bücher von Männern zu lesen und Männer in den Büchern als handelnde Subjekte zu erleben, sei es als Werther, Homo faber oder Felix Krull«. Jetzt sind die handelnden Subjekte immer häufiger weiblich.[26]

22 Ebenda; S. 166
23 Ebenda; S. 35
24 Ebenda; S. 33f.
25 Ebenda; S. 44
26 Ebenda; S. 45f.

Francks Geschichten sind mit Berlin verbunden. Sie lassen uns die Atmosphäre der Stadt atmen. Die Kastanienallee - eine der bekanntesten Straßen in Prenzlauer Berg - wird sowohl in *Bauchlandung* als auch in *Liebediener* erwähnt. *Bäuchlings*, die erste Kurzgeschichte in *Bauchlandung*, fängt so an:

Ich knie auf dem Parkett vor dem Sofa und beobachte Luise, wie sie schläft ... Draußen Zionskirchplatz ohne Verkehr, auch von der Kastanienallee höre ich wenig...[27]

In dieser Kurzgeschichte erzählt uns die Autorin von ihrer Schwester Luise und einem gewissen Olek, der sie am frühen Morgen besucht. Die Erzählerin will Luise nicht wecken, um sie nicht zu stören, und so beginnt ein erotisches Spiel zwischen Olek und ihr. In dem kurzen Auszug, den ich unten zitiere, kann man Francks Fähigkeit erkennen, eine erotische Erfahrung aus weiblicher Sicht ohne Scham zu beschreiben:

… [Olek] sieht an mir hinunter, auf meine nackten Beine, und fragt: »Hast du unter dem Kleid etwas an?« Unwillkürlich muß ich an mir hinuntersehen, auf die nackten Beine, die glänzen, die nackten Füße in Luises Schuhen. Sollte das Kleid durchsichtig sein? Ich muß denken: Was fällt ihm ein? Und: Mit so einem vergnügt sich Luise? Luise? Und sie? Trägt sie unter ihren Kleidern etwas?[28] *(28) Ich gehe zur Spüle, drehe den Hahn auf und trinke. »Und du?«, frage ich zurück ... Olek kommt zu mir an die Spüle, er stellt sich so dicht hinter mich, daß ich mich nicht mehr zu ihm umdrehen kann, und legt seine flache Hand auf meine Hüfte … Ich stelle mir vor, wie er hinter Luise steht, wie seine andere Hand zwischen ihren Backen der Seide folgt, nach unten gleitet, sich hart zwischen ihre Schenkel schiebt, wie er sich an sie drückt, seine Finger an ihr näßt, und wie er ihr Kleid hochschiebt und in sie stößt, während ihre Brüste über dem Spülbecken hängen … »Nein«, sagt er, »ich, nicht«, und ich spüre ihn flüchtig, seine Erregung, kurz nur, die meinen Hintern sucht, als ich die Küchentür höre – ich weiß, daß er nackt unter der Hose ist – und ich zur Seite schaue, Luise ansehe, die vor uns steht...*[29]

Francks Meisterwerk ist für mich *Lagerfeuer*, wo sich die Erfahrungen der Schriftstellerin als Kind widerspiegeln, als sie mit ihrer Familie im Aufnahmelager Marienfelde in der Bundesrepublik Deutschland landete. Die Sprache ist direkt und sehr stark und stellt eines der häufigsten Themen in der Literatur im Deutschland der letzten Jahre dar: den Unterschied zwischen den Ost- und West-Bürgern. Diese wurde insbesondere für diejenigen deutlich, die die Ausreiseerlaubnis von der DDR-Regierung erhalten hatten und mit dem kapitalistischen System konfrontiert wurden. Die Anfänge waren schwierig

27 Erzählung »Bäuchlings« in: Julia Franck, *Bauchlandung - Geschichten zum Anfassen*, dtv, München, 2002; S. 7

28 Ebenda; S. 13

29 Ebenda; S. 14f.

und schockierend für sie:

Inzwischen hatte ich längst bemerkt, dass keins meiner Kinder Freunde gewann oder auch nur zu einem Kindergeburtstag eingeladen wurde. Katja behauptete, es liege an der kleinen blonden Puppe, die sie nicht habe, wie sie ja auch nicht die richtige Kleidung habe (...) Aleksej dagegen war eines Tages nach Hause gekommen und hatte beiläufig erzählt, sein Banknachbar Olivier habe ihm heute erklärt, warum er ihn nicht zum Geburtstag einladen könne; aus zweierlei Gründen, zum einen brächten die Lagerkinder nie richtige Geschenke mit, wie auch, so ganz ohne Geld, zum anderen würden sich die anderen wundern, wenn er einen wie ihn einlade...[30]

Eine andere erfolgreiche Schriftstellerin ist **Ricarda Junge** (geb. 1979 in Wiesbaden), die mit *Silberfaden* bekannt wurde. In diesem Kurzgeschichtenbuch erzählt sie ihre viele Abenteuer in Berlin, New York, Leipzig, Krakau usw. Ihre Sprache ist einfach und direkt. Die Sätze sind kurz. Ihre Themen sind die von der Generation Golf. Auch sie zeichnet einen Frauentyp nach, der sich von dem der Vergangenheit unterscheidet. In *Barenberg* sind die Rollen von Mann und Frau vertauscht, wobei die Frau zur Jägerin und der Mann zur Beute wird. Er kann keinen Sex mit einer Frau haben, die er nicht liebt, und schläft ein:

Nachdem wir eine Flasche Wein getrunken hatten, fing Barenberg an, richtig albern zu werden. Er sagte, ich sei eine wirklich schöne Frau, am besten gefiele ihm meine Stimme … Er zog sich die Jeans aus, weil sie ihm unbequem wurde, saß mit kaum behaarten Beinen in gepunkteten Boxershorts und Wollpulli vor dem Bett und sang John Lennons »Imagine« in die leere Weinflasche … Er sagte, ich liebe dich nicht, also darf ich nicht mit dir schlafen … Barenberg! Brülle ich. Barenberg, verdammtes Arschloch, Wichser, Mädchen! Er hört nichts. Er schläft wie ein Toter … Ich schnuppere noch einmal den Treppenhausgeruch, dann drücke ich die Haustür auf und trete auf die Straße. Der Schnee ist gelb und klumpig gefroren. Es ist scheißkalt ... Ich habe Barenberg das Rauchen beigebracht, dass man Alkohol trinkt und mit Frauen schläft, ohne sie zu lieben.[31]

In *Ostwärts*, das in Berlin, Leipzig und Krakau spielt, fällt die Idealisierung der deutschen Hauptstadt von Miriam auf:

Die Stadt hatte einen eigenartigen Geruch ... Miriam trug einen Armeeanorak mit Kapuze und zog einen Koffer hinter sich her. Der Koffer kippte zur Seite, sie hatte Mühe, ihn wieder aufzustellen. Dann zog sie ihn unter das Wellblechvordach des Hörsaalgebäudes. Auf dem Koffer klebte ein

30 Julia Franck, *Lagerfeuer*, dtv, München, 2005; S. 171

31 Erzählung *Barenberg* in: Ricarda Junge, *Silberfaden*, Fischer, Frankfurt am Main, 2003; S. 29f.

weißer, länglicher Sticker mit der Aufschrift: »Ich liebe Berlin«…[32]

Tanja Dückers wurde 1968 in Ostberlin geboren. Dank zahlreicher Stipendien ist sie viel gereist. Sie war in Städten wie Barcelona, Prag, Krakau und Los Angeles. Ihr bekanntester Roman ist *Spielzone*, ein Buch über das Berliner Nachtleben in den neunziger Jahren. Das Buch ist in zwei Kapitel unterteilt: Das erste findet in der Thomasstraße und das zweite in der Sonnenburger Straße statt. Beide Straßen befinden sich in Berlin: Die erste aber ist im Bezirk Neukölln, ein damals langweiliger Ort, wo nichts passierte und wo es wegen der Pittbulls und sozialen Konflikte ein wenig gefährlich war. Die zweite gehört zum Bezirk Prenzlauer Berg, damals Kulturzentrum der Stadt und berühmt für seine Nachtpartys. Auch Tanja erwähnt die Kastanienallee:

Die Sonnenburger, die Schönhauser, die Kastanienallee, eine wunderbare Grauzone, nicht mehr Osten, noch nicht Westen, genau richtig, um sich selber auszutesten.[33]

Tanja beschreibt schamlos eine Dreiecksbeziehung: zwei Männer und eine Frau. Auch hier ist die Sprache direkt. Die Protagonisten sind jung, sie wollen experimentieren, und Berlin bietet ihnen diese Möglichkeit.

Alexa Hennig von Lange wurde 1973 in Hannover geboren und arbeitet ebenfalls als Schriftstellerin. Im Jahr 2000 wurde *Mai 3D* veröffentlicht: ein Tagebuchroman über die Berliner Kulturszene, herausgegeben in Zusammenarbeit mit Daniel Haaksmann und Till Müller-Klug.

Es gibt andere wichtige Schriftstellerinnen, die ich im Kapitel über die Türken erwähnen werde.

32 Erzählung *Ostwärts* in: Ebenda; S. 65

33 Tanja Dückers, *Spielzone*, AtV, Berlin, 2005; S. 108

Die Schriftstellerin Jenny Erpenbeck beim internationalen literaturfestival berlin 2015

Türken in Berlin

Um sich nicht in Wiederholungen zu verlieren, verweist der Autor auf die bisher erschienene gängige türkische Berlin-Literatur.[1]

Wie schön sind die Nächte in Berlin, wenn es schneit. Es hat ein weiches Herz, Berlin, die Kinder frieren nicht, die Kälte ist für sie ein Wintermärchen. In den Kneipen dreht sich mein Kopf mit heißem Wodka, die Zeit wird dich küssen...[2]

Die starke Präsenz der Türken in Berlin hat historische Wurzeln, die bis vor dreihundert Jahren zurückreichen:

Der Beginn der diplomatischen Beziehungen seit der Mitte des 18. Jahrhunderts spiegelte sich in einer regelrechten »Türkenmode« in der abendländischen Gesellschaft. »Datteln essen gehört zum guten Ton in Berlin, und die Gecken pflanzen sich einen Turban aufs Haupt«, ist ein Wort Friedrich II überliefert (...) In Literatur und Theater wurden die Türken zum »Inbegriff von Weisheit und Güte«, auch zur »Projektionsfläche exotischer Phantasien« zur politischen Metapher. In Kunst, Architektur, Mode und Wissenschaften wurden türkisch-osmanische Einflüsse spürbar...[3]

Die Türken haben die Kultur der deutschen Hauptstadt stark beeinflusst, sie haben Spuren in der Literatur, Politik, Mode, Wirtschaft usw. hinterlassen. Und genau wie alle anderen, die in Berlin gewohnt haben, haben sie die Gegenwart der Stadt als Zeitzeugen erlebt und schriftliche Beweise hinterlassen (eine andere Möglichkeit, die Vergangenheit dieser Metropole kennenzulernen, die, wie schon erzählt, viel von ihrem historischen Erbe verloren hat). Genau wie der Arzt und Dichter **Cenab Şahabeddin** betont:

Tatsächlich hat Berlin sich gewandelt, wandelt sich noch und wird sich zweifellos auch weiterhin wandeln: denn es ist jung. Wer in einer Stadt Vergangenheit sucht, dem wird Berlin nicht gefallen...[4]

Bei der Analyse einiger türkischer Schriften ab den zwanziger Jahren wurde mir klar, dass wir alle wichtigen historischen Stationen Berlins von den Goldenen Zwanzigern über die Nazi-Machtübernahme bis zu den Bombenanschlägen, bis zur Mauer und bis heute nachvollziehen können. Indem ich die Texte der Autoren sprechen lasse, gebe

1 Ingeborg Böer, Ruth Haerkötter, Petra Kappert, *Türken in Berlin 1871 – 1945; Eine Metropole in den Erinnerungen osmanischer und türkischen Zeitzeugen*, de Gruyter, Berlin · New York, 2002; S. 266

2 Emine Sevgi Özdamar, *Seltsame Sterne starren zur Erde*, KiWi, Köln, 2004; S. 104

3 Ingeborg Böer, Ruth Haerkötter, Petra Kappert, *Türken in Berlin 1871 – 1945; Eine Metropole in den Erinnerungen osmanischer und türkischen Zeitzeugen*, de Gruyter, Berlin · New York, 2002; S. 4

4 Ebenda; S. 170

ich einen Vorgeschmack auf diese historischen Zeugnisse. Bereits 1919 gab es eine Türkengemeinschaft, die hauptsächlich aus Studenten bestand:

Dieser flotte Student, der die Vergnügungen der Metropole genoß, engagierte sich jedoch auch im legendären »Türkischen Club«, Treffpunkt und Heimat der Türken in Berlin und damals im ersten Stock eines Eckhauses Bleibtreustraße und Kurfürstendamm untergebracht...[5]

Sabahattin Ali ist einer der Studenten, die ein Stipendium für die deutsche Hauptstadt erhalten hatten. Ali wird Schriftsteller und zwei seiner Kurzgeschichten spielen in Berlin: *Die Madonna im Pelzmantel* und *Die Schönheit von Kostanza.* In *Die Madonna im Pelzmantel* erzählt er von dem türkischen Studenten Raif, der sich in die halbjüdische Malerin Maria verliebt. Die Handlung fängt die berauschende Atmosphäre der Goldenen Zwanziger ein. Es gibt auch eine gute Beschreibung des Romanischen Cafés, des berühmtesten Cafés der 1920er Jahre. Was ich aber am meisten fasziniert, ist, dass sich türkische Männer, die die Atmosphäre der Freiheit und Unabhängigkeit Berlins leben, auch emanzipierte Frauen wünschen:

Sabahattin Ali, der stets für »Gleichberechtigung und Freiheit« in Liebe und Partnerschaft und gegen die Unterdrückung der Frau eintrat, gelang es, mit der »Madonna im Pelzmantel« einen neuen Frauentyp aufzuzeigen...[6]

Niyazi Berkes ist Zeuge der ersten Manifestation der Nazis:

Eines Morgens muß ich wohl sehr früh oder sehr spät dran gewesen sein, denn als ich einen Blick in den Speisesaal warf, fand ich ihn leer. Ich ließ mich an einem Tisch ganz am Ende des Saals nieder, hatte auch schon mein Frühstück bestellt, als plötzlich einer dieser Männer hereinkam und aus voller Kehle »Heil Hitler« brüllte...[7]

Die Sängerin **Saadet İkesus** ist Augenzeugin der sogenannten *Kristallnacht*:

Ich arbeitete in meinem Zimmer, als die Wohnungsbesitzerin hereinkam. Ihre Augen waren gerötet, und ich fragte sie, warum sie geweint habe. Sie seien ja jüdisch, und ihr Mann und ihr Sohn seien die ganze Nacht im Auto hin- und hergefahren, um nicht gefaßt zu werden. Die SS habe die Geschäfte gestürmt und deren Besitzer verhaftet, darunter auch der Eigentümer des Damenwäschegeschäftes Neumann, in dem ihr Sohn arbeitete. Wir waren beide fassungslos. Es war die Kristallnacht, wie

5 Ebenda; S. 313
6 Ebenda; S. 232
7 Ebenda; S. 256

sie später genannt wurde. Meine Wirtin zeigte auf ein Metallkästchen in ihren Händen und sagte: »In diesem Kästchen sind alle unsere Wertsachen. Bitte bewahren Sie sie auf. Man durchsucht die Häuser...«[8]

M. Turhan Tan, ein türkischer Schriftsteller erfolgreicher historischer Romane und Lehrer für Geographie, Geschichte und Literatur, erlebte den Höhepunkt des Hitler-Regimes:

In den Tagen meines Deutschland-Aufenthaltes donnerte die Erregung des Anschlusses durch die Herzen und Straßen. Ich habe selbst das lautstark begeisterte Pulsieren, den gleichstarken, harmonischen Pulsschlag Zehntausender Berliner Hirne, die drei langen Reden des Führers lauschten, vernommen. Zehntausende waren »eins« geworden, und aus den Herzen aller brach eine einzige Stimme hervor...[9]

H. Kuraoğlu erlebte das letzte Kriegsjahr in der Stadt und beschrieb uns diese schrecklichen und tragischen Tage:

Ich glaube nicht, dass ich übertreibe, wenn ich sage, daß für 200 g Kaffee ein Fahrrad, ein Fotoapparat oder sogar ein großes Radio besorgt werden konnte (...) Der verfluchte Lärm der Einschläge schwerer Bomben, das unausgesetzte heftige Wackeln der Häuser wie bei einem Erdbeben und schließlich Feuer und Brände belasten die Nerven auf das ärgste. Manche fallen in Ohnmacht oder drehen durch. Leute, die den Verstand verloren haben, laufen aus dem Keller auf die Straße, wo ein schreckliches Schicksal sie erwartet. Brandbomben, die auf Wege und Straßen aus Holz und Asphalt fallen, lassen den Asphalt schmelzen, so daß die Straßen in ganzer Länge brennen und sich in einen Fluß aus Feuer und Flammen verwandeln...[10]

Vor dem Zweiten Weltkrieg waren die Türken, die nach Berlin zogen, Studenten, Künstler, Touristen usw. Ab den sechziger Jahren kamen sie nach dem Konflikt aufgrund der Armut ihres Heimatlandes als Gastarbeiter. Sie suchten verzweifelt nach Jobs und mussten große Familien unterstützen. Vielen ihrer Kinder gelang es jedoch, die schlechten sozialen Verhältnisse wieder gut zu machen. Berlin bot ihnen zahlreiche Möglichkeiten, insbesondere auf künstlerischer Ebene:

Durch die Immigrationswelle in den Sechzigern hat sich die Zahl der Türkeistämmigen vergrößert. Ca. 2 Millionen Zugewanderte aus der Türkei leben in Deutschland, davon leben derzeit 140.000

8 Ebenda; S. 318

9 Ebenda; S. 267

10 Ebenda, S. 298f.

in Berlin (...) Zunächst waren sie »Gastarbeiter«. Dafür wurde ihnen eine vielversprechende Karriere angeboten: »Vom Bauern zum Akkordarbeiter in der Fabrik!«[11]

Im Juli 1965, nach drei Tagen und drei Nächten im überfüllten Sonderzug auf der Wanderarbeiterklasse, kam meine Mutter eher tot als lebendig mit ihrem damals sieben Monate alten Kind im Münchner Hauptbahnhof an (...) Wenige Stunden später saß die zusammengeführte Familie in einem der vielen Transportwaggons auf der Fahrt nach Berlin (...) Die eigentliche Enttäuschung stellte sich bei dem Anblick unserer neuen Behausung im verheißenen Land ein: Eine zwölf Quadratmeter große Einzimmerwohnung mit Nasszelle und abgegliederter Küchenzeile, ein schauriges Kabuff, das meine Eltern ein halbes Jahr lang mit einer anderen Gastarbeiterfamilie teilen sollten[12] *(...) Auch wenn die meisten nach Deutschland mit dem Gefühl aufbrachen, das große Glück habe nach ihnen gepfiffen, und nach ihrer Ankunft mit dünner Armeleutegrütze vorlieb nehmen mussten – sie alle hielten daran, dass Arbeitsamkeit die beste Lotterie sei. Also füllten sie Fabrik- und Montagehallen, standen oder saßen am Fließband, wuschen und putzten Böden blank, bekamen eine Anstellung bei der Müllabfuhr oder verdingten sich als Toilettenpförtner...*[13] *(...) Heute sind meine Schwester und ich die ungeratenen Kinder, auf die unsere Eltern stolz sind. So hatten sie sich das nicht vorgestellt, die Tochter eine Schauspielerin, der Sohn ein Wort- und Schriftsetzer. Die Jahre der Kämpfe um unsere Zukunft liegen zurück, der Unfriede ist gebannt...*[14]

Das oben erwähnte literarische Zeugnis stammt von **Feridun Zaimoglu**, geboren 1964 in Bolu in der Türkei, aufgewachsen in Deutschland und berühmt für seine zahlreichen Romane, in denen er die deutsch-türkische Jugendsprache verwendet. In vielen Titeln seiner Bücher findet man das Wort »Kanak«, mit dem sich die Deutschen abfällig auf Einwanderer aus dem Nahen Osten und insbesondere auf Türken beziehen: *Kanak Sprak*, *Kopf und Kragen* und *Kanak-Kultur-Kompendium*. 2003 wurde er mit dem Ingeborg-Bachmann-Preis ausgezeichnet, und sein Buch *Abschaum - Die wahre Geschichte von Ertan Ongun* (1997) wurde 2000 unter dem Titel *Kanak Attack* auch verfilmt. Der Autor gehört zu der neuen türkischen Generation, die sich in den 90er Jahren in Berlin künstlerisch etabliert hat und deren Bücher immer ganz oben im Verkauf stehen. Natürlich gab es auch von früheren Generationen türkische Schriftsteller, die sich mit dem Thema Einwanderung befasst haben, insbesondere in Berlin.

Die bekanntesten sind **Aras Ören** (*Bitte nix Polizei*, *Kreuzberg Antalilari*, *Berlin-Savignyplatz*) und **Emine Sevgi Özdamar** (*Die Brücke vom Goldenen Horn* und *Seltsame*

11 Artikel von Ipek Ipekcioglu, *Berlin à la Turka*, in: Hans-Jörg Clemens, *Szene Berlin - Ein Kultur-Lesebuch*, Bostelmann & Siebenhaar, Berlin, 2003; S. 234

12 Aus der Erzählung *Kanak Attak: Rebellion der Minderheit* in: Feridun Zaimouglu, *Kopf und Kragen · Kanak-Kultur-Kompendium*, Rotbuch, Hamburg, 2006; S. 8

13 (13) Ebenda; S. 9

14 Ebenda; S. 19

Sterne starren zur Erde). Das Buch *Seltsame Sterne starren zur Erde* hat heute einen starken historischen Wert in Bezug auf die Zeit, in der die Stadt in zwei Teile geteilt war:

> *Vielleicht hatte der Hund sich nur verlaufen, aber ein Ostberliner Hund war es nicht. Auch die Hunde konnten nicht über die Mauer...*[15] *(...) Als ich in Westberlin aus der S-Bahn stieg, staunte ich. »Hier regnet es ja wie im Osten« ... Dirk stellte mich vor: »Hier ist die einzige Türkin, die nicht nach Westberlin, sondern nach Ostberlin geht.«*[16] *(...) Auch die Mauer war zur Westseite hin voller Sprüche, wie die Toilettenwände in den Studentenkneipen ... ALLE ROTEN IN DIE GASKAMMER, IST WESTBERLIN DIE CLITORIS DER DDR?*[17]

Wie bereits erwähnt, gab es in den neunziger Jahren in Berlin ein echtes türkisches Phänomen, und vor allem Frauen waren erfolgreicher. Aus dem folgenden Zitat aus Clements Buch über die Kulturszene der Hauptstadt der neunziger Jahre kann man sich ein Bild davon machen:

> *Die Musikerin AZIZA A. gehörte ebenfalls zu der Gruppe Kanak Attack. Die in Berlin-Steglitz aufgewachsene Wahl-Kreuzbergerin sorgte vor fünf Jahren mit ihrer Debüt-CD »Es ist Zeit« für Schlagzeilen. Seitdem gilt sie als das weibliche deutsch-türkische Aushängeschild des Oriental HipHop und passt perfekt ins Klischee der aufmüpfigen Rapperin, die sich gegen die türkische Tradition stemmt (...) Nubün, eine Frauenband, die kurdischen Jazz spielt, hat ebenfalls die Berliner Musikszene geprägt (...) Zum ersten Mal fand dieses Jahr das »Türkische Filmfest« im Zoopalast mit Produktionen aus der Türkei und anderen Ländern statt. Regisseur Neco Celik versucht in seinem Debütfilm »Alltag« (2003) aus der Sicht eines deutschen jungen Mannes, der in Kreuzberg aufgewachsen ist, einen Tag und eine Nacht lang eine Kreuzung in Kreuzberg, genauer gesagt Naunyn-Ecke Mariannenstraße, darzustellen. Die Wahl-Kreuzbergerin Nursel Köse hat sich als Kabarettistin, Regisseurin, Autorin, Lyrikerin und Dramaturgin seit langem einen Namen gemacht. In »Anam« tritt sie erstmals als Hauptdarstellerin in einem Kinospielfilm auf. Der Film beschreibt die Emanzipationsgeschichte einer türkeistämmigen Putzfrau, die aus den Konventionen ihrer Ehe heraus und aus Liebe zu ihrem Sohn gegen das Drogenmilieu kämpft. Nursel Köse und Serpil Ari, beide Gründerinnen der Frauenkabarettgruppe Die Bodenkosmetikerinnen, arbeiten aktuell an ihrem neuen Programm…*[18]

Die zwei wichtigsten Autorinnen der letzten Jahre sind Yadé Kara und Dilek Zaptcioglu.

15 Emine Sevgi Özdamar, *Seltsame Sterne starren zur Erde*, KiWi, Köln, 2004; S. 15

16 Ebenda; S. 40f.

17 Ebenda; S. 65

18 Artikel von Ipek Ipekcioglu, *Berlin à la Turka*, in: Hans-Jörg Clement, *Szene Berlin - Ein Kultur-Lesebuch*, Bostelmann & Siebenhaar, Berlin, 2003; S. 237f.

Yadé Kara, geboren 1965 in der Türkei, gibt uns mit ihrem Buch *Selam Berlin* ein funkelndes Zeugnis jener unwiederholbaren und außergewöhnlichen Tage des Mauerfalls, deren Auswirkungen bis heute andauern:

Trabis fuhren durch den Grenzübergang Bornholmer Straße nach Westberlin[19] *(...) Ostberliner liefen im Fernsehen und aus dem Fernsehen heraus durch die Mauer am Checkpoint Charlie vorbei direkt in den Westen auf den Kurfürstendamm. Glückliche, fröhliche Leute im Café Kranzler.*[20] *(...) Plötzlich standen Straßen, Plätze, Orte meiner Kindheit im Interesse des Weltgeschehens. Autos hupten, Leute brüllten, grölten, jubelten und feierten bis spät in die Nacht. Sie tanzten, lachten und sangen auf ein neues Berlin. Ich wollte voll in die Berlin-Party miteinsteigen und alles mitmachen, ja, genau, das wollte ich*[21] *(...) Die Ostleute hatten beige und graue Jacken an. Darin sahen sie so brav aus. Sie waren nicht so fett wie die Westberliner. Nein, sie wirkten fade und dünn. Aber ihre Augen waren wach. Sie sahen sich alles genau an. Den Bahnhof, die bunte Sexreklame von Beate Uhse, die freien Malboro Männer am Kiosk. Die lachenden Blondinen auf den Titelseiten von Playboy, Vogue, Marie Claire und Cosmopolitan. Alles Helle und Glitzernde, was der Westen bot: Kinderschokolade, Toblerone, Ricola, Wrigley's Kaugummis und Pall Mall Zigaretten – alles war greifbar nahe.*[22] *(...) Am U-Bahnhof Wittenbergplatz stiegen viele aus. Was war denn hier los? Ehe ich mir alles zusammenreimen konnte, stiegen schon die ersten mit KaDeWe-Tüte ein. Na klar, »Kaufhaus des Westens«. Da wäre ich auch als erstes hingegangen.*[23] *(...) Ich kämpfte mich durch die Massen und lief Richtung Brandenburger Tor. Hier waren mehr Journalisten als Berliner. Mit Kameras, Stativen und Objektiven ausgerüstet, standen sie frierend vor der Mauer und nuschelten in die Mikrofone von BBC, CNN, abc, Channel four, TRT, ARD, ZDF ... Ein Gemurmel, ein Gesudel, ein Gemisch in allen Sprachen dieser Welt ... »The Berlin Wall ... «, »... le gouvernement d'Allemagne ... «, »artik yeni bir sayfa allmanya tahrihinde basladi ... «, »Berliskaja stjena ruchnula ... « ging von der Berliner Mauer in die Leitungen, stieg in den blassen Himmel, verließ die Erde und gelangte zu den Satelliten im All, und von dort landeten Bilder und Kommentare von Wachposten, frierenden, tanzenden, hämmernden Berlinern in allen Wohnzimmern dieses Globus. Alle warteten auf die Öffnung des Brandenburger Tors – und die ließ auf sich warten, lange warten. Auf der Westseite der Mauer hämmerten die Leute auf die Mauer ein, was das Zeug hielt, und die Mauer hielt einiges aus. Ich blieb stehen und rieb mir die Hände warm. Einige Kiddis hatten die Gunst der Stunde erkannt und handelten schnell. Sie besprühten Mauerreste bunt und klebten sie auf Holz. Die Touristen aus Kyoto, Miami und L.A. griffen zu. In New York und Tokio wurden diese Graffititeile für harte Dollars und knallharte Yen versteigert. Ein alter Mann im grauen Mantel kam auf mich zu. Ich wollte ihm gerade aus dem Weg gehen, da sprach er mich an: »Junger Mann,*

19 Yadé Kara, *Selam Berlin*, Diogenes, Zürich, 2003; S. 8

20 Ebenda; S. 8

21 Ebenda; S. 8f.

22 Ebenda; S. 21

23 Ebenda; S. 22

können Sie nisch mal?«. Und er zeigte auf ein Graffiti mit grünen Köpfen und rotem Stern an der Mauer. Seine Hand zitterte. »Na klar«, hörte ich mich sagen. Schließlich war ich kein Unmensch. Er reichte mir Hammer und Meißel, und ich sah, daß er schwarze Flecken auf dem Handdrücken hatte. Endlich konnte ich loslegen. »Nur den Stern«, sagte er zittrig[24] *(...) In Rumänien wurde Ceausescu inhaftiert. Erich Honecker verließ die DDR und haute ab nach Chile. Der ganze Ostblock brodelte. Die Ereignisse überschlugen sich, niemand hatte den Überblick, und eine neue Freiheit tauchte auf der Bühne des Weltgeschehens auf. In Berlin bekamen wir diese neue Freiheit zu spüren. Der Schwarzmarkt blühte. Russen, Rumänen, Polen bevölkerten die Elektrogeschäfte von Westberlin. Der Devisenhandel am Bahnhof Zoo wuchs, und Russisch und Polnisch wurden dort zur Geschäftssprache. Ganz Berlin war ein einziger Jahrmarkt...*[25]

Dilek Zaptcioglu gibt uns nicht nur Zeugnis von einigen bereits behandelten Themen, sondern führt uns auch in die verstörende Situation zwischen Türken und Neonazis ein. Ihr Roman *Der Mond isst die Sterne* auf erhielt 1999 den Gustav-Heinemann-Friedenspreis; unter dem Vorwand eines Sturzes von Ömers Vater - Seyfullah - in die Spree, der möglicherweise von den Naziskins verursacht wurde, bringt die Autorin nach und nach zahlreiche, manchmal brennende Argumente für das heutige Berlin vor (die Probleme zwischen Türken und Deutschen - wie man erfährt - haben mit dem Mauerfall begonnen):

In Berlin lebten die Türken bis jetzt friedlich mit den Deutschen zusammen. Aber der Mauerfall hat die Atmosphäre in der Stadt völlig verändert. Nun scheint die neue Hauptstadt erneut zum Symbol des hässlichen Deutschland zu werden. Ist die Mauer auf die Köpfe der Türken gefallen?[26] *(...) Das Gespräch kam zwangsläufig auf den Skin, der sich kurz nach dem Mauerfall auf der Suche nach seinen Blutsbrüdern im Wessiland tatsächlich nach Kreuzberg verwirrt hatte. Er war ahnungslos in einem türkischen Gemüseladen gegangen und hatte nach einer Straße in Moabit gefragt. Als er gemerkt hatte, dass er im falschen Berlin gelandet war, war er Hals über Kopf getürmt, der Ladenbesitzer gleich hinterher, und als der Skin sich erschreckt umdrehte, um zu schauen, wer da auf seine Schulter klopfte, hatte er nur eine fette, lange Banane erblickt. Die ganze Oranienstraße hatte Tränen gelacht, allen voran der türkische Gemüsemann, der auf seine Schenkel klopfte und sich vor Lachen bog, während der Skin mit kreidebleichem Gesicht die Banane schälte, in Sekundenschnelle aufaß und in der U-Bahn verschwand...*[27] *(...)*
»Weißt du, wie viele Türken in dieser Stadt leben?« fragte er zurück. Ich zuckte mit den Achseln. »Hundertsiebzig-, hundertachtzigtausend, wenn man die illegalen nicht mitzählt. Wenn wir nicht

24 Ebenda; S. 46f.
25 Ebenda; S. 44
26 Dilek Zaptcioglu, *Der Mond isst die Sterne auf*, cbt, München, 2006; S. 38
27 Ebenda; S. 70f.

verfolgen, was bei euch los ist, könnten wir tatsächlich einpacken«
»Anstatt die Türken zu bespitzeln, sollten Sie sich lieber hinter die Nazis klemmen. Die machen doch den Ärger und nicht wir.«
»Oh doch, ihr macht auch genug Ärger«, sagte er...[28]

Im weiteren Verlauf der Geschichte lernt der Leser die vielen türkischen Clubs kennen, zum Beispiel den *Irmak* am Kottbusser Tor, und wie junge Türken das Nachtleben und die Kultur Berlins beeinflusst haben. Ömers Bruder Adnan führt ein erfolgreiches Geschäft:

Unser Diwan befand sich in der Nürnberger Straße, die sich erst später in eine türkische Vergnügungsmeile verwandelt hat. Früher gab es hier nur ein einziges Restaurant, dann eröffneten sie alle: Diwan, Pascha, Mavi, Paparazzi.[29]

Der Roman endet mit Seyfullahs Tod und Beerdigung. In der Aufmerksamkeit der Medien ist der Sarg in die Flagge seiner Nation gehüllt, und während er mit seinem Tod zu seiner türkischen Herkunft zurückkehrt, begibt sich der Sohn auf den Weg in seine Zukunft; eine rosige deutsche Zukunft, die durch diese Ausbildung garantiert wird und die ihn niemandem unterlegen macht:

Der Sarg meines Vaters wurde in die türkische Fahne gehüllt, Fernsehkameras und Reporter belagerten den kleinen Moscheenhof, Übertragungswagen und Kabelrollen versperrten der Gemeinde den Weg.[30] *(...) Kenan und ich gingen beide nach Hamburg. Kenan begann ein Medizinstudium und ich ließ mich für Jura einschreiben.*[31]

28 Ebenda; S. 52f.
29 Ebenda; S. 67
30 Ebenda; S. 214
31 Ebenda; S. 216

Oben: die Schriftstellerin Emine Sevgi Özdamar

Unten: Ayşe Erkmen, *Evde - Am Haus*; Es wurde 1994 erbaut und unterstreicht die historische Bedeutung der Türken in Berlin, insbesondere in Kreuzberg, und wie sie das kulturelle Leben der Stadt beeinflussten.

1. Allgemeine Übersicht der Berliner Theater

3. Szene
»Taxi 2«
(Steffi im Taxi. Florian kommt zurück.)

STEFFI Glauben Sie mir, ich hätte es ihnen gegönnt!
FLORIAN Mist. – Was kann man denn sonst noch gucken?
STEFFI kommt darauf an, was Sie wollen.
FLORIAN Egal. Hauptsache Theater.
STEFFI Na, Sie sind witzig! Also: Volksbühne, Deutsches Theater, Berliner Ensemble, Maxim-Gorki-Theater, Renaissance-Theater ...
FLORIAN Jaja
STEFFI Sie können auch in die Komödie am Kurfürstendamm oder in die Neuköllner Oper! Oder wie wär's mit dem Gripstheater? Der Vagantenbühne? Sophiensäle? Theater unterm Dach? Kriminaltheater, Theater am Halleschen Ufer, Tribüne, Zerbrochene Fenster, Hansa-Theater …
FLORIAN Schon gut, schon gut.
STEFFI Man hat ja immer nur die sogenannten großen Häuser auf der Platte, aber das ist ungerecht. Ich hab mal gehört, es gibt alles in allem etwa 120 Theater in Berlin. Ob das stimmt, weiß ich nicht, aber viel weniger werden's wohl nicht sein.[1]

Wie aus dem Stück von Jörg Hartmann hervorgeht, weist das heutige Berlin eine eindrucksvolle Theaterpräsenz auf. Die Theater waren schon immer wichtig für die Stadt, die zusammen mit all den anderen kulturellen Aktivitäten in den zwanziger Jahren des letzten Jahrhunderts besondere Berühmtheit erlangt haben. Genau die zwanziger Jahre, *die goldenen Jahre*, in denen der Mythos Berlin geboren wurde, unterbrochen durch die Nazi-Diktatur, den Zweiten Weltkrieg und später durch die Teilung der Metropole und schließlich nach dem Mauerfall wiedergeboren:

Berlin wurde in den 1920er Jahren zum unumstrittenen kulturellen Mittelpunkt Deutschlands, zum Anziehungspunkt für Schriftsteller und Journalisten, Musiker und bildende Künstler, Theaterleute und Filmemacher. Das Berliner Kunstleben war laut, experimentell und provozierend. Und vor allem politisch. Im Zentrum der breiten Aufmerksamkeit stand – und das ist selten – die junge

1 Jörg Hartmann, *Szene einer Szene. Dramatischer Versuch über die Berliner Theaterlandschaft.* In: Hans-Jörg Clement, *Szene Berlin – Ein Kultur-Lesebuch*, Bostelmann & Siebenhaar, Berlin, 2003; S. 101

Avantgarde. (...) Schreker und Schönberg, Hindemith und Weill, Furtwängler und Bruno Walter, Erich Kleiber und Otto Klemperer machten Berlin zum Zentrum der musikalischen Avantgarde, und für die Theaterszene stehen Namen wie Jessner und Fehling, Hilpert und Piscator, Reinhard und Brecht.[2]

Die Stadt hat ihren scheinbar grenzenlosen Laboratoriumscharakter erweitert und knüpft zugleich an Magie und Mythos der zwanziger Jahre an.[3]

Doch auch während der Mauerzeit behielten die Theater ihre Bedeutung, vor allem im Ostteil, wo sie mitunter die kritische Stimme in der offiziellen Kultur der Diktatur der DDR darstellten:

Ost-Berlin war politisch, wirtschaftlich und kulturell das Zentrum der DDR (...) Trotz des Ausspruchs des SED-Politbüromitglieds Kurt Hager »Kunst ist immer Waffe im Klassenkampf« konnten sich viele Kulturinstitutionen Ost-Berlins – oft gegen die Bevormundung der Funktionäre – internationales Renommee erwerben. Das galt für die Staatsoper und die von Walter Felsenstein gegründete Komische Oper, für das von Kurz Sanderling geprägte Berliner Sinfonie-Orchester, das Hausorchester des bis 1984 wiederaufgebauten Schauspielhauses (heute Konzerthaus am Gendarmenmarkt), für Europas größtes Revuetheater im Friedrichstadtpalast, für das Kabarett »Die Diestel«, vor allem aber für die Sprechtheater Ost-Berlins, die in Maßen immer wieder regimekritische Botschaften formulierten: das Deutsche Theater, die Volksbühne, das von Brecht begründete Berliner Ensemble und das Maxim-Gorki-Theater.[4]

Die DDR-Theater nahmen in diesen spannenden Monaten des Jahres 1989, die zur Wiedervereinigung von Stadt und Deutschland führten, zusammen mit den evangelischen Kirchen eine zentrale Rolle ein:

Ihren Kulminationspunkt erreicht diese anfangs kaum organisierte Bewegung in der großen Demonstration und Kundgebung von mehr als 500.000 Menschen am 4. November 1989 auf dem Alexanderplatz. Die Chronik der Ereignisse seit Anfang Oktober weist die drei großen Ost-Berliner Theater – Berliner Ensemble, Volksbühne und Deutsches Theater – als Katalysatoren der gegen Bevormundung, Unterdrückung und Zensur gerichteten Proteste aus...[5]

2 Arnt Cobbers, *Kleine Berlin-Geschichte – Vom Mittelalter bis zur Gegenwart*, Jaron Verlag, Berlin; S. 141f

3 Klaus Siebenhaar, *Kulturhandbuch Berlin – Geschichte & Gegenwart von A-Z*, Bostelmann und Siebenhaar Verlag, Berlin, 2001; S. 41

4 Arnt Cobbers, *Kleine Berlin-Geschichte – Vom Mittelalter bis zur Gegenwart*, Jaron Verlag, Berlin, S. 190

5 Klaus Siebenhaar, *Kulturhandbuch Berlin – Geschichte & Gegenwart von A-Z*, Bostelmann und Siebenhaar Verlag, Berlin, 2001; S. 36

Nach dem Mauerfall siedelt sich die Kultur- und Theaterszene im »Wilden Osten« an, der nicht nur wegen der günstigen Mieten, sondern auch wegen der maroden architektonischen Besonderheiten am meisten fasziniert:

Der Fall der Mauer brachte die mittlerweile etablierten Strukturen zum Einsturz. Im Ostteil der Stadt wagten »abgewickelte« Schauspieler, Regisseure und Musiker den Neuanfang in der freien Szene. Sie bauten Lagerhallen und Hinterzimmer zu Theatern aus und verwandelten Jugendklubs in Kulturzentren. Zugleich zog es Westler in den wilden Osten: Halbverfallene Gebäude, verlassene Fabriken und leerstehende Altbauten im Zentrum der Stadt boten nie dagewesene Freiräume und lockten mit dem morbiden Charme der Anarchie.[6]

Die große und spannende Theatersaison der neunziger Jahre wird auch in der Literatur bezeugt, und zwar nicht nur in den Texten von Judith Hermann, sondern in vielen anderen Büchern, wie *Mai 3D: Ein Tagebuchroman*, der von drei Autoren geschrieben wurde: Alexa Hennig von Lange. Till Müller, Klug Daniel Haaksman. Durch die Tagebücher von drei Jungen schildert *Mai 3D* den Alltag aufstrebender Künstler in Berlin, die Hoffnungen und Schwierigkeiten, Erfolge und Misserfolge, Treue und Verrat, Liebe und Freundschaft auch am eigenen Beispiel erleben. Die drei Jungs sind Kai (Schriftsteller), Marc (Schauspieler) und David (DJ). Es folgt Davids leicht angewiderter Bericht über einen Theaterabend, den er auf Marcs Einladung besuchte (seiner Meinung nach werden diese Aufführungen zu einer übertriebenen gesellschaftlichen Veranstaltung, aber es lässt uns verstehen, wie wichtig das Theater in das Berlin der 90er Jahre wahrgenommen war):

Diese Theater-Events sind schon seltsam: Da braucht nur einer von diesen Gießenern irgendwo ein Stück inszenieren und schon sind alle da. Ein richtiges social event war das. Schauspieler, Regisseure, Autoren, Theaterwissenschaftler. Knackevoll. Die Frauen im taillierten Mantel, manche mit Turnschuhen, einige mit Stiefeln. Sind eigentlich immer ganz interessant angezogen, die Frauen bei solchen Veranstaltungen. Null designermäßig, eher so H&M plus ein paar wohlausgesuchte Secondhandstücke. Manchmal sind da richtig schöne Kleider dabei. Auf alle Fälle immer bunt.[7]

Es wäre absolut unmöglich, wenn man kein Mammutwerk machen will, über alle Theater zu schreiben. Stattdessen werde ich versuchen, einige von ihnen kurz zu beschreiben, mit dem Ziel, ihren Werdegang in den neunziger Jahren zu skizzieren. Ich werde der Volksbühne, die meiner Meinung nach und nach Meinung der Kritiker die größte Rolle spielte, mehr Raum geben.

6 Iris Brennberger-Zens, *Gut drauf und voll daneben – Die Berliner Off-Szene*, Argon Verlag, Berlin, 1995; S. 9

7 Alexa Hennig von Lange, Till Müller-Klug, Daniel Haaksman, *Mai 3D: Ein Tagebuchroman*, List, München, 2002; S. 17f.

Viele Berliner Theater tragen kleine Spuren der Vergangenheit der Stadt mit sich (siehe Kapitel: »Spuren der Vergangenheit«).

Das heutige **Theaterforum Kreuzberg** bietet beispielsweise zeitgenössische Musik und Theaterstücke. Doch kaum jemand weiß, dass sein Gebäude einst als Ballsaal diente und ein Treffpunkt für preußische Offiziere und Nazis war. Das **Podewil** bietet verschiedene kulturelle Veranstaltungen, darunter Theater, und widmet sich vor allem experimenteller und zeitgenössischer Kunst; aber früher:

> *Für 12000 Taler kaufte Graf Heinrich von Podewil im Jahre 1732 das Palais in der Klosterstraße, aber der Barockbau blieb nur 17 Jahre im Familienbesitz. Verkäufe folgten, Bomben und Brände beschädigten das Gebäude, in dem zu DDR-Zeiten das »Haus der jungen Talente« residierte. Heute erinnert nur noch der Name an den ehemaligen »Wirklichen Geheimen Kriegs-, Etat- und Kabinett-Minister«. Seiner jahrhundertealten Geschichte zum Trotz hat sich das Podewil der Tanz-, Theater- und Musik-Avantgarde verschrieben.*[8]

Das **Theater '89** in der Torstraße ist »Tochter« der Ereignisse des entscheidenden Jahres 1989: Es entstand als freies Theater, das nicht zu den staatlichen geförderten Theatern gehörte. Die Initiatoren waren eine Gruppe von Schauspielern aus Ost-Berlin. Das Hauptziel ist es, die in der DDR geborenen und aufgewachsenen Künstler zu fördern und durch ihre Werke zu versuchen, ihre Gegenwart zu verstehen und darzustellen, ohne die historischen Prozesse und gesellschaftlichen Entwicklungen, die dazu geführt haben, zu verachten.

Das **Berliner Ensemble** wurde 1949 von Bertolt Brecht und Helene Weigel gegründet: Aufgeführt wurden vor allem Klassiker und Werke von Brecht selbst.

Das traditionsreichste Theater Berlins ist sicherlich das **Deutsche Theater**, das neben der Inszenierung von Klassikern vor allem in den letzten Jahren auch zeitgenössische Stücke auf die Bühne bringt.

Das **Hebbel-Theater** ist ein traditionsreiches Theater mit internationalen Abenden, eingeweiht am 29. Januar 1908 mit dem Stück *Maria Magdalena* von Friedrich Hebbel. Nach dem schicksalhaften 1989 war plötzlich nichts mehr wie vorher:

> *Mit seinen neuen künstlerischen Konzeptionen seit 1989 unter der Leitung von Nele Hertling zählt die Bühne mit rd. 600 Plätzen heute zu den wichtigsten europäischen Foren des zeitgenössischen Theaters, des modernen Tanztheaters und des neuen Musiktheaters. Gemeinsam mit vergleichbaren Häusern in Amsterdam, Brüssel, Frankfurt am Main und Salzburg betreibt das Hebbel-Theater ein ambitioniertes Kooperationsprogramm, das auf gemeinsamen Produktionen basiert und dem Berlin eine Vielzahl von Gastspielen, u.a. der New Yorker Wooster Group oder des belgischen*

8 Iris Brennberger-Zens, *Gut drauf und voll daneben*, Aragon, Berlin, 1995; S. 54

Multimediakünstlers Jan Fabre verdankt.[9]

Das Gebäude des **Tacheles** ist 1909 als Einkaufszentrum, der Friedrichspassage, entstanden und gehörte zu den ersten Stahlbetonkonstruktionen in Berlin und zu einer der ersten »Konsumkathedralen«, die in unserer Gegenwart sehr verbreitet sind. Als Hitler an die Macht kam, besetzten Nazi-Organisationen viele Räume des Gebäudes. Die Struktur wurde während des Bombenangriffs im Zweiten Weltkrieg schwer beschädigt, der größte Teil blieb jedoch in gutem Zustand. Mit der Aufteilung Berlins in vier Sektoren gehörte das Gebäude zum sowjetischen Sektor und somit zur DDR. Für den 13. Februar 1990 war der Abriss des Gebäudes geplant. Aber es wurde dank der Intervention des Künstlerkollektivs Tacheles gerettet und schnell zu einem Zentrum experimenteller Jugendkultur und zu einer der meistbesuchten Touristenattraktionen der Stadt:

Die Besetzer okkupieren das Haus vor der ersten freien Wahl zur Volkskammer im März, vor dem Sprengtermin im April und vor der Wahl der Stadtverordnetenversammlung von Ostberlin im Mai 1990. Tagsüber stecken die Bauarbeiter Sprengstoff in die Bohrlöcher, nachts holen die Besetzer ihn wieder heraus. Den Namen Tacheles verdankt das Haus der gleichnamigen Freejazzcombo, in der einige Besetzer spielen. Ihr Hauptquartier ist der Eimer in der Rosenthaler Straße, wie das Haus mit der Nummer 68 genannt wird, weil die Besetzer angeblich überall in den Räumen Eimer vorgefunden haben. Sein vollständiger Name lautet I.M. Eimer. Das alleinstehende Gebäude, rechts und links davon befinden sich Brachen, ist gut einen Monat vor dem Tacheles, am Mittwoch, den 17. Januar 1990, durch Mitglieder der DDR-Bands Freygang, Ich-Funktion und Die Firma und ihre Freunde besetzt worden. In einem Flugblatt, das sich an die »lieben Menschen« von Mitte richtet, heißt es: »Da sich im Moment niemand für den Zerfall vieler Häuser zuständig fühlt, haben wir, eine Gruppe von drei Rockbands, die volle Verantwortung für das Haus Rosenthaler Str. 68 übernommen.« Mit »Euphorie für die Jetztzeit« eigne man sich das Haus an. (...) Die Besetzer erklären das Haus zum autonomen Kulturzentrum und gründen den Verein Operative Haltungskunst. Als dessen Logo fungiert ein überdimensionales Ohr, das aufs Dach gepflanzt wird. Einer der Ausgangspunkte der Eimerbesetzung ist das Haus Schönhauser Allee 5. Dort residiert die Autonome Aktion Wydoks, zu deren führenden Köpfen Aljoschha Rompe gehört. Der Stiefsohn des kommunistischen Widerstandskämpfers, Plasmaphysikers und Mitglieds des Zentralkomitees der SED Robert Rompe hat 1983 die erste offizielle Punkband der DDR gegründet. Feeling B touren jahrelang durchs Land. (...) Zwei der Mitglieder von Feeling B gehören bald darauf zu den Gründern von Rammstein, die im Eimer auftreten, bevor sie international zum Synonym schwermütiger deutscher Popmusik werden.[10]

9 Klaus Siebenhaar, *Kulturhandbuch Berlin – Geschichte & Gegenwart von A – Z*, Bostelmann & Siebenhaar, Berlin, 2001; S. 247

10 Ulrich Gutmair, *Die ersten Tage von Berlin - Der Sound der Wende*, Klett-Cotta Verlag, Stuttgart, 2013; S. 29ff.

Die Besetzer wählten das Tacheles wegen seiner strategischen Lage und seiner historischen Bedeutung:

> *Die Besetzer haben Häuser an strategischen Punkten ausgewählt. Eines der Kerngebiete der zukünftigen Kulturmetropole Berlin liegt in der alten Spandauer Vorstadt, genau zwischen Tacheles und Eimer. Es wird von ihrer geheimen Magistrale, der Auguststraße, und von der parallel dazu verlaufenden Linienstraße diagonal durchschnitten. Auch östlich davon, im Scheunenviertel, das ebenfalls zur Spandauer Vorstadt zählt, und nördlich der Torstraße in der Rosenthaler Vorstadt schließen Viertel an, die zur neuen Mitte gehören. Hier wohnen und arbeiten viele Künstler, weil es genügend Räume für Ateliers und temporäre Kunstprojekte gibt, die entweder gar nichts kosten, weil sie besetzt sind, oder billig sind, weil sie nur zwischengenutzt werden. In den Straßen der Spandauer Vorstadt wohnten schon immer brave Bürger neben Vergnügungslokalen und Bordellen. Über die Linienstraße schrieb Leo Heller 1924, sie sei »sozusagen die Hauptader des traditionellen Stadtteils der Ganoven.« (...) Im Haus des Eimers in der Rosenthaler Straße befand sich Ende des 19. Jahrhunderts ein beliebtes Lokal namens Der blaue Panther mit angeschlossenem Bordell. Bereits im Sommer vor dem Fall der Mauer wird in der Oranienburger Straße wieder die Prostitution betrieben. Die Huren sind der Revolution ein paar Monate voraus.*[11]

Im Lauf von etwa 20 Jahren wurden Konzerte, Kunst- und Fotoausstellungen sowie Theaterstücke organisiert. In den benutzbaren Räumen gab es ungefähr 30 Ateliers, in denen jährlich ca. 50 Künstler aus allen Teilen der Welt ihre Werke ausgestellten. In dem »Goldenen Saal« fand die sogenannte Off-Theaterszene statt – freie Theater, die mit geringem Budget und gelegentlichen staatlichen Subventionen auskommen mussten.

Caffè Zapata ist sehr bekannt geworden. »Tacheles« ist ein jiddisches Wort, das »klar sprechen« und »ohne Zensur sprechen« bedeutet. Dieses Wort wurde von DDR-Künstlern, die von ihrer Regierung zensiert wurden, übernommen. Die Umgestaltung des Tacheles von einem kaputten, in sich zusammenstürzenden Gebäude in ein weltweit bekanntes kultiges Kulturzentrum ist dem Zufall zu verdanken. All die versteckten, schmutzigen Ecken des Gebäudes wurden von experimentierlustigen Jungen in originelle Treffpunkte für die nächtliche und künstlerische Berliner Szene verwandelt:

> *Wie viele, die es 1990 nach Berlin-Mitte zieht, landet auch Nick Kapica im Kunsthaus Tacheles. Als das Café Zapata im Erdgeschoss gebaut wird, trifft er dort den Australier Tim Richter. Nachts sitzen die beiden bei einem Bier zusammen und überlegen sich, wohin sie zum Tanzen gehen können. Sie waren schon in ein paar Clubs in Westberlin, in Kreuzberg, Charlottenburg und Schöneberg. Aber da fehlt ihnen was. Ein Club mit Konzept, ein Club, der ein bestimmtes Publikum anzieht. Für sie ist eine Nacht im Club ein Ereignis, das es zu gestalten gilt. Nick Kapica will in Berlin*

11 Ebenda; S. 32f.

anwenden, was er am Ravensbourne College of Design and Communication schon gelernt hat. (...) Den Ort für ihren Club finden die beiden einige Zeit später, als ihnen im Fußboden des Café Zapata eine Falltüre auffällt. Aus dem Loch darunter graben sie Unmengen von Ruß und Staub. Später finden Sie eine Treppe und eine zugemauerte Tür. »Es war ein Chaos. Wir gestalteten das Innere um die Situation herum, die wir vorgefunden hatten: zwei Räume, die durch einen kleineren Raum in der Mitte getrennt waren. Wir rissen die Wände ein und bauten eine Bar, wodurch ein dynamischer Raum entstand. Obwohl wir keine Werbung im konventionellen Sinn gemacht hatten, kamen am Eröffnungsabend die Freaks von ganz Berlin. Diese Leute wurden unsere Stammgäste, und die Schlange vor der Tür hat ausgereicht, zukünftigen Gästen zu signalisieren, ob sie Teil der Szene sind oder nicht«, sagt Nick Kapica.[12]

Ulrich Gutmair beschreibt sehr gut das erste Mal, als er das Tacheles betreten hat. Seine Erfahrung entspricht der Erfahrung und die Gefühle aller jungen Leute, die das Berlin der Neunziger Jahren erlebt haben:

Orange ist der Berliner Winterhimmel auch an jenem Abend, an dem wir von der Oranienburger Straße in den Hof des Tacheles gehen, wo ein Trabant kopfüber im Sand steckt, lakonisches Mahnmal einer Lebensweise, die es nicht mehr gibt. An der Rückseite des Hauses befindet sich eine unscheinbare graue Stahltür, die gegen elf, zwölf Uhr nachts öffnet. Ich bin nicht allein, niemand geht alleine tanzen, vielleicht sind wir zu zweit oder zu dritt. Wir sagen »Hallo!« zum Türsteher und zwinkern vorsichtig der Frau an der Kasse zu. (...) Wir steigen hinunter und betreten den Gang am Fuß der Treppe. Die Decken sind niedrig, die Wände unverputzt und feucht. Es riecht nach Keller, nach jahrzehntelanger Ruhe, nach Zigarettenrauch und nach dem verschütteten Bier vergangener Feste. Beim ersten Mal herrschte an dieser Stelle Verwirrung: Wo geht's weiter? Geradeaus in dem langen Stollen, der in vollkommender Dunkelheit verschwindet? Oder lieber rechts um die Ecke? Die Orientierungslosigkeit löst sich in einer Pointe auf. Vor uns liegt kein dunkler Stollen, sondern ein Spiegel, der angelehnt in einem Fahrstuhlschlacht steht. Er gaukelt einen Weg vor, den es nicht gibt. Dann ist die Musik zu hören. Wir biegen rechts um die Ecke. Auf einmal sind wir drin. Ein Off-Beat pumpt vor sich hin. Stoisch und fordernd stampft die Bassdrum mit 120 Schlägen pro Minute. Der synkopierte, immer zu schnell, vor der Zeit einsetzende Klang eines Beckens gibt dem Körper eine Bewegung vor. (...) Es ist House Music, in Chicago oder New York auf Vinyl gepresst. Sie ist besser, einfacher, verführerischer als alles, was wir vorher gehört haben. Leute kommen herein, stehen ein bisschen rum, begrüßen sich. Sie reden, lachen, trinken Bier, und irgendwann fangen sie an zu tanzen. Sie kommen nicht her, um herumzusitzen. Sitzgelegenheiten gibt es nur an der Cocktailbar. Bar und Barhocker sind auf Stahlfedern angebracht. Man muss beinahe hochklettern, um Platz nehmen zu können.[13]

12 Ebenda; S. 19f.

13 Ebenda; S. 11f.

Ganz kurz möchte ich auch das traurige Phänomen der Skinheads der neunziger Jahre erwähnen, das im anarchischen Berlin sehr verbreitet ist. Ulrich Gutmair und Annika Krump schildern Episoden, die sich im Tacheles und in der Volksbühne ereignet haben:

Als die Mauer fällt, sind Neonazis auch in Mitte und Prenzlauer Berg aktiv, die rechte Subkultur versucht sich zu etablieren. Wer nach dem Mauerfall nachts im Osten unterwegs ist, wechselt manchmal die Straßenseite, um sicher zu gehen. An Orten wie dem Bahnhof Lichtenberg hält man sich besser nicht alleine auf. Die linken Hausbesetzer von Ostberlin gehen mit der Volkspolizei eine Sicherheitspartnerschaft ein, um sich besser vor umherziehenden Neonazibanden zu schützen. Die Vopos geben den Besetzern Tipps zum Barrikadenbau. Im Sommer 1990 greifen Neonazis das Kunsthaus Tacheles in der Oranienburger Straße an und werfen einem Besetzer einen Molotowcocktail ins Gesicht. (...) Der rassistische Mob ist die dunkelste Seite der Anarchie.[14]

(27.2.1993) Ich bin durchs Foyer hoch, habe dort andere aus dem Haus getroffen, sie sagten »Skinheads in der Vorstellung!« Über eine Stunde muss es ruhig gewesen sein, im Saal hatte niemand reagiert auf die Störrufe und Provokationen der Horde Jungs, die als Droogs verkleidet rumpöbelten. Irgendwann muss es so laut geworden sein, dass Silvia Rieger von der Bühne aus reagiert hat. Erst mit Worten – aggressiv –, als das nicht half, ist sie in den Rang gelaufen, hat rumgebrüllt und die Jungs rausgeworfen. Dann kam es wohl zu Rangeleien. (...) Als ich kam, sind die Jungs gerade gegangen, es blieb ihnen nichts anderes übrig – eine Truppe Bühnenarbeiter kam – als Gegentrupp! Die Skins, Droogs oder was auch immer also gen Ausgangstür, die anderen hinterher. Peng! Klirr! – zwei Glastüren wurden eingetreten – Panikstimmung. Alle raus. (...) Polizei wurde gerufen, kam auch bald – allerdings nachdem die Jungs weg waren. Frank hat erzählt, Friedrich Dieckmann habe ihn schon vor einem halben Jahr gewarnt, dass so was mal passieren könnte. Das Theater hat ziemlich hilflos dagestanden – obwohl ständig über Skins, Anschläge, Gewalt, Faschismus geredet wird. Die Droogs behaupteten, sie kämen aus »ästhetischen Gründen«. Das sei ihr Film, Clockwork Orange, und ihr Lebensgefühl. Und das ließen sie sich nicht kaputtmachen.[15]

2. Die Volksbühne

Wir saßen im Garten, tranken Wein, guckten blöde auf Baumgruppe in Mückenschwarm und redeten über Castorf und Heiner Müller und Wawerzineks letzten Absturz in der Volksbühne...[16]

14 Ebenda; S. 72

15 Annika Krump, *Tagebuch einer Hospitantin - Berlin, Volksbühne 1992/93*, Alexander Verlag Berlin, Berlin, 2015; S. 79f.

16 Judith Hermann, *Sommerhaus, später*, Fischer, Frankfurt am Main, 2000; S. 143

Am 8. Oktober 1992 eröffnete die Intendanz Frank Castorfs mit seiner Inszenierung des »König Lear«, und zehn Jahre später herrscht weitgehend Übereinstimmung, dass diese Volksbühne zu den wichtigsten Theatern des deutschsprachigen Raums gehört, auch weil sie außer ästhetischen Innovationen und Veränderungen ihrer Selbstorganisation vor allem eins geleistet hat: Theater als politischen Ort, als gesellschaftliche Institution, als Ausdruck realer Konflikte zu begreifen und immer wieder neu vorzustellen. Zehn Jahre, das ist in den immer kürzeren Erfolgszyklen der Theater eine erstaunlich lange Zeit...[17]

Wenn man das magische Jahrzehnt der 90er Jahre in Berlin nach dem Mauerfall wirklich verstehen will – die Begeisterung, den Optimismus, den Glauben an den Anbruch einer neuen Ära, in der alles möglich ist und in der Berlin im Rampenlicht der Welt steht, von wo sich neue Ideen und Denkweisen verbreiten –, muss man auch über die Volksbühne schreiben. Wie aus den oben angeführten Zitaten von Judith Hermann, Thomas Irmer und Harald Müller hervorgeht, hat die Volksbühne unauslöschliche Spuren hinterlassen und tut dies immer noch. Was für ein »magischer Ort« die ganze Berlin-Mitte war, wo sich auch die Volksbühne befindet, kann man durch diesen Kurztext von Annika Krump erahnen, die da als Regiehospitantin und Regieassistentin in Produktionen von Christoph Marthaler, Christoph Schlingensief mitgewirkt hat:

8.3.1993. Gestern war ich mit Johannes unterwegs. Wir hatten uns in meinem Lieblingscafé in der Auguststraße, im »Hackbarth«, verabredet und sind dann weiter Richtung »Tacheles« gezogen. Von dort in zwei weitere Kneipen, ins »Obst & Gemüse« und ins »Silberstein«. Im »Obst & Gemüse« bin ich von Heißer Zitrone abgekommen und auf Grog umgestiegen. Im »Silberstein« gab es jiddische Musik. (Toll, dass das wieder auflebt! Im Scheunenviertel haben viele jüdische Restaurants und Cafés aufgemacht und dann diese Musik!) Im dritten Café gestand Johannes mir, dass er »ein bisschen verliebt« in mich sei. Und dann wusste keiner mehr, was er sagen sollte. Ich nur: »Uiuiui.« Jedenfalls haben wir uns auf der Oranienburger Straße – zwischen den Prostituierten und den Freiern, zwischen abenteuerlustigen Touristen und vorlesungsfreien Studenten – geküsst. Johannes hat mich zur U-Bahn Weinmeisterstraße gebracht. Auf dem Bahnsteig wieder geküsst. Umarmt. Verabschiedet. U-Bahn da. Ich weg. Er wunk.[18]

Annika Krump wurde auch beauftragt, die Nachtcafé-Reihe im Roten Salon zu übernehmen und ihn weiterzuentwickeln. Die Volksbühne ist nämlich nicht nur fürs Theater bekannt geworden, sondern auch für ihre nächtliche Veranstaltungen:

17 Thomas Irmer – Harald Müller, *Zehn Jahre Volksbühne – Intendanz Frank Castorf*, Theater der Zeit, Berlin, 2003; S. 11
18 Annika Krump, *Tagebuch einer Hospitantin - Berlin, Volksbühne 1992/93*, Alexander Verlag Berlin, Berlin, 2015; S. 81f.

29.12.1992. Als Jürg gerade gegangen war, klopfte es an meiner Bürotür. Matthias Lilienthal bat mich, die Nachtcafé-Reihe im Roten Salon jetzt alleine in die Hand zu nehmen.[19] *(...)*
13.2.1993. Gestern hat der Dichter Johannes Jansen bei der Nachtcafé-Lesung im Roten Salon aus seinem Buch »Hans Hiob« gelesen – anschließend waren wir die ganze Nacht im Osten unterwegs. Erst in »Geierwallys Stieftochter im Ausland«, dann im »Tacheles« im Technokeller getanzt, schließlich im »Übereck« bis morgens um sechs. Er meinte, ich sei eine witzige Zeitgenossin, vielleicht schreibt er mir ein Kabarett. War lustig mit ihm.[20] *(...)*
29.4.1993. Matthias Lilienthal hat total das Rad ab. Er überhäuft mich mit Arbeit, als wäre ich der einzige Mitarbeiter am Haus. Ich soll in der nächsten Woche ein »Beckett-Spektakel« bis Ende Juni, eine Ausstellung für die Friedrich-Luft-Preis-Verleihung im Foyer und ein Fest des Jugendclub »P 14« organisieren.[21] *(...)*
12.9.1993. Ich betreue jetzt auch das »Benno-Ohnesorg-Theater«, ein Satireabend mit Lesungen und Musik, es beginnt immer erst um 24 Uhr auf der Großen Bühne.[22]

Auch die Volksbühne, wie die schon erwähnten Theater, trägt kleine Spuren der Vergangenheit der Metropole mit sich. Ihr Werdegang in den neunziger Jahren hat Berlin stark geprägt. Ihre Entstehung wurde 1890 bei einer Gründungsversammlung des Vereins Freie Volksbühne beschlossen. Ihr offizielles und heutiges Gebäude wurde 1914 dank der Spenden der Mitglieder, die sogenannten »Arbeitergroschen«, errichtet. Nach Kriegszerstörungen wurde es 1954 vom Architekten Hans Richter wiederaufgebaut. Es befindet sich auf einem Platz, dessen Namen mehrmals umbenannt wurde: Babelsberger Platz (1907–1910), in der Kaiserzeit nach Wilhelms II. Schloss Babelsberg; Bülowplatz (1910–1933) in der Zeit der Weimarer Republik in Erinnerung an Reichskanzler Bernhard von Bülow; Horst-Wessel-Platz (1933–1945) in der Nazi-Zeit zu Ehren deren »Märtyrers« – getötet am 23. Februar 1930 in Berlin – und Autors der Parteihymne der NSDAP; Liebknechtplatz (1945–1947) und Rosa-Luxemburg-Platz (seit 1969) in der DDR und in der Bundesrepublik Deutschland – zu Ehren der ermordeten Mitbegründer des Spartakusbundes, der Vereinigung marxistischer Sozialisten, Karl Liebknecht und Rosa Luxemburg. Vor dem Zweiten Weltkrieg war der berühmteste Intendant der österreichische Regisseur Max Reinhardt. In der DDR-Zeit haben große Persönlichkeiten wie Heiner Müller, Matthias Langhoff, Manfred Karge um die Figur des Schweizer Leiters Benno Besson die Volksbühne geprägt. Nach dem Mauerfall, 1992, nahm Frank Castorf das Angebot als Intendant an:

19 Ebenda; S. 69
20 Ebenda; S. 75
21 Ebenda; S. 91ff.
22 Ebenda; S. 106

Ich war fest am Deutschen Theater engagiert. Ein paar Leute schrieben auf, wie sie sich die neue Berliner Theaterlandschaft vorstellen. Die Volksbühnen-Idee mit mir hatte Ivan Nagel. Friedrich Dieckmann sah mich eher am Berliner Ensemble. Ich zögerte. Ich erlebte gerade eine produktive Zeit am Deutschen Theater. (...) Heiner Müller war am »Deutschen«, Thomas Langhoff inszenierte, Rolf Winkelgrund. Ein Gefühl von Aufbruch. Mir ist der Raum Deutsches Theater allerdings zu konditorhaft, zu kuschelig. Die Volksbühne hat da eine andere Dimension, ich hatte hier als Student Manfred Karge und Matthias Langhoff erlebt, die Besson-Zeit, und das Martialische des Hauses mochte ich immer, diese Wucht des Raumes, die Zweipersonenstücke nicht zuläßt. (...) Ich wußte nicht, warum ich das tun sollte. Und machte es. Das Haus war leer und kaputt, noch leerer und kaputter konnte ich es nicht machen. Das beruhigte mich. (...) So war das Anfangsgefühl: Die Zuschauer kamen zu uns wie ins Kino. Sie hätten Popcorn gefressen, wenn es das gegeben hätte, sie rannten während der Vorstellung aufs Klo, sie verhielten sich total so, als ob sie im Zoo-Palast säßen. Das freute uns – und es war zugleich ärgerlich.[23]

Mit Castorf, der das deutsche Theater Landschaft revolutionierte, verkörperte die Geschichte der Volksbühne die Geschichte von Berlin und Deutschland der Neunziger Jahre:

Die Volksbühne ist eine geile, nackte Wahrheit, sie trägt schutzlos die Kainsmale deutscher Geschichte. Im Prater wurde Helmut Kohl unsterblich.[24]

17.5.1993. Die Volksbühne ist im Moment das beste deutschsprachige Theater! (...) Anfang Juli kommt Pina Bausch mit einem Gastspiel. Alle interessanten Leute versammeln sich hier![25]

Schon von Anfang an spiegelt die Volksbühne die anarchische und utopische Zeit nach dem Mauerfall wider, die viele Junge Leute anzog:

Die Volksbühne 1992 war vor allen Dingen ein Abenteuerspielplatz. Der uninstitutionalisierte Moment nach der Wende machte alles möglich. Die russischen Panzer waren schon abgezogen, die alten DDR-Machthaber hatten nicht mehr wirklich etwas zu sagen, die westdeutschen waren noch nicht eingezogen. Es war der utopische Moment, in dem Hierarchien außer Kraft gesetzt zu sein schienen. Die Jüngeren eroberten sich nacheinander das Scheunenviertel und den Prenzlauer Berg, und es entstand der Mythos einer Szene, in der die Nacht zum Tag gemacht wurde und der Tag

23 Frank Castorf, *Glücklich arbeiten mit poetischen Kampfmaschinen*; aus Gesprächen mit Hans-Dieter Schütt. Mai 1999. In: Hans-Dieter Schütt, Kirsten Hehmeyer, *Castorfs Volksbühne. Schöne Bilder vom häßlichen Leben*, Schwarzkopf & Schwarzkopf, Berlin, 1999; S. 153f.

24 Gerhard Gundermann in: Hans-Dieter Schütt, Kirsten Hehmeyer, *Castorfs Volksbühne. Schöne Bilder vom häßlichen Leben*, Schwarzkopf & Schwarzkopf, Berlin, 1999; S. 10

25 Annika Krump, *Tagebuch einer Hospitantin - Berlin, Volksbühne 1992/93*, Alexander Verlag Berlin, Berlin, 2015; S. 99

zum Schlafen blieb. Dieser utopische Moment hatte sich schon länger vorbereitet. In dem morbide werdenden DDR-System waren die Freiräume langsam größer geworden, und die bohèmehafte Szene hatte hauptsächlich ein Problem: die Langweile. Jetzt kamen andere Menschen dazu, die die Ruinenromantik von Scheunenviertel und die historische Mitte der Stadt als Kulisse entdeckten. So wurde der Safe des Kaufhauses Wertheim zur Technodisco und die Volksbühne, nach dem Stalingrader Vorbild wiederaufgebaut, zum merkwürdigen Ersatz der weggefallenen SED-Parteitage. Was stattfand, war das trashhafte Nachspielen einer gerade erst zerstörten Geschichte.[26]

Im Gegensatz zu der neuen apolitischen Generation von Judith Hermann, zu den gleichgültigen Jugendlichen (siehe das Kapitel: Generation Golf und Zonenkinder), wird ABSICHTLICH und AUSDRÜCKLICH ein POLITISCHES THEATER, eines voller Provokationen aufgebaut:

Gleichgültigkeit ist also nicht nur der Dummheit der Leute geschuldet, da wirkt auch eine Art Selbstschutz. Wir leben mitten in der Apokalypse.[27]

Castorf hatte als erster verstanden, daß mit der DDR auch die BRD untergegangen war (...) Ein Theater der Ausgegrenzten und Studenten, der Techno-Avantgarde, ein Theater der politischen Polemik sucht von vornherein den Bruch mit dem Common Sense. An die Stelle der Verständlichkeit wurde an der Volksbühne die Zertrümmerung gesetzt, an die Stelle von Demokratie Diktatur, an die Stelle von Political Correctness Ironie und Trash, an die Stelle von Einverständnis Provokation, an die Stelle von Verständnis Fremdheit, an die Stelle der literarischen Beschränkung das Event.[28]

Mit seinen Provokationen gelang Castorf nicht nur, seine Gegenwart zu schildern, sondern auch die Zukunft, wie sich die Gesellschaft verändern würde. Er war seiner Zeit voraus. Schon in seinem Gespräch mit Hans-Dieter Schütt im September 1996 sagte er die Charakterzüge der Epoche nach dem Anarchismus der Neunziger Jahre voraus:

Gefühle lösten bei den Deutschen schon immer eine fatale Handlungskonsequenz zur Mystifizierung aus. Die Attacke auf deutsche Gefühle ist daher ein politischer Akt. (...) Man kann doch jungen Leuten nicht vorwerfen, daß mit Hammer und Sichel niemand mehr zu provozieren ist. Wer eine

26 Matthias Lilienthal, *Die Chance des Scheiterns der Betonarbeiterbrigade – Für Wilfried Ortmann.* 1999. In: Hans-Dieter Schütt, Kirsten Hehmeyer, *Castorfs Volksbühne. Schöne Bilder vom häßlichen Leben*, Schwarzkopf & Schwarzkopf, Berlin, 1999; S. 36

27 *Frank Castorf – Der Haß. Vorbei die Zeit der Schneebälle. Im Gespräch mit Hans-Dieter Schütt.* September 1996. In: Hans-Dieter Schütt, Kirsten Hehmeyer, Castorfs Volksbühne. Schöne Bilder vom häßlichen Leben, Schwarzkopf & Schwarzkopf, Berlin, 1999; S. 102

28 Matthias Lilienthal, *Die Chance des Scheiterns der Betonarbeiterbrigade – Für Wilfried Ortmann.* 1999. In: Hans-Dieter Schütt, Kirsten Hehmeyer, *Castorfs Volksbühne. Schöne Bilder vom häßlichen Leben*, Schwarzkopf & Schwarzkopf, Berlin, 1999; S. 36f.

graue Masse wegschiebt, kriegt sie als braune Masse wieder. Mir ist das Problem sehr deutlich geworden in Thomas Heises nach wie vor wichtigem Dokumentarfilm »Der Stau«. Da sitzt ein junger Rechter auf der Parkbank in Halle-Neustadt. Alles trostlos, dröge. Die Einsamkeit als Lebensprinzip. Früher, sagt der Junge, früher konnte ich zum FDJ-Sekretär gehen, wenn mich was bewegte. Und heute? (...) Die Zerstörung dieser ganzen Welt der Utopien und der kollektiven Ausdrucksformen führt bei Menschen, die noch kein lebenszielgeschichtliches Fundament haben, zu schweren Schädigungen. Das Diffuse der Gewalt, die entsteht, ist eine Dämmerungsstimmung von Kulturen, in der sozial sinnvolle Ziele zerbröckeln, in der es keine Gemeinschaftsprojekte mehr gibt. (...) Die DDR setzte sich mit politischer Willkür durch, der Westen greift zur liberalen Moral. (...) Gegen den großen geheiligten Liberalismus. Ein Jugendlager auf der Krim wäre mir noch immer lieber als das Verrecken der Kinder in der Freiheit der Prostitution. (...) Die Gesellschaft, in der wir leben, will eine ewige künstliche Immunitätssituation. Darin gleicht sie dem Sozialismus, der schon vor dem Wort »Andersdenkende« Angst hatte. Es gibt in dieser Gesellschaft kaum noch Denkschichten außerhalb dieses engen Gattungsinteresses, den morgigen Tag zu überleben. (...) Den alltäglichen Faschismus sieht keiner mehr. In Osteuropa findet Krieg statt, eine Völkerwanderung steht bevor, und wir tun so, als lebten wir in einem Waldorf-Kindergarten. Es wird sich rächen, wenn wir nicht kapieren, wie zum Beispiel dieses Osteuropa funktioniert: daß man den Russen nicht einfach die Würde einer Großmacht wegnehmen und dafür eine Büchse Pepsi hinstellen kann. (...) Im Pariser Mai 1968 schrieben Studenten an die Hauswände: »Eine Gesellschaft, die jedes Abenteuer abgeschafft hat, macht ihre eigene Abschaffung zum einzig möglichen Abenteuer.« Wo das Streben nach Sicherheit jedes vernünftige Maß überschreitet und zur kollektiven Obsession gerät, wird eine lebensgefährliche Dynamik freigesetzt. Dem Götzen Sicherheit wird alles geopfert, was schätzenswert ist – aber das Beharren auf ein Maximum an Sicherheit erstickt jede Spontanität und Kreativität. Kann man es riskieren, daß Kinder auf dem Schulhof mit Schneebällen werfen? Sicherheitsbesessene Eltern erwarten von der Schule und den verantwortlichen Behörden, daß sie das Risiko ausschalten. Wenn was passiert, ist der aufsichtsführende Lehrer dran. Folglich lebt er in ständiger Befürchtung von Spontanität und Bewegungsdrang der Schüler. Aus dieser Befürchtung heraus greift er oft disziplinierend ein und produziert seinerseits Angst und Aggressivität.[29]

Es gibt vier Hauptprotagonisten der Volksbühne, von denen ich kurz schreiben werde: Christoph Schlingensief, Johann Kresnik, Christoph Marthaler und Frank Castorf.

29 *Frank Castorf – Der Haß. Vorbei die Zeit der Schneebälle. Im Gespräch mit Hans-Dieter Schütt.* September 1996. In: Hans-Dieter Schütt, Kirsten Hehmeyer, *Castorfs Volksbühne. Schöne Bilder vom häßlichen Leben*, Schwarzkopf & Schwarzkopf, Berlin, 1999; S. 100ff.

Die Kritiken bezeichnen das Stück als »geschmacklos«, »blasphemisch«, als »Schlag unter die Gürtellinie«. Allein Castorfs Mut wird gelobt, »einen Mann inszenieren zu lassen, der ihm den Boden unter den Füßen wegzieht« (Zitty). Schlingensief fühlt sich nicht ernst genommen. Während der sechsten Aufführung sitzt er in der Kantine und überlegt, wie sich die Misere retten lässt. Er trinkt sich Mut an, rennt auf die Bühne, rammt sich eine Spritze in das Blutpolster unter seinem Hemd, zerbeißt eine Blutkapsel und schreit: »Hier ist der Apothekersohn aus Oberhausen. Jetzt habt ihr mich!« Schlingensief sieht garstig aus, wie er da steht, von oben bis unten verschmiert mit Theaterblut: ein jämmerliches Opfer des eigenen Trash. Er erzählt von der Todesstunde seiner Großmutter und fängt laut an zu weinen. Im Zuschauerraum herrscht absolute Stille: In die Fiktion hat sich ein Quäntchen Realität verirrt.[30]

12.2.1993. Habe heute Christoph Schlingensief kennengelernt. Der Regisseur des Films »Terror 2000« kommt an die Volksbühne und inszeniert ein Stück. (...) Er ist total höflich und nett – was man von dem Film nicht behaupten kann. Blut, Kotze, Vergewaltigungen. Deutsche Perversion komprimiert.[31]
15.5.1993. Abends war Vorstellung. Christoph hat selbst mitgespielt, diesmal hat er sich spontan ausgezogen. Ist nackt über die Bühne gerannt. Hat nackt mit einem nackten Mann getanzt. Kam nackt, mit offenem Bademantel zum Applaus. Irgendwie ein sympathischer »Spinner«.[32]

Dies war eine der typischen Anfangskritiken des 1960 geborenen Christoph Schlingensief, dessen Familie aus Oberhausen, einer Stadt im westlichen Ruhrgebiet, stammt. Was die vier Regisseure der Volksbühne am meisten gemeinsam hatten, war eine implizite Provokation, keine grundlose und vulgäre. Schlingensief hat mit seinem Theater immer versucht, eine gewisse institutionalisierte Wirklichkeitswahrnehmung zu erschüttern, das heißt, er hat immer gegen die wohlgeordnete bürgerliche Welt gekämpft. Außerdem würde ich ihn als »Theaterjazzspieler« oder »Improvisationsvirtuose« bezeichnen, da alle Vorarbeiten für seine Stücke im letzten Moment umgeworfen werden könnten. Und hier kommt die Spontaneität der Schauspieler ins Spiel, die sich bis zur Aufführung ihrer Rolle nie sicher sind:

Bei »Schlacht um Europa« zum Beispiel hatten wir 27 Aufführungen und an jedem dieser 27 Abende gab es neue Szenen. Das musste man natürlich gemeinsam trainieren. Einmal haben wir

30 Thomas Irmer – Harald Müller, *Zehn Jahre Volksbühne – Intendanz Frank Castorf*, Theater der Zeit, Berlin, 2003; S. 72
31 Annika Krump, *Tagebuch einer Hospitantin - Berlin, Volksbühne 1992/93*, Alexander Verlag Berlin, Berlin, 2015; S. 74
32 Ebenda; S. 96

sogar versucht, das Ganze rückwärts zu spielen (...) Das klappte natürlich gar nicht.[33]

Schlingensief – aufmerksamer Beobachter seiner Zeit, Zuschauer und Schauspieler, eingefügt in die neue deutsche Realität, die sogenannte »deutsch-deutsche Gegenwart« – hat mit seinen zahlreichen Stücken nicht die Sichtweise auf das Theater, sondern die Wahrnehmung der Realität verändert; das war sein der Presse und dem Publikum erklärtes Ziel seit seinem Debüt an der Volksbühne. Er bezog fast immer sein Publikum mit ein und wollte, dass die Zuschauer die Szenen des Stückes physisch richtig spüren sollten (»Die Bilder allein reichen nicht. Man muss die Dinge spüren, sie körperlich nachvollziehen«[34])

Tatsächlich saß das Publikum in *Rocky Dutschke '68* auf dem Boden, da die Sessel behutsam entfernt worden waren, und der gesamte Theaterraum verwandelte sich in eine einzige Bühne. Eine aktive Beteiligung war erforderlich:

Wer Pech hat, muss sogar mitspielen. Gefragt wird nicht. Und widerstandslos machen wir zumeist, was von uns verlangt wird. Spätestens als der erste Herr seine Hose herunterlassen soll, um in Anlehnung an ein afrikanisches Ritual seinen Popo in Milch zu baden (und dies auch wirklich tut), ist klar: Es kann ziemlich ungemütlich werden.[35]

Schon bevor die Zuschauer das Theater betraten, wurde draußen vor der Volksbühne der Angriff auf Rudi Dutschke inszeniert. So wurden sowohl die zahlenden Zuschauer als auch die zufälligen Passanten ohne ihr Wissen in die Aufführung einbezogen:

Ich wollte das Publikum auf der Bühne haben. Das war schon vorher so, bei »Schlacht um Europa« oder »Rocky Dutschke« (...) »Die Umgebung wird zum Werk und das Werk zur Umgebung« ist der Satz zum Animatographen, ein Satz von Dieter Roth.[36]

Seine Künstlerkarriere vor der Volksbühne hatte er als Filmregisseur begonnen. Seine Vorführungen spalteten das Publikum und verursachten sogar Schlägereien. Wie zum Beispiel 1986 bei der Berlinale:

»Menü Total« lief jedenfalls auf der Berlinale, 1986, und ich weiß noch: Forum des Jungen Films, Delphi-Palast, der Saal voll, 800 Leute, und nach zehn Minuten stand Wim Wenders auf und ging. Mit ihm 400 andere Zuschauer – ein richtiges Solidaritätskommando. (...) Nach der Vorführung sind also noch 400 Leute da und es gibt fast eine Schlägerei im Publikum: 200 dafür, 200 dagegen,

33 Christoph Schlingensief, *Ich weiß, ich war's*, btb Verlag, München, 2014; S. 123

34 Thomas Irmer – Harald Müller, *Zehn Jahre Volksbühne – Intendanz Frank Castorf*, Theater der Zeit, Berlin, 2003; S. 73

35 Ebenda; S. 73

36 Christoph Schlingensief, *Ich weiß, ich war's*, btb Verlag, München, 2014; S. 152f.

ein Riesendurcheinander und ich mittendrin, ziemlich benebelt. (...) Und dann – um das mit meinen Eltern noch weiterzuführen – kommt mein Vater. Er hat Tränen in den Augen und sagt: »Wie kannst du so einen Film machen? Jetzt denken alle, ich hätte dich früher geschlagen. Wie kannst du nur so einen Film machen? Das ist mir ein Rätsel.« Dann kommt seine Schwester, meine geliebte Patentante Trudi, und sagt: »Ist ein toller Film, ein ganz wichtiger Film. Toll, dass der Christoph den gemacht hat.«[37]

Schlingensiefs Hauptkritik richtete sich gegen Politik und Fernsehen. Anders als seine Zeitgenossen, die in einer Epoche der neuen, apolitisch aufwachsenden Generationen lebten, definierte sich Schlingensief als einer der am stärksten politisierten Künstler, der Ikonen vom Kaliber eines Helmut Kohl, einer Rosa Luxemburg und eines Rudi Dutschke auf die Bühne brachte. Helmut Kohl hat die prägenden Jahre des jungen Christoph Schlingensief und die Schriftsteller der Golf-Generation entscheidend mitgeprägt (»Es ging allen gut, man hatte kaum noch Angst, und wenn man den Fernseher anmachte, sah man immer Helmut Kohl«[38]), wie Florian Illies schrieb:

So kommt es, daß wir über die Zeit nach 1945 nur wissen, daß irgendwann Helmut Kohl kam. Und daß er unendlich lange blieb. Er speckte ab und nahm wieder zu, gewann Wahl um Wahl, sprach Neujahransprache um Neujahransprache. Der Vater unserer Generation. »Man kann doch nicht seinen Papa abwählen«, sagte selbst Christoph Schlingensief, der sehr unkonservative und kluge Zivilisationskritiker.[39]

Am 20.6.1996, im Rahmen des Zweiten Praterspektakels *Fehler des Wahnsinns*, inszenierte er *Tötet Helmut Kohl.* Mit der enthaupteten Kanzler-Puppe provozierte dies einen Skandal. Und 1997 in Kassel bei der Documenta wurde er sogar in einem vollbesetzen Kunstraum von der Polizei festgenommen, weil er diesen Aufruf in seiner Aktion *Mein Filz, mein Fett, mein Hase - 48 Stunden Überleben für Deutschland* wiederholte. Im Sommer 1998, nachdem er die Partei *Chance 2000* gegründet hatte, lud er alle Arbeitslosen ein, gleichzeitig in den Wolfgangsee zu springen, um den Kanzler Helmut Kohl in seinem Urlaubsort zu überfluten:

Unsere wichtigste Wahlkampfveranstaltung war natürlich der Versuch, das Ferienhaus von Helmut Kohl zu fluten. Das heißt, wir haben sechs Millionen Arbeitslose aufgerufen, am 2. August nach Österreich an den Wolfgangsee zu kommen und gemeinsam mit uns schwimmen zu gehen. Nach unseren Berechnungen wäre das Wasser um drei Meter angestiegen und Kohls Ferienhaus samt

37 Ebenda; S. 74ff.

38 Florian Illies, *Generation Golf – Eine Inspektion*, Fischer, Frankfurt am Main, 2003; S. 16

39 Ebenda; S. 176

Kohl, der dort gerade Urlaub machte, in den Fluten untergegangen. Dann ist er weg, dann ist das seit 16 Jahren penetrant Sichtbare unsichtbar geworden – das war die Idee. Gekommen sind statt sechs Millionen ungefähr 600, inklusive Medien – ein Totaldesaster, das ich als Politiker aber natürlich entsprechend wenden könnte. »Die Tatsache, dass hier keiner ist, ist die Spiegelung unserer Gesellschaft. Wir spiegeln hier die Unsichtbaren auf perfekte Art und Weise«, habe ich den Presseleuten lauthals verkündet.
Baden gegangen sind wir trotzdem. Als wir in die Nähe von Kohls Ferienhaus kamen, versuchte ein Polizeiboot, uns zu stoppen, ein Mann mit Megafon schrie:
»Herr Schlingensief, schwimmen Sie zurück!«
»Nee, das geht doch nicht, die ganzen Leute hier, die ganze Presse, die wollen doch was sehen!«
»Drehen Sie um, Herr Schlingensief, schwimmen Sie zurück!«
»Nee, bitte, helfen Sie mir lieber. Sagen Sie Herren Kohl, er soll ans Fenster kommen und winken, das reicht den Leuten, dann schwimmen wir zurück.«
»Das geht doch nicht, Herr Schlingensief. Der kommt nicht ans Fenster – was soll ich denn machen? Ich bin doch vom BND! Schwimmen Sie zurück! Bitte!«
Irgendwann sind wir dann abgedreht und haben uns mit letzter Kraft ans Ufer gerettet.
(...)
Die Zeitungen waren in den nächsten Tagen voll von der Aktion, es gab Tausende von Artikeln, auch ausländische. Die haben aus 600 einsam schwimmenden Menschen letztlich doch noch sechs Millionen gemacht. Wegen solcher Transportmöglichkeiten hatte ich die Presse eigentlich immer ganz gern.[40]

Die Partei *Chance 2000* wurde mit dem Ziel gegründet:

Das Sichtbare unsichtbar machen und das Unsichtbare sichtbar – das war ganz klar der Effekt, den die Partei haben sollte: »Chance 2000« ist das modernste Netzwerk Deutschlands. Wir versuchen, unsichtbare Menschen wieder sichtbar zu machen, sechs Millionen Arbeitslosen wieder einen Schwung nach vorne zu geben. (...) »Beweise, dass es dich gibt!« (...) Gegründet haben wir Chance 2000 im März 1998 in einem Zirkuszelt. Also da, wo Parteien herkommen und auch hingehören. Der Zulauf auf dem Prater-Gelände der Volksbühne war enorm.[41]

Einige von Schlingensiefs Auftritten sind für ihre Originalität und ihren Mut legendär geworden. So startete er seine Kritik am Junk-TV der neunziger Jahre voller Reality-Shows und an der rassistischen Politik des Österreichers Jörg Haider mit einem Spiel in der Wiener Innenstadt. Der Preis war eine Aufenthaltserlaubnis:

40 Christoph Schlingensief, *Ich weiß, ich war's*, btb Verlag, München, 2014; S. 62f.
41 Ebenda; S. 57f., 61

Zwölf Asylbewerber leben eine Woche lang in einem kleinen Containerdorf neben der Oper. Jeden Abend dürfen die Zuschauer nach dem Big-Brother-Prinzip per TED abstimmen, wer von ihnen abgeschoben werden soll (»Bitte liebt Österreich!«, Juni 2000)[42]

Und in *Quiz 3000 – Du bist die Katastrophe!* fand er den Mut, über die Zeit in Deutschland von 1933 bis 1945 zu sprechen, die für viele deutsche Bürger noch immer ein großes Tabu war. Dies geschah durch ein Quiz, bei dem die Teilnehmer, angehende Millionäre, Fragen zu Politik, deutscher Geschichte und Kultur beantworten mussten.

Die Provokationen von Christoph Schlingensief waren nicht umsonst. Er wollte die Menschen bewegen und über das Leben nachzudenken. Unter anderem wollte er die Welt mit Kunst verändern, wie Castorf behauptet hat:

Schlingensief ist der Jan Pallach der Volksbühne, der sich selbst ansteckt, um – ganz katholisch – darauf aufmerksam zu machen, daß die Welt nicht gut ist. Er treibt die Kunst in den politischen Alltag. Er attackiert das bürgerliche Wohngefühl...[43]

Die Ursprünge seiner Provokationen kann man vielleicht bei seiner Begegnung als 16-Jähriger mit Joseph Beuys, einem der bedeutendsten Aktionskünstler des 20. Jahrhunderts, finden:

Ich habe jemanden kennengelernt, der für mich wichtig wurde. Das war 1976, im Saalbau in Essen. Mein Vater war Mitglied im Lions Club. (...) Mein Vater und all die Herren, die da neben uns saßen, fielen in kollektiven Schlaf und dösten vor sich hin. Doch dann sagte Beuys plötzlich mit dem Brustton der Überzeugung den Satz: »Ich garantiere Ihnen, dass dieses Gesellschaftssystem in sieben Jahren komplett zerstört ist.« Und alle die Mittelständler sind schlagartig wieder aufgewacht und bellten empört: »Ach, das geht doch nicht! So ein Quatsch! Sie spinnen!« (...) Vor ein paar Jahren, als mein Vater noch lebte, habe ich ihn mal gefragt: »Weißt du noch, dass der Beuys damals behauptet hat, unsere Gesellschaft sei in sieben Jahren am Ende?« »Klar weiß ich das noch«, antwortete er. »Ich habe mir das Datum sogar in meinem Kalender notiert, immer wieder übertragen und nachgeschaut, ob es wohl stimmt, was er gesagt hat (...) Beuys lag falsch!« »Aber er hat dich sieben Jahre mit dem Gedanken beschäftigt, dass eine Veränderung kommen könnte«, entgegnete ich. (...) Und mein Vater sagte: »Ja, das stimmt!« Da habe ich erst begriffen, dass dieser Auftritt von Beuys im Grunde ein großartiges Kunstwerk war, weil er die Leute, zumindest meinen Vater, in Bewegung gesetzt hat, über das Leben nachzudenken und ihren Ängsten zu begegnen.[44]

42 Thomas Irmer – Harald Müller, *Zehn Jahre Volksbühne – Intendanz Frank Castorf*, Theater der Zeit, Berlin, 2003; S. 75

43 Frank Castorf, *Glücklich arbeiten mit poetischen Kampfmaschinen;* aus Gesprächen mit Hans-Dieter Schütt. Mai 1999. In: Hans-Dieter Schütt, Kirsten Hehmeyer, *Castorfs Volksbühne. Schöne Bilder vom häßlichen Leben*, Schwarzkopf & Schwarzkopf, Berlin, 1999; S. 156

44 Christoph Schlingensief, *Ich weiß, ich war's*, btb Verlag, München, 2014; S. 112f.

zum Gesehen zu verhalten.[48]

In Berlin debütierte er ebenso wie Frank Castorf, Christoph Marthaler und Christoph Schlingensief mit Provokationen. 1993 testete er in *Rosa Luxemburg – Rote Rosen* für dich die Nerven seines Publikums:

Schon in seiner ersten Inszenierung an der Volksbühne »Rosa Luxemburg – Rote Rosen für dich« stellte Kresnik 1993 die Empfindlichkeit der Zuschauer auf eine harte Probe. Gemütlich brutzelte eine Schweinehälfte auf heißen Eisenplatten vor sich hin und erfüllte das Theater mit infernalischem Gestank. Im Gegensatz zur Presse nahmen es die Zuschauer gelassen hin[49]

Dann folgten *Frida Kahlo* (September 1994), *Ernst Jünger* (Dezember 1994), *Gründgens* (Mai 1995), *Macbeth* (September 1995) und *Hänsel und Gretel* (November 1995), deren Geschichte dazu diente, seine Vorwürfe gegen die Nationen Südamerikas zu starten: Sie seien schuldig, keine Politik für die Schwächsten der Gesellschaft zu machen, z.B. für die Kinder, die hungern. Dank ihm ist die Volksbühne auch in diesem geografischen Gebiet bekannt, weil er dort oft als Gastregisseur tätig war. Kresniks Sympathie galt immer den Ausgegrenzten und den Verlierern der Gesellschaft. In *Hotel Lux* (1998) standen die Absurdität und die Entmenschlichung in kommunistischen Ländern im Mittelpunkt. In *Richard III* (1999) zeigte uns der Regisseur, wie Macht die Menschen korrumpieren und sie zu schlimmsten Taten führen kann. Interessant war auch die Trilogie, die auf der Biografie dreier starker Künstlerpersönlichkeiten basierte: Pablo Picasso, Francisco Goya und Frida Kahlo. Von 2003 bis 2008 war er Leiter des »Choreografischen Theaters« der Stadt Bonn. Er starb 2019 in Klagenfurt am Wörthersee.

Christoph Marthaler

(2.12.1992) Ich mache jetzt Dramaturgieassistenz bei Christoph Marthaler, »Murx den Europäer!« Es wird gesunken! Das Kirchenlied »Danke«, ein Klagelied von Eichendorff/Gluck, »Sichres Deutschland, schläfst du noch« von Michael Jacobi, »Ich lass mir meinen Körper schwarz bepinseln« von Friedrich Hollaender und »Glühwürmchen« aus einer Paul-Lincke-Operette. Die Schweizer sind sehr nett, gemütlich und lustig. Die Probenatmosphäre ist anders als bei Frank. Es herrscht nicht diese andauernde Anspannung.[50]

48 Ebenda; S. 90f.

49 Ebenda; S. 87

50 Annika Krump, *Tagebuch einer Hospitantin - Berlin, Volksbühne 1992/93*, Alexander Verlag Berlin, Berlin, 2015; S. 62

Christoph Marthaler stammt aus der Schweiz, wo er am 17. Oktober 1951 geboren wurde. Er hat sowohl als Regisseur als auch als Musiker seinen Weg in die Darstellende Kunst gefunden. Er war Schüler von Lecoq in Paris. 1993 bekam sein Stück *Murx den Europäer! Murx ihn! Murx ihn! Murx ihn! Murx ihn ab!* an der Volksbühne riesiges Echo und stand bis 2007 auf dem Spielplan des Theaters. Zuvor hatte er Inszenierungen wie *Stägeli uf, Stägeli ab, juhee!* (im Dialekt, um das siebenhundertjährige Bestehen der Schweizerischen Eidgenossenschaft zu feiern) oder *Die Affäre Rue de Lourcine* von E. Labiche (1991) und Fernando Pessoas *Faust* (1992) .

Die Bühnenbilder stammten alle von Anna Viebrock, seiner engsten und vertrautesten Mitarbeiterin, und die Rollen wurden immer von den gleichen Schauspielern gespielt: u.a. Ueli Jäggi, Rober Hunger-Bühler, Bettina Stucky, Josef Ostendorf. *Murx den Europäer! Murx ihn! Murx ihn! Murx ihn! Murx ihn ab!*: Diese Produktion, dessen Titel sich auf das indische Lied von Paul Scheerbart bezieht, ist legendär geworden. Daraus entstehen skurrile und unangenehme Episoden der Realität und, nach Meinung vieler, die traurige Realität der letzten Jahre der DDR, deren absurdeste Seiten an die Oberfläche kommen: Fatalität, Absurdität, Erwartungshaltung und Bürokratie. Aber der vielleicht tragischste Aspekt, den ich bereits analysiert habe (siehe Kapitel: »Generation Golf und Zonenkinder«), ist die völlige Gleichgültigkeit der Europäer gegenüber diesem wirklich existierenden Staat, den niemand bemerkt zu haben scheint.

Die innere Welt, die irrationalen Schichten der menschlichen Seele, die sich aus Episoden, aus Alltagsblicken abheben, werden auf die Bühne projiziert und »berühren« die Zuschauer. Dieses Theaterstück entspricht den traditionellen Kanons Marthalers, die aus musiktheatralischen Collagen bestehen. Seine Stücke entstehen meist aus Improvisationen während der Proben. Die Musikalität leitet die gesamte Aufführung. Die Aktion ist einfach, es passiert nicht viel. Zu sehen sind unbestimmte Figuren, Frauen und Männer ohne Namen; denkend, jeder für sich selbst, völlig ins Tagträumen versunken: Sie sitzen einfach so herum, trinken Tee und Alkohol, essen Weihnachtskuchen, formulieren bedeutungslose Phrasen und geschmacklose Witze, und singen alte Lieder *Danke Für Diesen Guten Morgen (Wir Sagen Dankeschön)* von Mickie Krause:

Danke für diesen guten Morgen
Danke für jeden neuen Tag
Danke, dass ich all meine Sorgen
Auf dich werfen mag
Danke für alle guten Freunde
Danke, o Herr, für jedermann
Danke, wenn auch dem größten Feinde
Ich verzeihen kann

Danke für meine Arbeitsstelle
Danke für jedes kleine Glück
Danke für alles Frohe, Helle
Und für die Musik (...)

Frank Castorf beschreibt sehr gut, wie *Murx den Europäer!* entstanden ist:

Marthalers »Murx den Europäer!« ist eine der wesentlichsten Arbeiten der Volksbühne. Man sagt heute dazu Kult. Der Abend basierte eigentlich auf einer Anekdote, die etwas über die Persönlichkeit Christoph Marthaler sagt. Es war in der Ost-Berliner Bier-Bar »Truxa«, die früher für die nimmermüden arbeitsscheuen Ostler lange geöffnet hatte und heute eine Absteige für das rechte Spektrum ist. Marthaler geht also in die Truxa-Bar, viele Menschen, dickbäuchig, glatzig, kräftig, stehen da. Er, mit Locken, Anzug, langem Mantel und Hut, möchte ein Bier trinken, und der Wirt sagt: »An Juden gibt's kein Bier.« Marthaler geht raus, doch am nächsten Tag ist er wieder da. Und er bekommt sein Bier. Dieses Kennenlernen-Wollen des anderen, ohne den eigenen Weg zu unterbrechen, ist bei ihm ganz wichtig. Und so ist »Murx den Europäer!« voll von kleinsten deutschen Verhaltensweisen, nicht ideologisch, nur beobachtend: Was machen Menschen an einem Tisch, wenn sie eigentlich nicht wissen, wie die Zukunft wird, und sich nicht mehr erinnern können oder wollen an die Vergangenheit?[51]

Ich beende meinen kurzen Exkurs über Marthaler, indem ich eine Reflexion von Nikolaus Merck zitiere, die ausgezeichnet die berauschende Atmosphäre von Judith Hermanns Berlin der 90er Jahre beschreibt, wo es auch Platz für Stücke wie *Murx den Europäer!* gab, das scheinbar anachronistisch war, aber sehr gut in eine experimentierfreudige Metropole passte:

Mitten in dem von Jugendlichkeit besoffenen Berlin der frühen neunziger Jahre wirkte Marthalers verschrobenes Ensemble aus absonderlichen Schweizmenschen und neu erweckten Altspielern wie ein Stachel im Fleisch. Während draußen die Stadt im Techno-Rausch dampfte, sangen ältliche Menschen in unfrohen Kostümen auf der Marthaler/ Viehbrock-Bühne deutsche Volkslieder[52]

51 Frank Castorf, *Schwierigkeiten haben mit allzu Gesunden.* Rede zur Verleihung des Konrad-Wolf-Preises an Christoph Marthaler. Oktober 1996. In: Hans-Dieter Schütt, Kirsten Hehmeyer, *Castorfs Volksbühne. Schöne Bilder vom häßlichen Leben*, Schwarzkopf & Schwarzkopf, Berlin, 1999; S. 166

52 Thomas Irmer – Harald Müller, *Zehn Jahre Volksbühne – Intendanz Frank Castorf*, Theater der Zeit, Berlin, 2003; S. 62

Frank Castorf

Frank Castorf ist 1951 in Ost-Berlin geboren und hat Theaterwissenschaften an der Humboldt-Universität studiert. Während seines künstlerischen Lebens hat er zahlreiche Auszeichnungen erhalten, darunter den Nestroy-Preis (2016) in Wien und den Theaterpreis Berlin (2000). Castorf ist unter dem Einfluss der anglo-amerikanischen Rock-Gegenkultur aufgewachsen, stark geprägt von Regisseuren wie Andrzej Wajda, François Truffaut, Federico Fellini oder Jean-Luc Godard. Seine ersten Aufführungen fanden an den Theatern von Greifswald und Brandenburg statt, wurden jedoch vom DDR-Regime verboten, weil sie der politischen Richtung nicht entsprachen. Später inszenierte er in Anklam große Klassiker von William Shakespeare, Johann Wolfgang von Goethe, Bertolt Brecht, Heiner Müller und Henrik Ibsen. Doch als dauerhaft unbequemer Künstler wurde er entlassen. Nach dem Mauerfall war er als freier Regisseur an verschiedenen westlichen Theatern zu Gast. Als er 1992 die Leitung der Volksbühne übernahm, zeichnete sich Castorf bereits durch seine kulturelle Eigenständigkeit aus und war weit davon entfernt, sich von den Ereignissen seiner Zeit unkritisch treiben zu lassen.

Trotz der damaligen Tendenz, alle Spuren der jüngeren Ost-West-Vergangenheit zu beseitigen, ließ er auf dem Dach des Theaters von weitem sichtbar die Buchstaben »Ost« anbringen. Damit wollte er den noch bestehenden deutlichen und großen Unterschied zwischen dem ehemaligen Ost- und Westteil Deutschlands markieren.

In einem Interview behauptet er:

- Cristina Piccino: Was bedeutet es heute, in Ost-Berlin zu arbeiten, das scheinbar das Herz kultureller Trends ist?

- Frank Castorf: Ost ist Ost und West ist West, es gibt immer noch eine Abgrenzung trotz der noch feindlichen Einheit. Ost-Deutsche sind in preußischer Tradition und unter asiatisch-russischem Einfluss aufgewachsen, das ist eine Tatsache, ebenso wie die Amerikanisierung West-Deutschlands. Ich denke, diese letzten Wahlen haben die Vielfalt zum Ausdruck gebracht, im Osten hat die Mehrheit für die kommunistische PDS abgestimmt, im Westen für die SPD und die Grünen. Im Osten gibt es eine neue Form des Bewusstseins, die ihre Wurzeln in der Stadt selbst hat, in jener Erinnerung, die im Westen lange erstickt wurde. Es ist wichtig, nicht zu vergessen, mit einer neuen Art zu beginnen, einem dritten Weg, um Unterschiede zu respektieren. Es ist ein bisschen wie unsere Arbeit an der Volksbühne, wo verschiedene Seelen, Tradition und Avantgarde nebeneinander existieren. Auch die Architektur des Gebäudes zeigt Widersprüche: z.B. die Marmore der Hitler-Kanzlei, die später für ein sowjetisches Denkmal verwendet wurden. Das Theater muss subversiv sein, es muss Hoffnung vermitteln, sonst ist es besser, es in einem Schwimmbad für die Kinder der Stadt zu verwandeln.[53]

53 Aus dem Interview mit Frank Castorf von Cristina Piccino, erschienen in der italienischen Zeitung *il Manifesto* am 2. November 2001. Freie Übersetzung vom Italienischen ins Deutsche von Emilio Esbardo

Die Ost-Identität wird von Castorf auf verschiedene Arten hervorgehoben. Zum Beispiel mit Liedern wie *Arbeitsscheuer Ostler* in seinen Stücken, die ironischerweise die falschen Vorurteile gegen die »Ossi« beschreiben:

Ich lieg um zehn noch auf der Matte
Und ratz mir einen weg
Draußen kommt der Westler
Und recycelt meinen Dreck
Er macht 'ne Menge Kohle
Und denkt er ist der King
Und wenn er abends umfällt
Hört er wie ich sing

Ich bin ein arbeitsscheuer Ostler
Und das ist mir nicht peinlich
Ich bin ein arbeitsscheuer Ostler
Und hab' mein Spaß dabei
Ich bin frei und ostgeboren
Und das noch nicht mal heimlich
Ich bin ein arbeitsscheuer Ostler
Und hab mein Spaß dabei

Er hört nicht auf zu schuften
Was für ein armes Schwein
Versuchs doch mal mit Hungerstreik
Auch du kannst Ostler sein
Von Kiel bis nach Saarbrücken
Wir haben nur ein Ziel
Ein Volk von faulen Säcken
Das nur macht was es will
Vom Rhein bis an die Oder
Wo dieses Lied auch klingt
Wir geben keine Ruhe
Bis auch der letzte singt

Ich bin ein arbeitsscheuer Ostler
Und das ist mir nicht peinlich...

Den markanten Unterschied – von dem im Kapitel *Generation Golf und Zonenkinder* geschrieben worden ist – zwischen dem Ich der Westdeutschen und dem Wir der Ostdeutschen betonen auch Castorf und seine Mitarbeiter:

> *Fester Bühnenbildner des Hauses ist Bert Neumann. Seine Formentscheidungen, in vielen Fällen wird er sagen »unsere«, gaben dieser Spielstätte die entsprechende Form. »Wir« und »unsere« ist richtig...*[54]

> *Viele Westdeutsche gehen von ihrer Individualität aus und delegieren den Kollektivismus an den Osten, sie distanzieren sich von Kollektiven und setzen das Kollektive gleich mit totalitären Strukturen. Ich sehe in diesem schrankenlosen Individualismus eine ungeheure Konformität, um nicht zu sagen, einen Totalkollektivismus, genau umgekehrt zur Erfahrung in der DDR, wo sich in den kollektiven Strukturen das Individuum unwahrscheinlich toll trainieren konnte – darin sehe ich die Polarisierung der psychologischen Mentalitäten »Ost« und »West«.*[55]

Bert Neumann, der Bühnenbilder, schafft und verkauft das »Produkt Ost«:

> *Das laufende Rad, die Neonschrift OST, die Streichholzschachteln, weiße Losungsbuchstaben auf rotem Fahnentuch und Malik-Verlags-verdächtige Programmheftchen der »Aufklärung« mit viel Philosophie. Tritt die Werbung in der Form der Agitation auf, oder ist die Agitation das Ziel?*[56]

Wie es zur Schrift »Ost« und zum »laufenden Rad« – zwei Erkennungszeichen der Volksbühne – kam, erzählte der Intendant:

> *Wir entwickelten so eine Art Gegensprache, haben das Rotwelsch aufgenommen, die Sprache der Benachteiligten, das geheime Zeichensystem derer, die nicht schreiben und lesen konnten. Daraus entstand das Rad, das vor dem Haus steht. Eigentlich begann das Neue mit den »Räubern«, die Volksbühne war führungslos, es gab keine feuerpolizeilichen Hemmnisse mehr – diese kurze Zeit der Anarchie hat allen Spaß gemacht. (...) Wir haben damals eine Zigarettensorte »Ost« rausgegeben, weil die Zigarettenproduktion in dem Stück »Der gute Mensch von Sezuan« etwas Zentrales ist. Das Schild auf dem Dach ist die Reklame dafür, aber die Genehmigung durch die Behörden kam*

54 Ricarda Bethke, *Nur kein Gesamtkunstwerk – Der Bühnen- und Kostümgestalter Bert Neumann.* 1998. In: Hans-Dieter Schütt, Kirsten Hehmeyer, Castorfs Volksbühne. Schöne Bilder vom häßlichen Leben, Schwarzkopf & Schwarzkopf, Berlin, 1999; S. 40

55 Frank Castorf, *Glücklich arbeiten mit poetischen Kampfmaschinen*; aus Gesprächen mit Hans-Dieter Schütt. Mai 1999. In: Hans-Dieter Schütt, Kirsten Hehmeyer, *Castorfs Volksbühne. Schöne Bilder vom häßlichen Leben*, Schwarzkopf & Schwarzkopf, Berlin, 1999; S. 163

56 Ricarda Bethke, *Nur kein Gesamtkunstwerk – Der Bühnen- und Kostümgestalter Bert Neumann.* 1998. In: Hans-Dieter Schütt, Kirsten Hehmeyer, *Castorfs Volksbühne. Schöne Bilder vom häßlichen Leben*, Schwarzkopf & Schwarzkopf, Berlin, 1999; S. 40

leider erst, als die Inszenierung bereits abgesetzt war.[57]

Annika Krump schilderte in ihrem autobiographischen Buch eines der ersten Treffen unter der Leitung von Castorf. Der neue Intendant hielt seine Rede, in der er seine biografische Herkunft und Ost-Erfahrung betonte, im Berliner Dialekt:

17.8.1992. Castorf sagte: »Ick kann ja och nur hoffen, det sich allet zum Juten wendet... In der DDR haben wir ja Improvisieren jelernt! Ick würde euch bitten, nicht so sehr auf die Presse, die Kritiken und andre Theater zu hören: Feinde jibts überall, die sich über Misserfolge freuen. Wichtig ist unsere innere Verfassung, der uns dit hier in der Volksbühne Spaß macht. Ick bitte euch, einfach mal een Jahr durchzuhalten! Ick bin ja och keen Intendant... Es ist halt ein Versuch. Ick hab ja erst mal 'n Werkvertrag bis Oktober. Den richtijen Vertrag hab ick noch jar nich unterschrieben... Matthias Lilienthal hatte mir vorher extra noch jesacht, ick soll hier Optimismus machen... Ick hoffe, det is mir jelungen...«[58]

Annika Krump, erinnert sich auch, wie sehr Castorf von den Schauspielern gefürchtet war:

28.8.1992. Irgendwann wurde die Situation unerträglich. Er hat sich darüber lustig gemacht, wie die Schauspieler hilflos auf der Bühne rumgezappelt haben – jedenfalls war es so extrem, dass zwei von ihnen angefangen haben zu weinen. »Nu heult doch nich noch wie die Mimosen!«[59]

Diese Art, sich den Schauspieler gegenüber zu benehmen, war aber zum Teil auch der Schlüssel zum Erfolg seiner Stücke und seiner Schauspieler:

Eigentlich wollte ich auf gar keinen Fall mit Frank Castorf fahren; letztendlich war dann aber nur noch bei Lukas Platz, und ich saß dann doch mit ihm zusammen im Auto.
Ich habe erst zum Fenster rausgeguckt. Aber dann sind wir ins Gespräch gekommen.
»Frank, ich fand die Probe heute sehr extrem.«
»Weeßte, warum ick so arbeite? Theater is eben Arbeit! Ick will keen Studententheater machen, wo alle lieb und nett sind zueinander, aber letztlich kommt dann nüscht bei raus. Du, ick war echt jereizt durch die Dickarschigkeit der jungen Schauspielerinnen. Da muss ick uff Härte machen! Det is aber völlig normal zu dem Zeitpunkt. Und der Schmerz, der ja für die Schauspielerinnen real ist, ist eben nötig, um jute Arbeit zu machen. Um eine Intensität, was Besonderet zu erreichen!

57 Frank Castorf, *Glücklich arbeiten mit poetischen Kampfmaschinen*; aus Gesprächen mit Hans-Dieter Schütt. Mai 1999. In: Hans-Dieter Schütt, Kirsten Hehmeyer, Castorfs Volksbühne. *Schöne Bilder vom häßlichen Leben*, Schwarzkopf & Schwarzkopf, Berlin, 1999; S. 154

58 Annika Krump, *Tagebuch einer Hospitantin - Berlin, Volksbühne 1992/93*, Alexander Verlag Berlin, Berlin, 2015; S. 29

59 Ebenda; S. 39

Ick will aus den Leuten was Besonderet rausholen, um mich von anderen Theatern abzuheben. Und auf die Arbeitsweise reagiert eben jeder anderes. Henry kennt det schon, manche reagieren darauf auch aggressiv, messerscharf! Aber der weinerliche Jetue jeht mir total uffn Geist. Und bei den jungen Schauspielerinnen nervt mich die Selbstgenügsamkeit, die Konzentrationslosigkeit. An der Volksbühne erwarten alle, dass ick der große Retter bin – aber selber verhalten sie sich wie Opfer und kriejn den Arsch nich hoch. Ick will mit wachen Leuten arbeiten! Diese psychologische Irritation is nötig, damit die Schauspieler sich konzentrieren, sich nachher an den Schmerz erinnern und nich nachlässig werden in den späteren Aufführungen.[60]

Frank Castorf widmete sich u.a. der Suche nach zeitgenössischen Romanen, die in gewisser Weise seine Ideen widerspiegeln und es ihm ermöglichen, sie seinen Zuschauern zu vermitteln. Zum Beispiel feierte Castorf am 12. November 1998 die Premiere seiner theatralischen Umsetzung des Buches *Terrordrom* von Tim Staffel, in dem der Regisseur den neuen kommerziell geprägten Bezirk Berlin-Mitte beschreibt.

Im April 2000 brachte Castorf den Roman von Robert Harris *Vaterland* auf die Bühne, der von einem phantasierten Sieg Deutschlands im Zweiten Weltkrieg erzählt; das Jahr 1964 läuft und Hitler, gesund und munter, unbestrittener Herr über »Europa-Deutschland«, wird 75 Jahre alt:

Doch das eigentliche Skandalon ist, dass kaum noch jemand nach den Juden auch nur zu fragen wagt. Bis die amerikanische Journalistin Charlotte Maguire (Silvia Rieger) auftaucht und offenbar einzig die SS-Kripo-Fahnder Xaver März (Stephan Bissmeier) und Max Jäger (Bernhard Schütz) eine Ahnung zu erkennen geben, was da gewesen sein muss.[61]

Ein weiterer interessanter Aspekt von Castorfs Produktion ist sein Interesse an russischer Literatur, insbesondere für Werke, die sich mit den Unterschieden zwischen Ost und der westlichen Welt auseinandersetzen. 1995 inszenierte er *Die Hochzeitsreise* von Vladimir Sorokin, 1999 *Dämonen* und 2000 *Der Idiot* von Dostojewski.

Zwei Produktionen haben Castorf zu internationaler Berühmtheit verholfen: *Endstation Amerika* (nach dem Drama *Endstation Sehnsucht* des amerikanischen Schriftstellers Tennessee Williams) und *Schmutzige Hände* (nach dem gleichnamigen Drama des französischen Schriftstellers Jean Paul Sartre).

Endstation Sehnsucht ist eine Geschichte, die in New Orleans spielt, wo Stella, eine schwangere Frau, im French Quarter mit einem Mann polnischer Herkunft, Stanley, lebt. Blanche, Stellas Schwester, besucht das Paar, dies führt zu einer Reihe tragischer Ereignisse. Stanley entdeckt Blanches dunkle Vergangenheit – sie ist von ihrer Arbeit als

60 Ebenda; S. 40

61 Thomas Irmer – Harald Müller, *Zehn Jahre Volksbühne – Intendanz Frank Castorf*, Theater der Zeit, Berlin, 2003; S. 49

Lehrerin entlassen und der Nymphomanie beschuldigt – und vergewaltigt sie.

Mit seiner Umsetzung in *Endstation Amerika* macht Castorf die Handlung aktuell und voller Provokationen. Die größte Neuerung ist die Präsenz von Rockmusik und einer Leinwand auf der Bühne, durch die das Publikum auf das Geschehen im Badezimmer aufmerksam gemacht wird, das sonst nicht sichtbar ist. Die Idee des Bildschirms geht auf *Big Brother* zurück.

Lesen wir, was er in seinem Interview mit Cristina Piccino dazu erklärt:

- *Cristina Piccino: Was hat Sie an Williams fasziniert?*
- *Frank Castorf: Ich hatte noch nie einen so schrecklichen Text gelesen, in dem das Todesgefühl des Zweiten Weltkriegs und sein Fortbestehen in McCarthy America auftaucht, wo der Einzelne mit der gleichen Vorstellung von drohender Gefahr lebte. Williams führt einen in die Welt der Coca-Cola ein, klaustrophobisch, mit einer Traurigkeit, die man hinausschreien möchte. Als ich ihn las, dachte ich, ich könnte es schaffen, ihn mit dem riesigen »Stausee« - eine Metapher für den Osten in der Zeit nach dem Mauerfall - am besten umzusetzen. So wird Stanley Kowalski zum Ex-Militanten von Solidarnosc, der seine politisch-sozialen Wurzeln auslöscht, um Geld zu verdienen, und zum Kleinkriminellen wird.*
- *Cristina Piccino: Ihre Interpretation spielt mit dem Imaginären: es ist Amerika, aber wir sind in Ostdeutschland. Sie haben sogar den Titel geändert.*
- *Frank Castorf: Wenn ich einem Text gegenüberstehe, suche ich nach Zufällen, nach Extremsituationen. Hier vermischen sich eine kapitalistische und eine aufgeklärte Art, die Freizeit zu begreifen. Williams' Welt ist mir ein vertrauter Ort geworden, und zwar in Deutschland, wo man die Kulturgewohnheiten aus Amerika wie Barbie oder Big Brother und die Kultur von Warhols Factory übernommen hat...*[62]

Auch in *Schmutzige Hände* beschließt Castorf, eine Geschichte von Sartre aus dem Jahr 1948 (*Le mains sales*, Originaltitel auf Französisch) zu verwenden und an seine Zeit anzupassen. *Schmutzige Hände* erzählt von den Unsicherheiten, Sorgen und Schwierigkeiten nach dem Ende des Zweiten Weltkriegs und dem Entstehen der beiden gegensätzlichen Ost-West-Blöcke. Was Sartre jedoch hervorhebt, ist der Bruch zwischen Idealen und Kompromissen in der Politik. Das wird durch die beiden Charaktere gut dargestellt: Hoederer, ein zynischer und praktischer Mensch, und Hugo, ein Idealist und Träumer.

Im Dialog spricht Hoederer Hugo an und lässt uns das Drama eines Europas begreifen, das versucht, aus der Asche aufzuerstehen:

Wie wichtig dir deine Reinheit ist, mein kleiner Junge! Wie viel Angst hast du, dir die Hände

62 Aus dem Interview mit Frank Castorf von Cristina Piccino, erschienen in der italienischen Zeitung *il Manifesto* am 2. November 2001. Freie Übersetzung vom Italienischen ins Deutsche von Emilio Esbardo

schmutzig zu machen. Nun, bleib rein ... Reinheit ist die Idee eines Mönchs. Ihr anderen, die Intellektuellen, die bürgerlichen Anarchisten, ihr werdet jeden Vorwand finden, nichts zu tun ... Meine Hände sind schmutzig. Bis zum Ellenbogen. Und ich habe sie in Scheiße getaucht...[63]

In der Umsetzung von Castorf spielt die Handlung im ehemaligen Jugoslawien, wo nach dem Mauerfall und dem Ende des Ost-West-Blocks ein Krieg entbrannte. Dass man sich in Jugoslawien befindet, erkennt man an der großen Flagge des kommunistischen Jugoslawiens. Was Castorf meiner Meinung nach vermitteln wollte, ist der Zynismus in der Politik, wo die Protagonisten dazu neigen, ihren Gegner politisch zu eliminieren. Doch nach dem Mauerfall und dem Fall der Ideologien (die an die apolitische Generation ohne Ideologien von Judith Hermann erinnert) können die Politiker ihr Handeln mit keinem Ideal mehr rechtfertigen. Castorf verwandelte die Volksbühne in den 90er Jahren in einen kulturellen Mittelpunkt und machte sie zu einem der wichtigsten Schauplätze künstlerischer Experimente in Berlin, was Künstler und Publikum aus aller Welt anzog. Er war Intendant der Volksbühne von 1992 bis 2017. Seine Entlassung löste viele Proteste aus. An seiner Stelle wurde der belgische Kurator und Theaterwissenschaftler Chris Dercon ernannt. Die Gentrifizierung hat auch die Volksbühne nicht verschont.

Noch weitere Sätze Castorfs von 1999 über die Rolle der Kunst und die Entwicklung von Berlin und Deutschland wirken prophetisch – und schildern die negativsten Aspekte der *Generation Golf*:

Man sieht, wie Kunst zu Kapital wird. (...) Freiheit heute, das heißt: möglichst lang und möglichst gut ausgestattet Freiheit zu erleben. Das ist die degenerierte Erfolgsnachricht von 1848. Love Parade – im Grunde sind das Agenten des Kapitalismus. Sie wollen den Rausch, aber gleichzeitig den Reichtum zerstören. Doch das hat keine ideologische Anbindung mehr. Es ist eine Generation, die sagt: Jetzt und sofort! (...) Die Armseligkeit unseres Denkens – das ist die Armut unserer Zeit. (...) Man hat überall in Deutschland in den Führungsetagen die Souveränität wegeschmissen. Aus Bonn kommt diese Gartenzwerg-Mentalität nach Berlin, diese atemberaubende korrekte Dummheit. (...) Demokratismus: Der scheinbare Konsens demokratischer Übereinstimmung tötet Differenzen. Differenz wird zum Makel deklariert. (...) Die Aufgabe von Kunst sehe ich darin, einer Welt, der man ungeprüft abnehmen soll, daß sie die beste aller Welten sei, einen destruktiven Blick entgegenzusetzen. Keinen menschenunfreundlichen Blick, aber einen mit Sinn für die Zerbrechlichkeit alles Bestehenden. Anders gesagt: Diese West-Kiste kann ich nicht wirklich bestaunen.[64]

63 Jean-Paul Sartre, *Les Mains sales* (Die schmutzigen Hände), Gallimard, Paris; Auf der vierten Umschlagseite (Freie Übersetzung vom Französischen ins Deutsche von Emilio Esbardo)

64 Frank Castorf, *Glücklich arbeiten mit poetischen Kampfmaschinen*; aus Gesprächen mit Hans-Dieter Schütt. Mai 1999. In: Hans-Dieter Schütt, Kirsten Hehmeyer, *Castorfs Volksbühne. Schöne Bilder vom häßlichen Leben*, Schwarzkopf & Schwarzkopf, Berlin, 1999; S. 156-159

Ich erwähne nebenbei den Prater in der Kastanienallee, der zur Volksbühne gehört, ein stark beschädigtes historisches Gebäude, das jedoch vor allem wegen seiner zentralen Lage erhalten werden sollte.

Castorf ernannte Lukas, den Sohn des Regisseurs Thomas Langhoff, zum künstlerischen Leiter. Er verwandelte den Prater in ein Sprungbrett für junge Leute, einen der nächtlichen Anziehungspunkte (»Gleichwohl wurde der Prater in der Stadt schnell zum attraktiven Ort«[65]) und eine Experimentierwerkstatt. Als Lukas (damals ebenfalls junger Künstler, Jahrgang 1964) in der Spielzeit 1997/1998 sein Amt niederlegte, hatte der Prater seine Eigenständigkeit erlangt, unabhängig von der Volksbühne. In Erinnerung an diese Tage erzählte Langhoff:

> *Das war toll. Jeder kam vorbei, hat sich auf den Ort gestürzt, und wir hatten bis zu vierzig Premieren pro Abend. Das Spektrum war spannend und die Stimmung richtig ausgelassen (...) Jeder machte gnadenlos sein eigenes Programm, es gab kein personelles Zentrum*[66]

Die Volksbühne am Horst Wessel Platz (1939); Fotograf: Frankl / Bundesarchiv, Bild 146-2002-003-33A / Frankl / CC-BY-SA 3.0

65 Thomas Irmer – Harald Müller, *Zehn Jahre Volksbühne – Intendanz Frank Castorf*, Theater der Zeit, Berlin, 2003; S. 125

66 Ebenda; S. 124f.

Oben: Volksbühne (2006). Auf dem Dach des Theaters kann man die Schrift »Ost« gut erkennen.
Unten: Christoph Schlingensief startet seine »Deutschlandsuche 99« an der Volksbühne in Berlin. Sachiko Hara, Christoph Schlingensief, Bernhard Schütz, Irm Herrmann, Klaus Beyer, Kerstin Grassmann - Autor: Schreibkraft // CC BY-SA 3.0 (https://de.wikipedia.org/wiki/Datei:Deutschlandsuche99.jpg)

Die Kunst

Oft war die Trennung zwischen Kneipe, Club und Kunst nur schwer auszumachen, eins ging ins andere über. Immer neue Plattformen und Basisprojekte für die Produktion, Distribution und Rezeption der aktuellen Kunst schossen aus dem Boden. Initiativen wie das Tacheles, das ACUD und die aktions galerie stehen für die Szene der frühen 1990er Jahre. Auch viele Galerien in Mitte sind später aus diesen Strukturen der Pionierzeit hervorgegangen, etliche wie die Galerien NEU und Jesco von Puttkamer waren vorher selbst nichtkommerzielle Projekträume (...) Der damals 24-jährige Klaus Biesenbach und andere hatten eine leer stehende ehemalige Margarinefabrik mehr oder minder besetzt und nutzten sie für Kunstprojekte.[1]

In einer Stadt, die sich leicht zwischen den Erinnerungen an die Vergangenheit und den Projektionen der Zukunft zu verlieren droht, scheinen die Visionen und Reflexionen der Künstler, die hier leben, einen überzeugenden Weg aufzuzeigen, mit dem »Heute« umzugehen. In den letzten Jahren haben viele Künstler die einzigartige Gelegenheit genutzt, die Berlin zu bieten hat, und sich in Friedrichshain und Charlottenburg, Kreuzberg und Moabit, im Zentrum und in den Außenbezirken niedergelassen. Viele haben Berlin zu ihrer Heimat und der Arbeitsbasis gemacht, einige von ihnen haben ihre internationale Karriere hier begonnen. Das macht Berlin im Hinblick auf die Entstehung zeitgenössischer Kunst gegenwärtig zu einer der aufregendsten Städte der Welt.[2]

Das Jahrzehnt der neunziger Jahre brachte Berlin auch in der zeitgenössischen Kunst Glück und machte die Stadt zur Welthauptstadt für Kunst. Wie beim Theater gibt es Hunderte von Galerien und Tausende von Künstlern. Analogien zu den 1920er Jahren drängen sich auf:

Die Umbruchsituation der Nachwendezeit zog viele Künstler und Kunstvermittler nach Berlin und bot aufgrund der sich entfesselnden Dynamik in den nachfolgenden Jahren auch jungen, innovativen Galeriekonzepten eine Chance auf dem Markt. Mittlerweile ist Berlin weltweit die größte Produktionsstätte für aktuellste Gegenwartskunst und gleichzeitig der Standort mit der höchsten Dichte an qualitativ hochwertigen Galerien in Europa. Über 300 Galerien soll es in Berlin geben, an die 20.000 Künstler leben und arbeiten in der Stadt. Doch der Berliner Markt scheint noch lange nicht gesättigt, jährlich gibt es neue Galeriengründungen und einen nicht enden wollenden Zuzug etablierter und bisher unbekannter internationaler Künstler.[3]

1 Angela Hohmann / Imke Ehlers, *Berlin contemporary*, Jovis, Berlin 2005; S. 13

2 Klaus Biesenbach in: Mark Gisbourne, Ulf Meyer zu Küingdorf, Jim Rakete, *Kunst Station Berlin*, Knesebeck, München, 2006; S. 8f.

3 Angela Hohmann / Imke Ehlers, *Berlin contemporary*, Jovis, Berlin 2005; S. 9

Berlin ist, wie in den Golden Twenties, Welthauptstadt der Kreativität und bildenden Kunst. Sammler, Museen, die Medien und Feuilletons sowie kunstinteressierte Besucher aus der ganzen Welt feiern das aktuelle Mekka der künstlerischen Avantgarde. Die Berliner Kunstszene hat sich weit über den Kreis der Insider hinaus einen Namen gemacht.[4]

Wie alle anderen Kulturszenen dehnte sich auch die Kunstszene in den östlichen Teil der Stadt aus, wo die Flächen riesig und die Mieten erschwinglich waren. Natürlich gab es in dieser Branche Vorläufer, dank derer alles begann: Berlin-Mitte wurde ein echtes »Kunstviertel«. Um den enormen Erfolg dieser Galerien im Ausland zu verstehen, genügt es zu sagen, dass 2004 in Miami Beach fünf Werke von Martin Eder für 36.000 Dollar verkauft wurden, und das nur 18 Minuten nach Eröffnung der Kunstmesse. Es ist ein Muss, einige der wichtigsten Galerien zu erwähnen, die die Kunstszene Berlins geschaffen haben.

EIGEN + ART ist vielleicht die berühmteste Berliner Galerie. Der Gründer, Gerd Harry »Judy« Lybke, hatte sein Geschäft in Leipzig begonnen, bevor er nach Berlin zog und einer der Pioniere der Kunstszene wurde:

1983, lange vor dem Mauerfall, gründete Lybke in seiner Geburtsstadt Leipzig eine Wohnzimmergalerie, einen Ort, der Kunst und Leben verbindet. 1992 kam Gerd Harry Lybke nach Berlin-Mitte. Von einem Galerienviertel oder Standort für zeitgenössische Kunst war das Viertel rund um die August- und Linienstraße damals weit entfernt. Es gab ein paar vereinzelte Galerien, von denen heute noch die Wohnmaschine existiert. Die Kunstwerke etablierten sich gerade als nichtkommerzieller Ausstellungsort. Dort zeigte Lybke zum ersten Mal seine Leipziger Künstler, sofort ein Erfolg. Daraufhin entschloss er sich zum Bleiben und legte mit seiner Galerie EIGEN+ART den Grundstein für das neue Galerienzentrum in Mitte. Kurz nacheinander eröffnete eine Galerie nach der anderen im Viertel – viele darunter sind wie Judy Lybke mittlerweile längst auf dem Parkett des internationalen Kunstmarktes zu Hause und haben die zeitgenössische Kunst in Berlin ins Gespräch gebracht.[5]

Als Chaim Noll die DDR Richtung West-Berlin verlässt, ist Thorsten Schilling noch Student der Karl-Marx-Universität, aber gleichzeitig auch Teil der Bohème in Leipzig. Er lebt in einer Wohnung am Körnerplatz, in der er mit seinem Mitbewohner Gerd Harry Lybke, genannt Judy, Werke junger Künstler zeigt. Was als Partygag beginnt, führt Lybke später als Galerie Eigen+Art weiter. Nach der Wende bezieht Lybke mit seiner Galerie Räume in der Auguststraße in Berlin-Mitte, auf halber Strecke zwischen Tacheles und Eimer. Später etabliert er die Malerei von Neo

4 Mark Gisbourne, Ulf Meyer zu Küingdorf, Jim Rakete, *Kunst Station Berlin*, Knesebeck, München, 2006, siehe Klappentext.

5 Angela Hohmann / Imke Ehlers, *Berlin contemporary*, Jovis, Berlin 2005; S. 54

Rauch und damit die sogenannte Neue Leipziger Schule auf dem amerikanischen Kunstmarkt.[6] *(...) Nach dem Fall der Mauer eröffnen in der Auguststraße die Kunst-Werke. Judy Lybkes Galerie Eigen+Art zieht ein paar Häuser weiter ein, die Allgirls Galerie befindet sich schräg gegenüber, die Galerie Neu betreibt eine Weile Räume am anderen Ende der Straße. Ein Bildhauer macht in der Auguststraße das Hackbarths auf, eine Eckkneipe, die bis heute existiert.*[7]

Eine bemerkenswerte Figur unter den Künstlern ist Neo Rauch, der die Politik der Galerie widerspiegelt: diese Art, Kunst zu fördern, die von ihrer eigenen Zeit erzählt.

So wie Lybke die Auguststraße »erfand«, »erfand« Max Hetzler mit seiner **Galerie Max Hetzler** die Zimmerstraße:

Max Hetzler präsentierte Thomas Struth und etablierte so das Genre Fotografie in der Kunst – und schrieb wieder Kunstgeschichte. 1993 zog Hetzler nach Berlin und nahm zunächst in Charlottenburg Quartier – dem er 1996 zugunsten der Zimmerstraße in Berlin den Rücken kehrte. Damals herrschte dort Brachland, heute ist es eines der florierendsten Galerienzentren Berlins. Mit großer Zielsicherheit ging Hetzler früh davon aus, dass die neue Hauptstadt für den Kunstmarkt in Deutschland tonangebend werden könnte. Immer mehr öffnete Max Hetzler sein Programm für die nachfolgende Generation.[8]

Mehdi Chouakri ist Inhaber der gleichnamigen Galerie, die dank ihres internationalen Programms erfolgreich war. Ihr Flaggschiff ist Sylvie Fleury, eine der wichtigsten Künstlerinnen ihrer Generation.

Die Contemporary Fine Arts spielte eine wichtige Rolle bei der Öffnung des internationalen Marktes für Berliner Galerien. Die Eröffnungsausstellung 1996 ist legendär geworden:

Als die Galerie 1996 in den Sophie-Gips-Höfen eingeweiht wurde und die Besucher die Räume nur über Holzplanken erreichten, konnte man sich schwer vorstellen, dass Contemporary Fine Arts einmal eine maßgebliche Rolle im internationalen Kunstgeschäft spielen würde. Eröffnet wurde mit der legendären Ausstellung Is Suicide Genetic? Als revoltierende Vertreterin der »Young British Art« stellte Sarah Lukas eine weiße Keramik-Kloschlüssel aus, deren Inneres in rotbrauner Schrift diese Frage zierte. Zur Finissage wurde ein Ohrensessel mit einem Helm aus Zigaretten, ein von Lucas in dieser Zeit gern verwendetes Material, abgefackelt.[9]

6 Ulrich Gutmair, *Die ersten Tage von Berlin - Der Sound der Wende*, Klett-Cotta Verlag, Stuttgart, 2013; S. 80f.

7 Ebenda; S. 34

8 Angela Hohmann / Imke Ehlers, *Berlin contemporary*, Jovis, Berlin 2005; S. 68

9 Ebenda; S. 42f.

Der Journalist Ulrich Gutmair, der selbst als Student das Berlin der 90er Jahre erlebt hat und es in seinem Kulturgeschichte-Buch *Die ersten Tage von Berlin - Der Sound der Wende* schildert, erwähnt unter anderem Jutta Weitz, die die Kunstszene von Berlin-Mitte stark geprägt und mitgestaltet hat:

Bald wissen alle, die Platz für ein Projekt in Berlin-Mitte suchen, dass Jutta Weitz hilfreich zur Stelle ist. Es melden sich Leute aus Australien, die über Freunde von Jutta Weitz erfahren haben, und selbst im New Yorker Kunstraum PS1 hängt ihre Telefonnummer am schwarzen Brett. Inzwischen ist aus der Kommunalen Wohnungsverwaltung die Wohnungsbaugesellschaft Berlin-Mitte, kurz WBM, geworden. (...) »Es ging nicht nur darum, schnell Geld zu verdienen, sondern sich mit Situationen und gesellschaftlichen Zusammenhängen oder auch neuen Leuten auseinanderzusetzen. Es war bei allen – im Osten und im Westen – eine große Neugier da. Es ging um die Frage, wie will ich leben, was geht jetzt?«, erinnert sie sich. (...) Es kommen Leute mit obskuren Projekten zu Jutta Weitz. »Zum Beispiel gab es welche, die wollten einen Laden haben, um Berliner Luft einzusperren. Der Laden sollte versiegelt werden und nach drei Jahren wieder geöffnet, und das war das Kunstprojekt. Dann kannst du Berliner Luft in Flaschen abfüllen.« (...) Jutta Weitz beginnt, an Wochenenden zu Hause regelmäßig Frühstücke zu organisieren, zu denen Leute aus der Kulturszene eingeladen werden. Jutta Weitz kennt durch ihre Arbeit viele Kulturleute, die in Mitte aktiv sind, voneinander aber oft nichts wissen. Die Gäste kommen und gehen von morgens bis abends. (...) Gegen Ende ihrer Zeit bei der WBM hat Jutta Weitz gemerkt, wie stark sich die Zeiten geändert haben. Jetzt kommen junge Leute zu ihr, die noch zur Schule gehen, aber schon eine Geschäftsidee haben, die sie verwirklichen wollen. »Diesen Freiraum, den kennen die Jungen nicht mehr, der Druck ist viel größer. Als Kreativer sollst du gefälligst wirtschaftlich agieren«, sagt sie.[10]

Leider ist von dieser Freude an Kunst, am Experimentieren der Neunziger nichts geblieben; es geht am meisten Fällen darum, viel Geld zu verdienen:

Heute wollen die Leute bei allem, was sie machen, möglichst viel Geld verdienen. Das ist nicht unbedingt ein sozialer Gedanke. Aber im Grunde zwingt einen das System dazu. Freiwillig krebst keiner rum.[11]

Sehr lustig und gleichzeitig traurig ist, wie Christoph Schlingensief schildert, was aus dem Bezirk Prenzlauer Berg, ehemals Kultzentrum für die Nacht- und Kunstszene der 90er Jahre, geworden ist:

Cusanus sei natürlich kein moderner Mensch. Aber ich bin's auch nicht mehr. Ich hab zwar noch

10 Ulrich Gutmair, *Die ersten Tage von Berlin - Der Sound der Wende*, Klett-Cotta Verlag, Stuttgart, 2013; S. 130ff.

11 Ebenda; S. 214

sehr viele neue Handys, aber ich bin ehrlich gesagt nicht mehr so modern. Das merke ich ganz klar in Berlin, am Prenzlauer Berg: Diese Horden von Menschen, die da zwischen Notebooks und Zeitungsbergen in den Cafés herumhängen und schon beim Frühstück eine Stimmung verbreiten, als hätten sie was gegen Spiegeleier. (...) Jedenfalls ist der Prenzlauer Berg ein Ort, an dem es brodelt, in dem wahnsinnig viele Künstler leben – jeden Tag kommen 20.000 bis 30.000 dazu. Und es werden Galerien eröffnet am laufenden Band. Da kriegt man kaum noch die Tür zu vor lauter Informationen, wer jetzt gerade eröffnet und wer bald wieder schließen muss. Das überfordert mich inzwischen maßlos. Irgendwo ist immer Galerieeröffnung, irgendein Kunststudent aus Freiburg oder Braunschweig oder Kassel hat ein Ladenlokal gemietet, das heißt »Zur lustigen Ölfarbe« oder »Moma Berlin« und ist mit ein paar Bildchen des Kunststudenten und seiner Freunde bestückt. Die Bilder kann niemand richtig sehen, weil es viel zu voll ist in der Hütte. Kleine Zeichnungen, die direkt auf die Wand gemalt sind. Was ist hier los? Ist das jetzt Kunst oder ist das noch ein Stück vom Umzug? Hat da der Hausmeister rumgemalt, als er auf die nächsten Mieter wartete? Was ist, wenn ich das kaufen will? Bekomme ich dann die ganze Wand oder wird das kleine Stück da für mich rausgebrochen? (...) Das sind tatsächlich alles Fragen, die wichtig sind, wenn man Kunst anguckt. Aber es sind eben auch Fragen, die ich immer auf die Gesellschaft, auf das Leben bezogen habe. Kunst ist für mich nur interessant, wenn sie auf das Leben bezogen ist, wenn sie an der Trennung von Kunst und Leben kratzt. (...) Das ist doch das, was uns im Leben immer wieder passiert: Man sieht ein Bild und denkt, das sei die Welt, vergisst aber, dass es ganz viele Bilder von der Welt gibt. Dass man auch in sich selbst ganz viele Bilder, Ideen, Sehnsüchte hat, die man nicht erfüllen konnte, an denen man aber immer noch hängt, wo man weinen könnte, weil man sie aufgeben musste. Der Mensch besteht eben nicht nur aus Chemie, sondern auch aus ganz viel Sehnsucht. (...) Der Rahmen, in dem die Galerieeröffnung stattfindet, ist jedenfalls der sogenannte Kunstrahmen – und wenn er fertig ist, dann sind auch alle ganz schnell weg, dann ist der Spuk vorbei, so gegen vier, fünf Uhr morgens. Manchmal hängen noch ein paar vergessene Mäntel herum. Vor Kurzem wurde in einer Galerie ein Mantel gefunden, da steckten 16 Brötchen in den Taschen. Den hat irgendein Künstler jetzt für einen Euro gekauft und in sein eigenes Ready-made-Environment eingearbeitet. (...) Klar, es gibt auch clevere Künstler, aber diese Leute, die da nach Berlin kommen, sind meistens nicht so clever. Sind präpotente Studenten, sage ich immer, die glauben, sie seien schon Künstler, weil sie einmal die Kunstakademie betreten haben: Aufnahmebescheid, du darfst hier studieren – und zack, ist man schon Künstler. (...) Die Eröffnung ist jedenfalls dann vorbei, am nächsten Morgen räumt der Student auf, wischt und fegt, um alles wieder schön sauber zu haben für die Käufer. Dann sitzt er da rum, wartet, dass mal einer kommt. Kommt aber keiner. Am dritten Tag steckt nachmittags einer mal den Kopf durch die Tür und fragt: »Sagen Sie mal, war hier früher nicht mal Kamps?« (...) Im zweiten Monat rufen die Eltern an: »Na, wie geht's dir? Wollten nur mal hören, wie's so läuft...« »Doch, läuft ganz gut, Eröffnung war ja rappelvoll. Echt super! Jetzt hänge ich gerade ein paar Bilder um, das wird schon.« Die Mutter ist beruhigt: »Das klingt doch prima. Toll, wie du das hinkriegst, bleib am Ball, Schatz – und wenn du Hunger hast, komm nach Hause.« Im dritten Monat ruft die Bank an. (...) Am Schluss wird die Bude geschlossen und der Typ hängt mit so einer Fresse in einem der Cafés rum, hasst alle, die sich noch bewegen, und simuliert, dass er die Zeitung liest. Und wenn ich da vorbeikomme, ist so eine Strahlung unterwegs, ein böser Blick, den ich überhaupt nicht mag – weil ich selbst natürlich so wahnsinnig sympathisch und nett bin... Nein, ich meine wirklich, diese böse Stimmung ist so schade.[12]

12 Christoph Schlingensief, *Ich weiß, ich war's*, btb Verlag, München, 2014; S. 50ff.

Die Mode

Folgt man der Mode, ist es möglich, auf die Sitten und Gebräuche einer Gesellschaft Bezug zu nehmen und Merkmale einer Stadt oder einer Nation davon abzuleiten. Die Mode hatte in Berlin noch nie eine große Bedeutung (früher hatten selbst Prominente wie Marlene Dietrich kein ausgeprägtes Gespür für Stil), aber in den Neunzigern gab es eine Trendwende. Und wenn wir das Phänomen analysieren, was haben wir davon? Sie spiegelt die Züge vom Berlin der Neunziger und des Individualismus der *Golf-Generation* wider:

Heute arbeiten renommierte Modeschulen, allen voran ESMOD, der Lette-Verein und die Modeklasse von Vivienne Westwood an der Universität der Künste mit großer Verve daran, den Geruch von Mottenkugeln zu vertreiben und dem synthetischen Jogging-Anzug eine glamouröse und vor allem für das andere Berlin authentischere Alternative entgegen zu setzen – mit Erfolg! Die Mode wird vom philosophischen Überbau entrümpelt und bekennt sich unbeschwert zu dem, was sie ausmacht: der Flüchtigkeit. Das passt zu Berlin; es geht um den Moment. Die Schlüsselworte der neuen modischen Perspektive: Individualität, Phantasie und Distinktion...[1]

Und selbstverständlich ist die Berliner Mode, wie all die anderen beschriebenen Kunstgattungen, im Ausland erfolgreich und bekannt geworden und hat viele ausländische Modeschöpfer nach Berlin angezogen:

Es waren vor allem Pioniere wie Ralf Handschuh, die Anfang der Neunziger endlich einen internationalen Ansatz suchten. Als einer der wenigen deutschen Designer orientierte er sich früh nach Paris und verschaffte sich international Anerkennung. Dieses Engagement verlangte nicht nur gute Produkte, sondern zum ersten Mal auch eine professionelle Vermarktung, um sich gegen die große Konkurrenz behaupten zu können. Dieses Engagement wirkte wie eine Initialzündung, sahen doch viele andere, dass internationaler Erfolg auch von Berlin aus möglich war. Designer-Labels wie Firma, John de Maya, Soto-Stich, Uli Dziallas gehörten zur zweiten Generation erfolgreicher Designerkollektionen aus Berlin, die auf diese Erfahrungen zurückgreifen konnten. Zunehmend finden heute Designer-Labels den Weg vom Ausland nach Berlin. Just Mariot und Frank Leder verlegten ihre Ateliers von London nach Berlin. Berlins Modeszene zeichnet sich heute vor allem durch sein Improvisationstalent, neuartige Konzepte und Kooperationsformen aus – kreative Werke sind entstanden...[2]

1 Hans-Jörg Clement, *Szene Berlin - Ein Kultur-Lesebuch*, Bostelmann & Siebenhaar, Berlin, 2003; S. 17

2 Ebenda; S. 193

Literatur-Underground (Pop-Literatur). Vorlesebühne. Hip-Hop. Graffiti

Das Berlin der 90er Jahre erlebte die Geburt und die Entwicklung des Phänomens der Underground-Literatur, die von jungen Leuten gemacht wurde und sich an junge Leute richtete. Dieses Literaturgenre bot zusammen mit Theater und anderen kulturellen Veranstaltungen eine Abwechslung und Alternative zu den Diskos. Die Autoren traten in Clubs auf, sie stiegen auf die sogenannten Vorlesebühnen und lasen, musikalisch untermalt, ihre Geschichte vor.

Sie erzählten Unterhaltungsgeschichten (sehr oft im Berliner Jargon) und schilderten den »banalen Alltag«, indem sie über einen Spatz, die Zahnpasta, den Nachbarn, das Fahrrad, das Einkaufen usw. schrieben:

Das Fenster zum Hof
Da stehst du wieder
nackt in meiner Küche
und ich wünschte
ich wäre mein Nachbar
der wünschte
er wäre ich[1]

Grundlegende Elemente waren die Spontaneität und Theatralik der Lesungen, aber auch die Lesart des Autors, die Stimme und die Mimik. Die Underground-Literatur umfasste verschiedene Autorengruppen wie die von *Social Beat* (der Begriff stammt aus dem Jahr 1993. Er wurde zum Schlagwort des Berliner Literaturfestivals »Töte den Affen.« Er ist ein Ausdruck von Thomas Nöske und Jörg A. Dahlmeyer) oder *Slam Poetry*, die echte Reimwettbewerbe mit dem Publikum als Jury veranstalteten.

Die Vorlesebühnen befanden sich meist in Prenzlauer Berg und Berlin-Mitte: Es gab ungefähr zehn, sie hatten unterschiedliche Namen. Am bekanntesten war die *Reformbühne Heim und Welt*, wo sich Schriftsteller mit einem Lied vom Publikum verabschiedeten: während der Lesung, die samstags 20.15 Uhr im *Café Burger* in der Torstraße stattfand, wurde gesungen oder getanzt. Das *Burger* wurde deutschlandweit bekannt, als der Schriftsteller Wladimir Kaminer die *Russendisko* ins Leben rief - *Russendisko* ist auch der Titel von Kaminers Buch, in dem er sein Leben im Berlin der '90er Jahre nach seinem Umzug von Moskau schildert.

1 Gedicht von Rober Weber in: Ahne, Spider, Stein, Tube, Weber, Lt. Surf, *Die Surfpoeten*, Voland & Quist, Dresden und Leipzig, 2004; S. 40

- Hip-Hop und Graffiti

Es gab aber auch andere Arten von Schriftstellern, die einen großen Stellenwert in der Berliner Untergrundkultur hatten und nicht ignoriert werden können. Ich meine die Graffiti-Autoren und die Hip-Hop-Musik-Autoren. Sie befanden sich besonders in Kreuzberg - aufgrund der Integrationsschwierigkeiten der Türken - und in den Bezirken des ehemaligen Ost-Berlins aufgrund hoher Arbeitslosigkeit und sozialen Unruhen. Tatsächlich schafften es junge Leute - dank ihrer künstlerischen Begabung in Graffiti und Hip-Hop-Musik - aus einem Leben voller Kriminalität und Drogen herauszukommen. Adrian Nabi, der von zu Hause weggelaufen war, weil er von seinem Vater früh zur Arbeit gezwungen wurde, erzählte:

> *Wenn du vierzehn, fünfzehn bist, dann willst du rausgehen und Fun haben, mit deinen Kumpels abhängen und spielen. Du willst nicht für deinen Dad arbeiten müssen und etwas auf die Fresse kriegen, wenn du irgendeinen Fehler machst. Mit sechzehn hatte ich dann die Nase voll und bin von zu Hause abgehauen. Ich wußte, es würde für immer sein (...) Als ich früher in irgendwelchen Hauseingängen versuchte, einzuschlafen, gingen mir jeden Abend dieselben Gedanken durch den Kopf. Was mache ich morgen? Wo hole ich mir mein Essen her? Wo gehe ich duschen? Alles, was ich wußte, war, daß ich am nächsten Morgen zur Schule mußte. Aber danach? Wenn man in solchen Situationen steckt, fällt es einem voll leicht, Scheiße zu bauen und kriminell zu werden (…) Aber ich hatte den Hip-Hop-Spirit, und der hat mich davon abgehalten, krumme Dinger zu drehen. Hip-Hop bedeutet nicht nur, sich eine Mütze aufzusetzen, ein Paar Turnschuhe anzuziehen, ein paar Reime runterzuhauen und einen Break Beat runterzulegen. Hip-Hop ist Kultur. Hip-Hop ist eine Lebenseinstellung. Man versucht, positiv und kreativ zu denken, zu handeln und zu leben. Hip-Hop ist auch das Gegenteil von Gewalt*[2]

Um dieses weit verbreitete Phänomen von damals besser zu verstehen, hilft es, sich den Film *Status Yo! - Kino für die Straße* anzuschauen: dem Regisseur gelang es bewundernswert, das Leben einiger junger Leute in der Hauptstadt in Rhythmus und Reimen von Hip-Hop zu erzählen. Die Graffiti dominieren im Hintergrund. Der Film endet mit einer dieser legendären Berliner Partys der 90er Jahre. Die Protagonisten sind Menschen am Rande der Gesellschaft.

2 Artikel *Hip Hop leben: Positiv denken und handeln* von Adrian Nabi e Tamara Domentat, in: Oliva Henkel / Tamara Domentat / René Westhoff, *Spray City – Graffity in Berlin*, Schwarzkopf, Berlin, 1994; S. 132ff.

Techno und Nachtclubs

Nachtclubs wie die Theater haben ihren Höhepunkt in den »Goldenen Zwanzigern«. Tatsächlich haben die Berliner seit diesen Jahren ein starkes Gefühl für Spaß und unbeschwertes Leben entwickelt, was auch in den Jahren der Teilung anhalten sollte. Damals war die Figur des Discjockeys noch nicht erfunden:

1930 zählte Gesamt-Berlin 899 Lokale (...) Auf Mottoparties mit so vielversprechenden Titeln wie z. B. »Strandfest in den Dünen« oder »Nächte auf Hawaii« präsentierten sich nächtlich schöne Frauen im »Badetrikot«...[1]

Als die Mauer fiel, drückte auch die Musik den Wandel aus. Erstmals nach dem Weltkrieg rückte eine neue Generation junger Menschen, die zu einem vereinten Deutschland gehörten, vor. Und wie könnte man das besser ausdrücken als durch spontane geheime Partys in den neuen, meist illegalen, aber legendär gewordenen Clubs und durch einen ganz neuen Sound, der neugierige Leute aus aller Welt nach Berlin lockte:

New York 1991, New Music Seminar: »Do you know a place in Berlin called ›The Safe‹?«, fragt mich mein amerikanischer Freund Sam bei einer Tasse dünnen Kaffees in der Hotel Lounge. Es dauert sicherlich 60 Sekunden, bis ich verstehe, daß er den Berliner Techno-Club »Tresor« am Potsdamer Platz meint, dessen wirklichen Namen er schlichtweg ins Englische übersetzt hat (...) Nach dem Mauerfall entwickelte sich in den unkonzessionierten Szeneläden zwischen Spree und Panke ein brandneues, grenzenloses Lebensgefühl als direktes Resultat deutsch-deutscher Geschichte. Denn rückschauend ist Techno ein Berliner Wendephänomen: Schon kurz nach der Stunde Null tanzten Jugendliche aus beiden Teilen der Stadt gemeinsam zu monotonen Stakkatorhythmen (...) »Techno war der erste Bereich im sozialen Leben Gesamtdeutschlands, in dem es eine Wiedervereinigung gab«, erinnerte sich der in Eisenhüttenstadt geborene Stardiscjockey Paul van Dyk. »Das hat, glaube ich, knapp zwei Tage gedauert: An einem Donnerstag gingen die Grenzen auf, und Samstag machten wir gemeinsam Party im Westberliner Kult-Club ›UFO‹.« Schon vor der Wende wurde der gelernte Tischler, dessen Abendgagen heutzutage oftmals den durchschnittlichen deutschen Monatslohn übersteigen, vom Techno-Fieber angesteckt - dank Westradio. »Im Osten gab es eine kleine elektronische Subkultur (...) So erfuhren wir auch von den ersten Westberliner Acidhouse-Parties im Wranglerschlösschen und UFO. Doch wir hatten keine Chance, dabei zu sein. Oftmals saß ich mit Tränen in den Augen vor dem Radio und wünschte mir, über die Mauer zu springen.« Am 9. November '89 war es soweit: »Auferstanden aus Ruinen« wurde

1 Artikel *Der große Schwoof* von Nico Mesterharm. In: Nico Mesterharm, Joel Amaretto, Wolfgang Brückner, *Berlin Technology – Teil 1: Clubland & Leute*, a-verbal, Berlin, 1997; S. 17f.

Groß-Berlin »Techno City« (...) Die Leute aus dem Osten waren viel ausgehungerter und damit euphorischer als ›ihre Brüder und Schwestern aus dem Westen‹. Die Ossis haben besser gefeiert, weil sie zu Ostzeiten nicht so feiern konnten (...) Die ersten illegalen Parties wurden an geheimen Orten, in Kellern oder Lagerhallen gefeiert, deckten gerade mal so die Kosten und brachten Spaß und Abenteuer. (...) Im verödeten ehemaligen Stadtzentrum zwischen Potsdamer Platz, Köpenicker Straße und Görlitzer Stadtbahnhof - den Eckpunkten des im Szene-Jargon später sogenannten »Rave-Dreiecks« (Anspielung auf das nicht minder bürgerschreckende Bermuda-Dreieck?) - gab es ausreichend Platz für wilde Parties (...) In den Clubs »Gymnastix«, »Tabou«, »Tresor«, »Planet«, »Walfisch«, »Praxis«, »Bunker« und einer Unzahl kurzlebigerer Wallfahrtsorte wurde die Szene in Sound, Styling und Ästhetik nachhaltig geprägt (...) Ansonsten glänzte jeder Club mit verschiedenen Vorzügen, anderen Öffnungs- und Stoßzeiten und kleinen Gimmicks »for those who knew« (...) Free love, free drugs, free people (…) Strange Locations, musikalische Experimentierfreudigkeit seitens der DJs, improvisierte Interiors und nette Leute an der Bar: Der langweilige Alltag blieb in der Regel vor der Clubtür…[2]

Ulrich Gutmair gibt einen vollendeten Einblick, wie diese erregende neue Szene durch Mundpropaganda und mit Graffiti und Flyern im Ost-Berlin nach dem Mauerfall entstand und wie die illegalen Partys in einer Zeit ohne Handys und in Bezirken ohne Privattelefone stattfanden:

In Ostberlin gibt es in den meisten Wohnungen kein Telefon, und das bleibt auch nach dem Fall der Mauer noch lange Jahre so. Vor öffentlichen Telefonzellen bilden sich lange Schlangen. Man besucht sich und hinterlässt Nachrichten an den Blöcken, die vor den Türen hängen, so wie es die Ostberliner schon vor der Wende gemacht haben. Wenn man Leute treffen will, geht man in Bars wie den Friseur. Auch die Nachwendegesellschaft ist eine orale Kultur, zu ihren Kommunikationsmitteln gehören Graffiti und Flyer. Die einen laden zu Partys in irgendeinem Keller ein, die anderen rufen zu Demonstrationen auf, wie das Graffito an einer Brandmauer am Senefelderplatz: »Demo 17 Uhr hier«. Ein dazugemalter Pfeil weist auf den Platz. Wenn man wissen will, wohin es abends gehen soll, muss man sich mit den Leuten unterhalten, es gibt keine App, die einem den Weg weist. Bevor die Mauer fällt, organisiert sich die Gegenkultur in der DDR vor allem durch mündlichen Austausch und Treffen in kleinen Kreisen.[3] *(...) Dutzende von Bars und kleinen Clubs entstehen in der Gegend zwischen Chausseestraße und Alexanderplatz im Westen und Osten, Oranienburger Straße und Invalidenstraße im Süden und Norden: Um den Hackeschen Markt gruppieren sich die Aktionsgalery, Assel C-base, Eschloraque Rümschrümpp, die Galerie berlin-tokyo, die Gogo Bar, Sniper und Toaster, in der Rosenthaler Straße befinden sich der Club for Chunk, Delicious Doughnuts und Eimer; am Rosenthaler Platz das Sexiland und der Imbiss International; in der*

2 Ebenda; S. 30ff.

3 Ulrich Gutmair, *Die ersten Tage von Berlin - Der Sound der Wende*, Klett-Cotta Verlag, Stuttgart, 2013; S. 72

Brunnenstraße Boudoir, Glowing Pickle, Hohe Tatra und Subversiv; in der Ackerstraße gibt es den Schokoladen, in der Veteranenstraße das Acud und in der Dircksenstraße den Suicide Circus. Aus dem Mutzek in der Invalidenstraße wird das Panasonic. Montagsbars gibt es verschiedene. In der Nähe der Oranienburger Straße residieren für eine Weile 103 sowie das vierte und das fünfte WMF, das seit 1990 durch die Stadt wandert. Am Spreeufer gegenüber der Museumsinsel geht man ins Kunst + Technik. (...) In dieser Liste sind nur einige Clubs des Viertels vertreten. Manche sind lange genug da, um sich zu etablieren, manche existieren nur einen Sommer oder Winter lang, wieder andere nur für eine Party. Nur wenige haben bis heute überlebt. Manche Lokale werden bald in den Veranstaltungskalendern der Stadtmagazine aufgelistet. Andere findet man nur, wenn man die richtigen Leute kennt oder zufällig zur rechten Zeit am richtigen Ort ist. Flyer informieren über Partys und Vernissagen. Manchmal läuft man an einem Hofeingang vorbei und wird von Musik und lauten Stimmen angelockt. Dann wieder steht man vor einem Haus, in einem Hof, vor einem Eingang und lauscht, wo die Party wohl sein mag. Wer das Viertel nicht kennt, steigt am Oranienburger Tor aus der U-Bahn und beginnt seine Tour im Café Zapata oder im Obst & Gemüse.[4]

Die Musik der Zeit, das Gefühl für Gegenwärtigkeit entsprechen einer Metropole wie Berlin, deren herausragendes Merkmal seit seiner Geburt darin besteht, von vorne zu beginnen, niemals aufzuhören, vor allem in der Gegenwart zu leben, sich ständig weiterzuentwickeln, sich rasend zu verändern und sich daran zu gewöhnen, abzureißen und wieder aufbauen:

Im linken Raum wird getanzt. Ein kleiner Mann steht an den Plattenspielern. Er spielt die minimalistische, euphorisierende Musik, der man sich nur schwer entziehen kann. Vom Rand des Dancefloors sehen die Tanzenden wie eine geschlossene Gesellschaft aus, die Regeln folgt, die so lange unverständlich bleiben, wie man in der Rolle des Zuschauers bleibt. (...) Dabei macht es diese Musik dem Tänzer so leicht wie keine andere, sich langsam in sie hineinfallen zu lassen wie in den Schlaf. House basiert auf Loops, Schleifen von Takten, einfachen Basslinien über einem simplen Beat, die sich ständig wiederholen. Ein paar Sounds, wenige Akkorde, die auf einem Keyboard gespielt werden, die oft den Klang eines Klaviers imitieren.[5] *(...) Spiralförmig bewegen sich die Schleifen in der Zeit vorwärts und lassen beim Tanzen ein Gefühl von unmittelbarer Gegenwärtigkeit entstehen, einer mächtigen, überwältigenden Präsenz und Gleichzeitigkeit. Der Loop bewegt die Tänzer, aus ihm entsteht das euphorisierende Etwas, das in der Frage »Can you feel it?« eines berühmten House-Stücks benannt wird und gleichzeitig unausgesprochen bleibt, als sei es etwas, das man nicht sagen darf. So gelingt es uns irgendwann tatsächlich, tanzend im Jetzt zu verschwinden. Transportiert von den Beats, von der Eleganz, von den satten Sounds der Musik und verführt von den Bewegungen der*

4 Ebenda; S. 34f.

5 Ebenda; S. 14

fremden Körper, vom Überschießen der Energien. Lachende Gesichter, kurze Blicke, Zuwendung, Kontaktaufnahme.[6]

Dieses jugendliche Phänomen ist zum Thema vieler Romane geworden. Tatsächlich kann man sich die neue Generation von Schriftstellern nicht vorstellen, ohne sich dem musikalischen Faktor zu entziehen, der in all ihren Texten vorhanden ist. So erinnert man sich an den oben erwähnten Tresor in dem Buch *Mai 3D*:

Gut, daß es After-Hour-Parties gibt! Im Tresor war es noch knallvoll. Seltsam, direkt aus dem Bett nüchtern in einen verschwitzten, verrauchten und verstrahlten Technotempel zu spazieren.[7]

Felix hatte immer ein enormes Freizeitprogramm, schleppte mich durch tausend Clubs. Er kannte die Montags-, Dienstags- und Donnerstagsbars, und in dem besetzten Haus, wo er die meiste Zeit abhing, war sowieso jeden Tag Party, auf dem Dach, im Hof, im Keller oder auf Pennys riesigem Hochbett (...) Abends liefen wir über mehrere Hausdächer in der Tucholskystraße, sahen die goldene Kuppel der Synagoge ganz nah und die Hanfplantagen auf den Balkons. Über uns hing ein Zeppelin, unter uns donnerte eine Trip-Hop-Party, blau leuchtete der Hamburger Bahnhof, gelb-rot die vielen schönen Baustellen durch die Nacht.[8]

Das Buch von Ulrich Gutmair beschreibt viele von diesen Clubs, die sogar in Häusern und Straßen mit reicher Geschichte, waren. Zum Beispiel die Lokale »Favela« und »Elektro« in der Mauerstraße 15 oder den »Friseur« in der Kronenstraße 3, zwei benachbarte Straßen:

Die Mauerstraße 15 markiert das Ende der Stadterweiterung im Jahr 1698, sie liegt am Rand der alten Friedrichstadt. Deswegen ist die Straße gekurvt, weil noch eine Stadtmauer errichtet werden sollte.[9] *(...) Das Haus Mauerstraße 15 war bis Kriegsende ein Bordell und ist seit eineinhalb Jahren besetzt. Hier wohnen und arbeiten rund zwanzig Leute aus zehn Ländern. (...) Hinter dem Haus hat sich eine wilde Müllkippe aufgetürmt, die sich zu einem kleinen Hügel erhebt. Er dient als Kulisse für ein Theaterstück, das in der unmittelbaren Nachkriegszeit spielt, als viele Häuser im Block noch in Trümmern lagen. Der Student Lukas Taido Velvet hat »Hotel Victoria« im Haus Mauerstraße 15 inszeniert. (...) Das Dreieck in der Nähe des U-Bahnhofs Stadtmitte entwickelt sich zu einem der kulturellen Zentren von Mitte. Im Keller des besetzten Hauses in der Mauerstraße 15 eröffnet das Favela, eine abenteuerlicher Bar, in der Capirinha ausgeschenkt wird (...) Wer zum*

6 Ebenda; S. 15

7 Alexa Hennig von Lange, Till Müller-Klug, Daniel Haaksman, *Mai 3D*, List, München, 2002; S. 141

8 Tanja Dückers, *Spielzone*, AtV, Berlin, 2005; S. 108f.

9 Ulrich Gutmair, *Die ersten Tage von Berlin - Der Sound der Wende*, Klett-Cotta Verlag, Stuttgart, 2013; S. 217f.

Brasilianer will, muss durch ein ovales Loch in der Rückwand des Hauses Mauerstraße 15 steigen.[10] *(...) Anfangs betreiben Ralf und Markus das Favela als Restaurant. Später wird der Keller zu einem Club, in dem man nur noch zuckerrohrschnapsgefüllte Kokosnüsse und Ananas zu essen bekommt. (...) Das Favela, in dem es aus Prinzip kein Bier gibt, berühmt für seine Capirinhas. (...) Die beiden Brasilianer sind arm, als sie mit dem Favela anfangen. (...) »Die Kneipe der Brasilianer war eine Goldmine«, sagt Slavko Stefanoski. »Es ging ihnen gut, sie haben keine Miete und keinen Strom bezahlt. Sie haben Alkohol verkauft und Unterhaltung.« (...) Spätestens als die »Vogue« über das Favela als heißesten Ort der Berliner Szene und Cocktail-Geheimtipp berichtete, brummt der Laden am Wochenende. Jetzt parken nachts auch Jaguars aus Düsseldorf vor dem Haus.*[11] *(...) Daniel Pflumm, der ein Jahr nach der Eröffnung des Favela im Erdgeschoss seinen eigenen Laden aufmacht, hat nur ein paar Capirinhas bei den Kollegen im Keller getrunken.*[12] *(...) Als die Mauer fällt, fehlt das untere Drittel des zweiten E und ein Teil des K in »Elektro«. Daniel Pflumm adaptiert den Schriftzug und baut ihn nach. »Das war beinahe meine erste Amtshandlung am Computer«, sagt er. »Und es war das erste Logo, das ich am Computer gemacht habe.« (...) Daniel Pflumm übernimmt die Schäden, die dort an den Buchstaben E und K zu sehen sind. Das ist in zweifacher Hinsicht ein Geniestreich. Ein beschädigtes Logo ist noch verführerischer als ein intaktes, weil es die Idee der Vergänglichkeit vermittelt.*[13] *(...) Bald nachdem Mo Loschelder ihre erste Mixkassette bei Daniel Pflumm im Elektro abgegeben hat, veranstalten sie dort eine Party. Weil sie ein voller Erfolg ist, folgt die nächste, und aus der Konzeptbar mit den Tapes und T-Shirts wird ein Club, in dem internationale Größen wie Robert Hood und Dave Clarke auflegen.*[14] *(...) Das Zentrum des vielfältigen, sich ständig weiter verzweigenden Friseur-Universums bilden Petra Trojan und Dominique Croissier, die selbst hinter dem Tresen stehen, neben dem ein Foto von Inge Meysel hängt, die sich bis zum Mauerbau hier frisieren ließ. (...) »Wir sind berühmt geworden, weil alle umsonst getrunken haben«, meint Petra Trojan zwanzig Jahre später.*[15]

Nach ein paar Jahren von Euphorie und Anarchie werden alle diese Clubs, die die deutsche Metropole weltweit so berühmt gemacht haben, geschlossen. Berlin, seiner Geschichte treu, fängt an, abzureißen, um wieder aufzubauen. Von den erwähnten Clubs schließen 1994 das »Favela« und das »Elektro« in der Mauerstraße 15:

Die »taz« veröffentlicht 1994 eine Liste von 190 Häusern in Mitte, denen der Abriss droht. (...) Auch das Haus Mauerstraße 15 steht auf der Liste der bedrohten Häuser. Im Dezember ist es so weit. Die Besetzer werden vom Eigentümer aufgefordert, innerhalb von zwei Tagen das Haus zu

10 Ebenda; S. 162ff.
11 Ebenda; S. 177ff.
12 Ebenda; S. 178
13 Ebenda; S. 193
14 Ebenda; S. 203
15 Ebenda; S. 166

verlassen. Bald darauf steht es leer. Die Mauerstraße 15 und das Hinterhaus der Kronenstraße 3 sollen einem Diplomaten-Center weichen, das über 70 Millionen Mark kosten soll. Solche Investitionen kommen gut an in der Stadt, die notorisch klamm ist. (...) Es ist eine warme Julinacht, die Nacht von Dienstag auf Mittwoch, ziemlich genau ein Jahr nach der großen Love-Parade-Party im Elektro. Im Friseur geht alles seinen gewöhnlichen Gang. An der Bar wird Gin Tonic und Flaschenbier über den Tresen gereicht, die DJs legen Platten auf. Dann gibt es eine erdbebenartige Erschütterung im Sound, und jemand geht vor die Tür, um zu sehen, was los ist. »Da waren sie dabei, mit Baggern die Mauerstraße 15 platt zu machen«, sagte Anton Waldt, der die Nacht einmal mehr in der Kronenstraße verbringt. (...) Drei Tage später steht Anton Waldt im Friseur auf der Bühne. Der Abend ist lange vorher geplant, jetzt aber wird die Party zum Requiem auf das Elektro. Krautok beginnt am Freitag, dem 14. Juli 1995, und endet 24 Stunden später. Es war nur eine Frage der Zeit, bis jemand auf die Idee kommen würde, die Party auszudehnen auf einen ganzen Tag.[16]

Und 1996 schließt der »Friseur« in der Kronenstraße 3:

Christoph Kellers letzte Schicht an der Bar des Friseur war am 5. Juli 1996, kurz bevor der Laden für immer schloss. Es war ein Freitag. Christoph Keller weiß das so genau, weil er an diesem Abend das Bilderverbot ignoriert hat. Er stellte seine Videokamera hinter sich in eins der Regale der Bar, zwischen den Gin und den Whiskey.[17]

Viele DJs, echte Stars, sind in dieser Zeit legendär geworden, wie Kid Paul, Dr. Motte, DJ Frankie, DJ Tama Sumo, DJ Jonzon, DJ Kiki, Sven Röhrig, DJ Woody und Rok, etc. etc. Aber, typisch für Berlin, gab es in diesem Beruf auch viele Frauen:

Heute ist Mo Loschelder erstaunt darüber, wie viele Veranstaltungen es damals mit weiblichen DJs gab, im Friseur, im Elektro und anderswo. Nicht nur hinter dem DJ-Pult sind Frauen aktiv. Es sind oft die Frauen, die in Mitte dafür sorgen, dass der Laden läuft.[18]

Erwähnenswert sind auch die zahlreichen Veranstaltungen, die Mayday oder die Loveparade, eines der Wahrzeichen des wiedervereinigten Berlins:

Organisator Dr. Motte: »Wir haben die Love Parade als Demo für ›Friede, Freude, Eierkuchen‹ angemeldet. Friede steht für Abrüstung, Freude für die Völkerverständigung und Eierkuchen für die gerechte Verteilung der Nahrungsmittel auf der Welt«

16 Ebenda; S. 220ff.

17 Ebenda; S. 250

18 Ebenda; S. 72

Verwirrte Passanten staunten: Junge zufriedene Menschen, ohne großartige Protestforderungen, einfach nur am Abtanzen. Spaß am Leben, Spaß am Sommer, Spaß an Techno (...) Eine schöne Zeit haben, jung, frei und laut sein, alle zusammen und jeder für sich - ist das etwa nichts? (...) Ganz klar: Die Liebe ist auf dem Vormarsch.[19]

Es waren Marathons, die von Samstagabend bis Sonntagmittag durchgehend dauerten. Der Kerngedanke der Technomusik ist Judith Hermanns »Ich-Generation« nicht unähnlich:

Die 90er kosten den einzelnen so viel Kraft für den Ego-Trip, daß für Ideologien kein Platz mehr bleibt. Techno ist die erste Jugendkultur ohne Inhalte, eine Bußbewegung zur individuellen Ganzkörperbefriedigung. Friedlich feiern bis zur Ekstase lautet das Motto...[20]

Der Film *Julietta – Es ist nicht wie du denkst* ist eine Dreier-Liebesgeschichte. Im Hintergrund die Berliner Loveparade.

Der Techno-Club *Tresor* (im September 2003), der in den 90er Jahren zu einer internationalen Kultstätte wurde. Foto von *Wikimedia Commons* heruntergeladen - Der Fotograf ist nicht genau zu eruieren; vermutlich Michael Brossmann.

Public domain (https://commons.wikimedia.org/wiki/File:Tresor_-_Berlin.jpg)

19 Artikel *Love Parade* von Amaretto/Mesterharm. In: Nico Mesterharm, Joel Amaretto, Wolfgang Brückner, *Berlin Techno/logy (Technology) – Teil 1: Clubland & Leute*, a-verbal, Berlin, 1997; S. 127
20 Ebenda; S. 47

Das Tacheles galt als eines der Symbole besetzter Gebäude, die den Künstlern große Räume boten. Es wurde auch für die berühmten wilden Partys der 1990er Jahre verwendet. Bis zu seiner Schließung wegen Renovierung war es ein Zentrum einer experimentellen, jugendlichen, internationalen Kultur, das Künstler, Journalisten und Touristen aus aller Welt anzog.

Foto oben: während einer der letzten Partys im Tacheles.

Links: Dr. Motte, Gründer der Loveparade. Auf meine Frage, was er über die schnelle Veränderungen in der Stadt denke, antwortete er:

»Berlin ist vor allem ein Ort für Touristen geworden, die auf der Suche nach einer Metropole sind, die es nicht mehr gibt. Die Investoren wollen in Wirklichkeit nur Gewinn erzielen. Es gibt immer weniger Raum für Kultur und um zu leben, braucht man Kultur. Wenn es keine Kultur gibt, erlischt das Leben selbst.«

Bibliografie

1. Literatur

- Hermann Judith, *Sommerhaus, später*, Fischer Verlag, Frankfurt am Main, 1998
- Hermann Judith, *Nichts als Gespenster*, Fischer Verlag, Frankfurt am Main, 2003
- Hermann Judith, *Alice*, Fischer Verlag, Frankfurt am Main, 2009
- Hermann Judith, *Aller Liebe Anfang*, Fischer Verlag, Frankfurt am Main, 2014
- Hermann Judith, *Lettipark*, Fischer Verlag, Frankfurt am Main, 2016
- Hermann Judith, *Daheim*, Fischer Verlag, Frankfurt am Main, 2021
- Hermann Judith, *Wir hätten uns alles gesagt*, Fischer Verlag, Frankfurt am Main, 2023
- Becker Thorsten, *Die Bürgschaft*, Amman, Zürich, 1985
- Biermann Pieke, *Berlin, Kabbala*, Transit, Berlin, 1997
- Brussig Thomas, *Am kürzeren Ende der Sonnenallee*, Fischer Taschenbuch Verlag, 2001
- Brussig Thomas, *Helden wie wir*, Fischer Taschenbuch Verlag, Frankfurt am Main, 2005
- Dückers Tania, *Spielzone*, Aufbau Taschenbuch, Berlin, 2005
- Franck Julia, *Liebediener*, DTV, München, 2001
- Franck Julia, *Bauchlandung – Geschichten zum Anfassen*, DTV, München, 2002
- Franck Julia, *Lagerfeuer*, DTV, München, 2005
- Gläser Andrea, *Der BFC war schuld am Mauerbau*, ATV, Berlin, 2003
- Hein Jakob, *Mein erstes T-Shirt*, Piper, München, 2005
- Hennig Falko, *Volle Pulle Leben – 10 Jahre Reformbühne Heim & Welt*, Goldmann, München, 2005

- Hennig von Lange Alexa – Müller-Klug Till – Haaksman Daniel, *Mai 3D*, List, München, 2002
- Hettche Thomas, *Nox*, Suhrkamp, Frankfurt am Main, 1995
- Junge Ricarda, *Silberfaden*, Fischer, Frankfurt am Main, 2002
- Kaiser Regina, Karlstedt Uwe, *Zwölf heißt »Ich liebe dich«: Der Stasi-Offizier und die Dissidentin*, Droemer/Knaur, Berlin, 2004
- Kaminer Wladmir, *Schönhauser Allee*, Goldmann Verlag, München, 2001
- Kaminer Wladmir, *Russendisko*, Goldmann Verlag, München, 2002
- Kaminer Wladmir, *Militärmusik*, Goldmann Verlag, München, 2003
- Kaminski Volker, Spurwechsel, *DVA*, Stuttgart München, 2001
- Kara Yadé, *Selam Berlin!*, Diogenes Taschenbuch, Zürich, 2004
- Knef Hildergard, *Der geschenkte Gaul*, Ullstein, Frankfurt am Main / Berlin / Wien, 1973
- Kubiczek André, *Junge Talente*, Rowohlt, Reinbek bei Hamburg, 2003
- Kunst Thomas, *Sonntage ohne Unterschrift*, Tisch 7, Köln, 2005
- Lager Sven, *Phosphor*, KiWi, Köln, 2000
- Lange-Müller Katja, *Bahnhof Berlin*, dtv, München, 1997
- Liebmann Irina, *In Berlin*, BvT, Berlin, 2002
- Martin Marko, *Der Prinz von Berlin*, Quadriga, München, 2000
- Maus Stephan, *Alles Mafia! – Eine Gangsta Rhapsodie*, Rowohlt Berlin, Berlin, 2000
- Meichsner Dieter, *Die Studenten von Berlin*, Schöffling & Co., Frankfurt am Main, 2003
- Morshäuser Bodo, *Der weiße Wannsee. Ein Rausch*, Suhrkamp, Frankfurt am Main, 1997
- Özdamar Emine Sevgi, *Seltsame Sterne starren zur Erde*, Kiepenheuer & Witsch, Köln, 2004

- Özdamar Emine Sevgi, *Die Brücke vom Goldenen Horn*, Kiepenheuer & Witsch, Köln, 2005
- Parei Inka, *Die Schattenboxerin*, Fischer Verlag, Frankfurt am Main, 2001
- Richter Peter, *Blühende Landschaften – Eine Heimatkunde*, Goldmann, München, 2004
- Röggla Katrin, *Irres Wetter*, Fischer, Frankfurt am Main, 2000
- Röggla Katrin, *Abrauschen*, Fischer, Frankfurt am Main, 2001
- Schad Martha, *Frauen gegen Hitler. Schicksale im Nationalsozialismus*, Heyne, Berlin, 2002
- Schneider Peter, *Der Mauerspringer*, Rowohlt, Reinbek bei Hamburg, 1995
- Simon Jana, *Denn wir sind anders – Die Geschichte des Felix S.*, Rowohlt, Reinbek bei Hamburg, 2003
- Sparschuh Jens, *Der Zimmerspringbrunnen*, Goldmann, München, 1997
- Staffel Tim, *Terrordrom*, Ullstein, Berlin, 1999
- Wawerzinek Peter, *Das Kind das ich war / Mein Babylon*, Fischer, Frankfurt am Main, 1997
- Wawerzinek Peter, *Moppel Schappiks Tätowierungen*, Unabhängige Verlagsbuchhandlung Ackerstraße, Berlin, 1991
- Woelk Ulrich, *Rückspiel*, Fischer, Frankfurt am Main, 1995
- Wolf Christa, *Was bleibt*, dtv, München, 2001
- Wolf Christa, *Der geteilte Himmel*, dtv, München, 2006
- Zaimoglu Feridun, *Kopf und Kragen – Kanak-Kultur-Kompendium*, Rotbuch, Hamburg 2006
- Zaptcioglu Dilek, *Der Mond isst die Sterne auf*, cbt, München, 2006
- Zelik Raul, Berliner Verhähltnisse, *Blumenbar*, München, 2005
- Zoë Jenny, *Ein schnelles Leben*, Aufbau – Verlag, Berlin, 2002

- *Sachbücher*

- Dreier Ricarda, Literatur der 90er- Jahre in der Sekundarstufe II: Judith Hermann, Benjamin von Stuckrad-Barre und Peter Stamm, Schneider Verlag Hohengehren, Berlin, 2005

- Eden Wiebke, *Keine Angst vor großen Gefühlen, Schriftstellerin – ein Beruf, Elf Porträts.* Jenny Erpenbeck, Julia Franck, Judith Hermann, Felicitas Hoppe, Zoë Jenny, Stefanie Kremser, Tanja Langer, Grit Poppe, Katrin Röggla, Birgit Vanderbeke, Maike Wetzel, Fischer, Frankfurt am Main, 2003

- Kleinau-Metzler Doris, Lebenskunst. Sieben Begegnungen. Jean-Christophe Ammann, Judith Hermann, Jürgen Kadow, Henning Köhler, Georg Kühlewind, Christian Nickel, Dorothee Sölle, Freies Geistesleben, Berlin, 2002

- Mein Georg, Erzählungen der Gegenwart: von Judith Hermann bis Bernhard Schlink, Oldenbourg Schulbuchverlag, Berlin, 2005

- Ahne, Spider, Stein, Tube, Weber, *Lt. Surf, Die Surfpoeten*, Voland & Quist, Dresden und Leipzig, 2004

- Arzeni Flavia, Berlino – *Un viaggio letterario*, Sellerio editore, Palermo, 1998

- *Berliner Begegnungen – Ausländische Künstler in Berlin 1918 bis 1933*, Dietz Verlag, Berlin, 1987

- Bohn Volker, *Deutsche Literatur seit 1945*, suhrkamp, 1995

- Böer Ingeborg, Haerkötter Ruth, Kappert Petra, *Türken in Berlin 1871 – 1945; Eine Metropole in den Erinnerungen osmanischer und türkischen Zeitzeugen*, de Gruyter, Berlin · New York, 2002

- Ernst Thomas, *Popliteratur*, eva wissen, Hamburg, 2005

- Haustedt Birgit, *Die wilden Jahre in Berlin – Eine klatsch und kulturgeschichte der Frauen*, Edition Ebersbach, Berlin, 20002

- Hensel Jana, *Zonenkinder*, Rowohlt Taschenbuch Verlag, Reinbek bei Hamburg, 2004

- Illies Florian, *Generation Golf, eine Inspektion*, Fischer Taschenbuch Verlag, Frankfurt am Main, 2003

• Kraushaar Tom, *Zonenkinder – die Geschichte eines Phänomens*, Rowohlt Taschenbuch Verlag, Reinbeck bei Hamburg, 2004

• Langer C. Phil, *Kein Ort. Überall. Die Einschreibung von »Berlin« in die deutsche Literatur der neunziger Jahre*, Weidler Buchverlag, Berlin 2002

• Leinemann Susanne, *Aufgewacht. Mauer weg*, Bastei Lübbe Taschenbücher, Stuttgart München, 2004

• Oberhauser Fred – Henneberg Nicole, *Literarischer Führer Berlin*, Insel Verlag, Frankfurt am Main/Leipzig, 2003

• Radisch Iris, *Zwei getrennte Literaturgebiete, Deutsche Literatur der neunziger Jahre in Ost und West*. In: Text und Kritik. Sonderband IX/00: DDR-Literatur der neunziger Jahre. Hrsg. v. Heinz Ludwig Arnold. München 2000, S. 13-26

- *Anthologien*

• AA.VV., *Berlin Babylon – Antologia di giovani scrittori tedeschi*, Oscar Mondadori, Milano, 2004

• Becker Jürgen Jakob – Ulrich Janetzky, *Die Stadt nach der Mauer. Junge Autoren schreiben über ihr Berlin*, Ullstein, 1998

• Kaminer Wladmir, *Frische Goldjungs. Storys*, Goldmann Verlag, München, 2001

• Schwab Waltraub, *Berlin ist eine Frau – Reportagen und Porträts*, Jaron, Berlin, 2005

• Tuschick Jamal, *Morgen Land. Neueste deutsche Literatur*, Fischer, Frankfurt am Main, 2000

2. Architektur

• Dickel Hans/Fleckner Uwe, *Kunst in der Stadt – Skulpturen in Berlin*, Nicolai, Berlin, 2003

• Eichwede Wolfgang – Kayser Regine, *Berlin Moskau – Metropolen im Wandel*, Jovis, Berlin, 2003

• Hegemann Werner, *La Berlino di pietra*, Mazzotta, Milano, 1975

• Imhof Michael/ Krempel León, *Berlino, la nuova architettura dal 1989 ad oggi*, Michael Imhof Verlag, Petersberg, 2005

• Kadatz Hans-Joachim, *Berlin. Architektur der Hauptstadt der Deutsche Demokratischen Republik*, Seeman, Leipzig, 1973

• Klausmeier Axel – Schmidt Leo, *Mauerreste – Mauerspuren*, Westkreuz-Verlag, Berlin/ Bonn, 2007

• Magnago Lampugnani Vittorio – Michael Mönninger, *Berlin Morgen. Ideen für das Herz einer Groszstadt*, Hatje, Stuttgart, 1991

• Spagnoli Lorenzo, *Berlino XIX e XX secolo – Guida all'architettura moderna*, Zanichelli, Bologna, 1993

• Stimman Hans, *Stadterneuerung in Ost-Berlin vom »sozialistischen Neuaufbau« zur »komplexen Rekonstruktion«*, S.T.E.R.N., Berlin 1988

• Wörner Martin – Doris Mollenschott, Karl-Heinz Hüter, *Architekturführer Berlin*, Reimer, Berlin, 1991

- *Dokumentation*

• *Berlin Babylon*; Regie: Hubertus Siegert, 2000

3. Film

• *Das Leben ist eine Baustelle*; Regie: Wolfgang Becker, 1997

• *Die 120 Tage von Bottrop*; Regie: Christoph Schlingensief, 1997

• *Lola rennt*; Regie: Tom Tykwer, 1998

• *Sonnenallee*; Regie: Leander Haußmann, 1999

• *Ich Chef, du Turnschuh*; Regie: Hussi Kutlucan, 1999

• *Die Unberührbare*; Regie: Oskar Roehler, 2000

- *Berlin is in Germany*; Regie: Hannes Stöhr, 2001
- *Der Zimmerspringbrunnen*; Regie: Peter Timm, 2001
- *Stille Nacht – Ein Fest der Liebe*; Regie: Dani Levy, 2001
- *Julietta – Es ist nicht wie Du denkst*; Regie: Christoph Stark, 2002
- *Wie Feuer und Flamme*; Regie: Connie Walther, 2002
- *Good Bye Lenin!*; Regie: Wolfgang Becker, 2003
- *Herr Lehmann*; Regie: Leander Haußmann, 2003
- *Liegen lernen*; Regie: Hendrik Handloegten, 2003
- *Wir*; Regie: Martin Gypkens, 2004
- *Alles auf Zucker*; Regie: Dani Levy, 2005
- *Sommer vorm Balkon*; Regie: Andreas Dresen, 2006
- *Nichts als Gespenster*; Regie: Martin Gypkens, 2007

- *Sachbücher*

- Vogt Guntram, *Die Stadt im Film. Deutsche Spielfilme 1900-2000*, Schüren Pressverlag, Marburg, 2001
- *Da Caligari a Good Bye, Lenin! – Storia e cinema in Germania*, Le Lettere, Firenze, 2004

4. Kunst, Musik, Theater

- AA. VV., *Die Weimarer Republik – Drama und Magie der ersten deutschen Demokratie, Geo Epoche*, Juli 2007 (Kunst, Musik, Theater, Geschichte, Architektur, Film)
- AA.VV., *marke b – berliner labels – discographien*, Verbrecher Verlag, Berlin, 2002 (Musik)
- Balitzki Jürgen, *Castorf, der Eisenhändler*, Links, Berlin, 1995 (Theater)

- Brennberger-Zens Iris, *Gut drauf und voll daneben*, Argon Verlag, Berlin, 1995 (Kunst, Musik, Theater)
- Chiarini Paolo – Gargano Antonella, *La Berlino dell'espressionismo*, Editori Riuniti, Roma, 2001 (Architektur, Kunst, Musik, Theater, Literatur, Film)
- Choroschilow Pawel, Harten Jürgen, Sartorius Joachim, Schuster Peter-Klaus, *Berlin – Moskau, Moskau – Berlin, Chronik 1950 – 2000*, Nikolai, Berlin, 2004 (Geschichte, Kunst, Architektur, Film, Theater, Musik, Literatur)
- Clement Hans-Jörg, *Szene Berlin – Ein Kultur-Lesebuch*, Bostelmann & Siebenhaar, Berlin, 2003 (Architektur, Kunst, Musik, Theater, Literatur, Film)
- Detje Robin, *Frank Castorf. Provokation aus Prinzip*, Henschel Verlag, Berlin, 2002 Theater)
- Finkielkraut Alain - Houellebecq Michel - Schulte-Herbrueggen Thomas - Sloterdijk Peter - Weibel Peter, Kapitalismus und Depression II, Glück ohne Ende: Buch zur Uraufführung von Frank Castorfs 'Elementarteilchen'-Inszenierung nach Texten von Michel ... Volksbühne am Rosa-Luxemburg-Platz, Berlin, Alexander Verlag, Berlin, 2000 (Theater)
- Foster Norman – Baker Frederick – Lipstadt, *The Reichstag Graffiti / Die Reichstag-Graffiti*, Jovis, Berlin, 2003 (Kunst)
- Gilles Catherina, *Kunst und Nichtkunst: Das Theater von Christoph Schlingensief*, Königshausen & Neumann, Berlin, 2008 (Theater)
- Gisbourne Mark – zu Küingdorf Ulf Meyer – Rakete Jim, *Kunst Station Berlin*, Knesebeck, Berlin, 2005 (Kunst)
- Gutmair Ulrich, *Die ersten Tage von Berlin - Der Sound der Wende*, Klett-Cotta Verlag, Stuttgart, 2013 (Musik, Kunst, Geschichte)
- Hegemann Carl, *Endstation Sehnsucht. Kapitalismus und Depression I*, Alexander Verlag, Berlin, 2000 (Theater)
- Henkel Oliva – Domentat Tamara – Westhoff René, *Spray city – Graffiti in Berlin*, Akademie der Künste, Berlin, 1994 (Kunst, Musik)
- Hohmann Angela / Ehlers Imke, *Berlin Contemporary*, jovis, 2005 (Kunst)

- Irmer Thomas – Müller Harald, *Zehn Jahre Volksbühne – Intendanz Frank Castorf*, Theater der Zeit, Berlin, 2003 (Theater)
- Krump Annika, *Tagebuch einer Hospitantin - Berlin, Volksbühne 1992/93*, Alexander Verlag Berlin, Berlin, 2015 (Theater)
- Mangler Christoph, *City language Berlin*, Prestel, München/Berlin/London/New York, 2006 (Kunst)
- Mesterharm Nico – Amaretto Joel – Brückner Wolfgang, *Berlin Tecknology – teil 1: club & Leute*, a-verbal edition, Berlin, 1997 (Musik)
- Müller Heiner, *Krieg ohne Schlacht: Leben in zwei Diktaturen. Eine Autobiographie*, Kiepenheuer & Witsch, 1994 (Theater)
- Neumann Bert, *Imitation of life*, Theater der Zeit, Berlin, 2001 (Theater)
- Schilhan Günter, *Meine Stadt*, Böhlau, Wien, 2000 (Theater)
- Schlingensief Christoph, *Ich weiß, ich war's*, btb Verlag, München, 2014
- Schütt Hans-Dieter, Hehmeyer Kirsten, *Castorfs Volksbühne. Schöne Bilder vom häßlichen Leben*, Schwarzkopf & Schwarzkopf, Berlin, 1999 (Theater)
- Siebenhaar Klaus, *Kulturhandbuch Berlin – Geschichte & Gegenwart von A-Z*, Bostelmann & Siebenhaar, Berlin, 2001 (Architektur, Kunst, Musik, Theater, Literatur, Film)
- \- *Dokumentationen und Spielfilme über Kunst, Musik und Theater*
- *Schlingensiefs Container*; Regie: Poet Paul, 2000 (Theater)
- *Dämonen*; Regie: Frank Castorf, 2000 (Theater)
- *Christoph Schlingensief Hamlet – This is your family Nazi-line*; Regie: Kern Peter, 2001 (Theater)
- *Status Yo! Kino von der Strasse! – Der Hiphop Film aus Berlin*; Regie: Hastreiter Till, 2004 (Kunst, Musik)
- *Der Idiot*; Regie: Frank Castorf, 2006 (Theater)
- *Lou Reed's Berlin*; Regie: Schnabel Julian, 2008 (Musik)

5. Geschichte

- AA. VV., *Berlin – Die Bildchronik / The illustrated history*, DuMont monte Verlag, Köln, 2003
- AA.VV., *Berlin, 800 Jahre Geschichte in Wort und Bild*, WEB Deutscher Verlag der Wissenschaften, Berlin, 1980
- AA.VV., *750 Jahre Berlin, Stadt der Gegenwart*, Ullstein, Berlin, 1986
- Bahrmann Hannes – Links Christoph, *Chronik der Wende – Die Ereignisse in der DDR zwischen 7. Oktober 1989 und 18. März 1990*, Ch. Links Verlag, Berlin, 1999
- Brandt Willy, *Erinnerungen*, Propyläen Verlag, Frankfurt am Main, 1989
- Cobbers Arnt, *Kleine Berlin-Geschichte vom Mittelalter bis zur Gegenwart*, Jaron Verlag, 2004
- Erler Peter – Knabe Hubertus, *Der verbotene Stadtteil – Stasi-Sperrbezirk Berlin-Hohenschönhausen*, Jaron Verlag, Berlin, 2005
- Funder Anna, *Stasiland: True Stories from Behind the Berlin Wall*, Granta Books, New York, 2003
- Gaddis John Lewis, *La guerra fredda – cinquant'anni di paura e di speranza*, Oscar Mondadori, Milano, 2008
- Haus Wolfgang, *Geschichte der Stadt Berlin*, B.I.-Taschenbuchverlag, Mannheim, 2000
- Hertle Hans-Hermann/Wolle Stefan, *Damals in der DDR*, Goldmann Taschenbuchausgabe, München, 2006
- Hoffmann Andreas – Hoffmann Matthias, *Die Mauer – Touren entlang der ehemaligen Grenze*, nicolai, Berlin, 2003
- Keller Dietmar – Kirchner Matthias, *Biermann und kein Ende*, dietz berlin, Berlin, 1991
- Large David Clay, *Berlin, Basic Books*, New York, 2000
- Materna Ingo/Ribbe Wolfgang, *Berlin – Geschichte in Daten*, Fourierverlag, Wiesbaden, 2003

- Nechama Andreas, Schoeps Julius, Simon Hermann, *Juden in Berlin*, Henschen Verlag, Berlin, 2002
- Ribbe Wolfgang – Jürgen Schmädeke, *Klein Berlin-Geschichte*, Stapp, Berlin, 1988
- Richie Alexandra, *Berlino. Storia di una metropoli*, Mondadori, Milano, 2003
- Venturi Alfredo, *Il Novecento visto da Berlino – Il fututo è passato di qui*, Boroli Editore, Milano, 2004

\- *Dokumentationen*

- *Berlin: Symphony of a Great City*; Regie: Walter Ruttmann, 1928
- *Einheit SPD-KPD - Die Vereinigung der SED*; Regie: Dr. Kurt Maetzig, 1946
- *Das Leben unseres Präsidenten: Wilhelm Pieck*; Regie: Dr. Kurt Maetzig, 1946
- *Baumeister des Sozialismus – Walter Ulbricht*; Regie: Elsa Ensink, Theo Grandy, 1953
- *Schaut auf diese Stadt – Die Geschichte West-Berlins*; Regie: Karl Gass, 1962
- *Die Mauer – Die Demontage eines Alptraumes*; Regie: Jürgen Böttcher, 1990
- *Berlin '48 – Die große Luftbrücke*; Regie: Alexander Douglas, 2000
- *Berlin in den Zwanziger Jahren*; Regie: Irmgard von zur Mühlen, 2002
- *Bomben auf Berlin – Leben zwischen Furcht und Hoffnung*; Regie: Irmgard von zur Mühlen, 2002
- *Bomben auf Berlin – Leben zwischen Furcht und Hoffnung*; Regie: Irmgard von zur Mühlen, 2002
- *Schlacht um Berlin – Stunde Null*; Regie: Baake Franz, 2002
- *Berlin unter den Alliierten 1945-1949*; Regie: Irmgard von zur Mühlen, 2002
- *Berlin im Kalten Krieg – Der Weg in die Spaltung 1949-61*; Regie: Michael Kloft, 2002
- *Berlin Ruine 1945 – Metropole 2000*; Regie: Irmgard von zur Mühlen, 2002
- *Der Aufstand – Ein packendes Dokudrama über den 17. Juni 1953 in Berlin*; Regie: Blumenberg

Hans-Christoph, 2003

- *Der Fall der Mauer – Eine deutsche Geschichte*; Spiegel-TV, 2004
- *Flucht aus Berlin*; Geschichte, 2006
- *Legendary Sin Cities - Paris, Berlin & Shanghai*; Regie: Marrin Canell, Ted Remerowski, 2006
- *Die Firma – Das Ministerium für Staatssicherheit*; Regie: Christian Gierke, 2007
- *Spurensuche in Hitlers Berlin*; Spiegel-TV, 2007